叢書・ウニベルシタス　1007

悪についての試論

ジャン・ナベール
杉村靖彦 訳

法政大学出版局

目次

第五章　正当化〔義認〕へのアプローチ

本書内に〔　〕で括ったゴチック体の小見出しと、行の空きをともなう区切りは、原文にはなく訳者が加えたものである。読者の便宜のため、論旨の明確化を図ったものであることをご了承いただきたい。詳しくは巻末「訳者解説」を参照。

第一章　正当化できないもの(1)

〔正当化できないという感情〕

ある種の行為や社会構造、実存のある側面について、そんなことは正当化できないと考える場合、私たちは何を根拠にしてそうするのであろうか。まずは感性〔感受性〕が傷つけられ、反応するであろう。だが、この反応がどれほどはっきりとしていても、私たちは、自分が行う拒絶や抗議の中に包み隠されている根拠を見分けない限りは、そうした反応にいささかでも信を置くことを恐れるであろう。芸術作品の価値が不当に主張されるような場合、そうした主張を斥けるためには、長い経験によって確固たる趣味を身につけた者であっても、原理や規則をないがしろにはできない。裏切りに対して自然に湧き上がってくる感情がどれほど生々しいものでも、やはり私たちはさまざまな道徳規範に訴えることをやめない。たしかに、知的、美的、道徳的な習慣が規則の代用となり、全く偶然的な権威を拠り所にしている分だけ確信に満ちた判定が下されるということもある。だが、そうした場合でも、規範を立て直しさえすれば、いつでも判断を矯正することは可能なのである。

しかし、正当化できないという感情がとくに強く、それを和らげようとする全てのものを押し返してしまうことがある。それでも私たちは、自らの判断が何を規範としているのかを簡単に告げることができるだろうか。どれほど冷静に考えて予見していたとしても、シニカルに政治的な計算を行っていたとしても、また〔戦争に事欠かぬ〕歴史に通暁していたとしても、戦争の勃発が私たちの内に呼び覚ます感情を抑えることはできない。それは、またしても人類の運命が意志の庇護から逃れてしまった、という感情である。(2)私たちがそのように感じ判断するのは、道徳的生の規範や国家間の正しい関係をめぐる規範に照らしてのことであろうか。ある種の残忍な行為、ある人々が被る屈従とその生存条件の極端な不平等を前にして私たちが抗議をするような場合、その抗議に含まれる理由は、そうした事柄は道徳的規則に合致していない、という思いだけに尽きるのであろうか。ひとりの人生が死によってあまりに早く断ち切られた場合、そのことに驚愕させられたり、あるいはそれが精神の高い志の代償のように見えたりすることがある。その場合、私たちがこの出来事にそうした評価を下すのは、不正という観念に基づいてのことであろうか。むしろ、正当化できないという感情を通して、規範が描く対立からは独立したより根源的な矛盾が私たちに暴露される場合がある。それは、人間の経験の諸々の所与と、規範に違反しただけでは挫くことはできないが、規範を遵守しているだけでは満足させられないような正当化〔義認〕(3)の要求との間の矛盾である。(4)

〔災悪——規範にもとづく判断とその限界〕

なるほど、規範はそれが構成している次元に対しては妥当し続ける。規範はそれを挫くものに対して、自らの権利を妥当させねばならない。ある種の行為や断定、ある種の所産を求める私たちの期待を方向づけ、指揮するのが規範である。つまり、そうした行為や所産を評価したり非難したりする時、私たちは何らかの当為を参照する。一つひとつの規範体系が描きだすのは、そこに属する規範に固有の要求に基づいて妥当するかしないかが判定されねばならないような領域である。

しかし、判断の支えにできる規範を探しても見つからず、規範に妥当しないというよりもむしろ正当化できないという感情を抱かずにはいられないような場合、規範に妥当しないものとして私たちの前に現れてくるのがどんな特定の当為にも対応させられないものである場合、そして実際に、揺るがぬ権威をもつ規範に基づいて妥当するものとしないものを対置できる領域の外に出てしまったかのように思われる場合、そうした場合に、私たちは自らの感情を斥け、それに一切の意味を認めることを拒否するであろうか。そうだとすれば、私たちが正当化できないとみなす行為や出来事は、人間の感性を深く触発するだけで、私たちが参照できる規範がない以上は抗議することも不平を言い立てることもできないものとなりはしないか。災悪（les maux）[5]というのは、大体においてそういったものではないのか。私たちが災悪を正当化できないと言うのは、単に痛みや苦しみを含んでいたり引き起こしたりするからではないのか。だが、結局のところ、災悪は自然法則に服するものである。災悪が感性を傷つけることは否定できないだろうが、それだけでは災悪に価値判断を下すには不十分だとみなされよう。そんなことをすれば、精神的要求の名を借りて災悪を評価してもよいかのようになってしまう。一体、災悪はどのような当為の否定になるというのか。

しかし、私たちの感情や価値判断の領域はつねに規範によって限定されるわけではない、と考えることには十分な根拠がある。たとえば犠牲や崇高のように、厳密な意味での道徳の掟を越えるものが問題になる時にはいつも、私たちは規範を超え出てしまっている[6]。そうである以上、ある行為や状況が私たちの眼には正当化できないものと見えるにもかかわらず、どのような規範的当為が否認されているのかを示せないような場合は、私たちは規範と規範に妥当しないものとの手前にいるのだ、と言ってもそれほど奇妙ではあるまい。たしかに、どんな領域の規範でも柔軟化する余地はあり、当初はそれに逆らい、その命法に対立するように見えたものを吸収することもありうる。非合理的に見えたものも、より繊細なカテゴリーによる判定には服するのである。だが、一方では、規範が行為や判断に課する尺度に基づいて妥当性をもたないことが露わになること自体によって、規範が手がかりになるどころか、むしろ規範のせいで無視され忘却されがちな経験への通路が開けてくる。ある種の嘘を介して、規範による判断をいくら厳格にしても捉えられないような低劣さが感知され、また同様に、表に現れた醜さを介して、美学上のカテゴリーでは捉えられないような醜さが経験できるようになる。しかし他方で、規範を通して接近しようとしても捉えられないような正当化できないものの源泉は、規範が支配する圏域の境界上にのみ見出されるのではない。私たちがある種の悲劇的な状況や心の苦悶をあってはならないことだと決定する場合、一体いかなる規範を参照しているというのか。全ての災悪——通常物理的悪として分類されるもの[7]——を正当化できないものと呼べると言いたいのではない。全く偶然に人間を襲うものだとみなさないのが難しいような出来事もたくさんある。とはいえ、災悪の中には、規範の侵犯ではなく、無制約的なる精神とこの精神が（そして私たちが）入り込んでいる世界の構造との癒しえない乖離を証しているものもかなりある。私たちはそうしたものを正当化できないものと名づける。それらは世界の堕落の始まりとなった自由な行為の遠い帰結かもしれないではないか、などと考えるよりも前に、まずはそのように名づけるのである。

〔災悪と悪しき意志〕

たがいに対立するものが、当為に合致した行為や所産と当為を否認し否定するそれとの相関関係によって規定される場合は、その対立組は安心してそれぞれの規範領域の中で特徴づけられる。規範が変容すれば当為も形を変え、規則を侵犯する行為や所産に関する判断も直ちに意味を変じる。こうした意味の変異がとくに目に付くのは、当為が個人の習慣の表現、習俗や社会機構の反映でしかないような場合である。だが、規範から定言的な当為が生まれるやいなや、規範を否認する行為がどんな性格をもつのかが定め難くなる。悪の観念が、どんな次元の規範であれ、とにかく規範に照らして評価されるような対立に依拠しうる限りは、意識は自らと自らの判断を確信しており、大体において、悪の本性や根元がそれ以上問われることはないだろう。では、規範が自らの生み出す対立組の中に隠しておこうとする経験の真理へと私たちの注意が引き戻されるのは、一体何によってであろうか。一方では、ある種の災悪とともに、行為に提示される当為がもはや意味をなさない領域に入ってしまったという感情が私たちの内に目覚めることによってである。こうした災悪を正当化できないものとみなしうるためには、規範の尺度とは別の尺度が必要になってくる。他方では、妥当するものとしないものという対立のなかでは理解できないような自我の原因性を証する働きによってである。(8) 悪の概念にはソクラテス的主知主義と叡知的なものの理論が深く刻みこまれているため、私たちは〔そうした働きである〕悪しき意志を非存在の側へと追いやってしまいがちである。そうして、行為の次元で現れる悪と叡知性の限界をしるすものとは、あたかもただ一つの源泉から発してくるかのようにみなされるのである。

規範が叡知界の本質や純粋形相にとって代わると、規範に含まれる主体の活動への関係によって、意志の逆倒という観念[9]は、存在ないしは叡知的なものに混合した非存在という観念との結びつきを完全に絶たれるはずである。この断絶には、一方では規範の規制を逃れる正当化できないものの可能性が、他方では意志の命法に含まれる自律の限界を暴露するような不純性をもつ意志の可能性がひそかに含まれるであろう。私たちは、この二つの視点に順に身を置いて、第二の可能性に対応する悪と第一の可能性に対応する災悪を検討していくつもりである。だが、規範の支配は叡知的なものの支配に劣らず野心的であり、やはり悪と災悪のリアリティを認めようとはしない。規範が生みだす当為は主体へと向けられるものであるから、規範がこの主体を規定するのは自律しうる純粋な意志を通してである。もちろん、規範は当為を拒絶しそれに服従しない可能性を排除するものではないが、それは、不服従を通して自分の自由が全く自分の意のままになるものであることが確証される限りでのことであって、意志の中核にある真の悪の次元は規範の手を逃れるのである。規範は認識作用や美の創造を司る活動を統制し、対立組を生じさせてそれについて判断を下せるようにするが、そのために私たちが見てとれなくなることがある。それは、誤りや不合理、醜さを介して、また道徳法則の違反を介して、規範の支配が及ばない正当化できないものが浮き彫りになるのだということである。規範的思考には回収できない災悪の内にある正当化できないものを、一体いかにして規範によって認知できるというのか。

〔人間精神の機能分化による正当化できないものの取り込み〕

以上述べたことは、規範が構成的思考の表現である場合に妥当する所見であるが、このような所見がいっそうよく当てはまる場合がある。それは、規範が人間精神によって徐々に見出されていく理知性(intelligibilité)の媒体となっている場合であり、当為が達成の途上にありつつも確信を伴い、自らの向かう先を確かに意識している憧憬や合目的性として実在に内在しているような場合である。[10] そこでは、悪や災悪というのは、ある種の遅れ、最初の不完全性にすぎなくなってしまう。すなわち、自分が根源的に所持しているものでも、それを反省において明示化し、行為において実現するためには一定の段階を経なければならない、というだけの問題になってしまうのである。

規範が分野ごとに種別化し、精神の機能が分化することによって、正当化できないという原初的な感情の破砕と消去が押し進められたことは疑いのない事実である。この原初的な感情の痕跡は、今や例外的な状況においていくらか見出されるのみである。たとえば、突然大きな不幸がある個人や民族にのしかかり、それが命法を侵犯したことによる裁きだとはどうしても思えないような場合や、命法によって裁けるものの尺度を超えた犯罪が起こったような場合がそれに当たる。さまざまな精神領域がそれぞれの規範を明確化するにつれて、宗教もまた、単に情動的なものであることをよしとせず、同じ方向に進んで一つの独立した機能と化していくのだが、そうなると、正当化できないという原初的な感情は内実を全く失ってしまい、私たちに無関心であるかと思えば攻撃的にもなる未知なる世界に対する個人の感受性の偶然的で一時的な反応でしかないように見えてくる。分化した意識の諸機能は、出会った抵抗から妨害を受けた分だけ刺激も与えられ、正当化の務めを分担して担わされる。だが、それぞれの機能は自らの領域で固有の基本範疇を用いるので、規範を逃れるものや規範の権威に屈しないように見えるものを同化するという務めを果たすために、たがいを参照しあうことは許されない。それゆえ、悪もまたこの分割に屈し、分化した機能に応じて区分され、それぞれに内属する規範に対応しなければならなくなる。つまり、自我は位を落として、これらの機能の中に自らを裁くための原理を見出さねばならなくなるのである。正当化できないという感情は、当初の拡散した性格を失い、いわば再び秩序の中に入ってしまう。そうして、ひとつの精神機能が規定する範囲内でのみ意味を保持するのである。

さらに、機能と規範の分化が確定すると、各々の機能はその判定領域に自らの刻印を付し、対立するものはさまざまな類に配分されることになる。そうなると、対立的というよりも相補的な傾向が現れてきて、あらゆる規範に内在する規範の規範と、それと対称的な関係にある、全ての種別化された対立項に内在する対立項とを探究するような思考が求められることになる。この規範の規範は、全ての精神的機能の魂であり、差異に対する同一の、他に対する同の、多に対する一の優位を示しているのだと想定するとしよう。そうすると、そこから発してくる当為は全ての創造的努力を同一の方向へと向かわせるであろうし、この第一の命法の掟と規則によって捉えられないものもまた、主体の側でも客体の側でも、すなわち精神的態度においても実在の特性においても、とにかくこの命法との関係によって規定されることになるであろう。だが、その場合には、この対立〔命法と命法によって捉えられないものとの対立〕は、規定しうるものになるだけでなく、無際限に縮減しうるものになってしまう。この対立は、主体性に由来する意志の減衰の繰り返しがどれほどのものであれ、実在に由来する抵抗の顕現がどれほどのものであれ、主体の側でも客体の側でも、意志の立て直しや経験の所与のより完全な同化を根底的に妨げるものではない。意識の側でも対象の側でも、規範の権威を留保させるものが絶対的な性格をもつことはない。主体の弱体化には悪の刃が欠けており、実在から発する幻滅には、正当化できないと呼べるようなものは何もない。規範を真理認識と道徳性の可能性の制約をアプリオリに規定する構成的意識の表れとみなさず、規範とは存在の自己反省〔回帰〕が有限な意識に対してさまざまな姿をとることで、根源的な存在論的確信が進化し確証される遠心的な運動の諸段階を固定したものだと考えるとしても、同じ結論がいっそうはっきりと突きつけられるだけである。たしかに、この見方をとれば、規範からはさらに真理、光、実現の命法が産みだされることになり、道徳も認識も最初から高みに置かれるのではなく、それらを動かす当為によって押し上げられるということになる。だが、これらの命法は、個々の意識に対して自らを脱ぎ捨てて精神的全体ないしは存在へと反省的に同化することを求めるという点では労苦を要するものだとしても、存在論的には、成功しないかもしれないというリスクは全くない。だとすれば、そこで悪の位置を占めるものは何であるのか。自由が自らの尊厳と力能のもとになる存在に反抗し、〔この存在に対する〕協力と協同を拒むことは考えられない。せいぜい考えられるのは、有限な意識には何らかの受動性に触発されるものもある、ということぐらいである。アプリオリな規範が実在の側で乗り越え不可能な抵抗に遭遇するということ、その抵抗が、世界の理知性の限界を証し、一切の同化を拒む正当化できないものや災悪の観念に何らかの実質を与え、ついには世界の首尾一貫性と善性への疑いを許すようなものだということ、そういったことはなおさら思いもつかないことなのである。

しかし、この点については、規範というものが、超越論的で立法的な意識の要求であるか、あるいは自らを意識化しようとする宇宙の理知性の表れであるかはどうでもよいことである。どちらの場合でも、非合理的なものの肯定が、あらかじめ規定された合理性や首尾一貫性の関数であることには変わりがない。首尾一貫性が厳密であればあるほど、非合理的なものにはより大きな領域が残される。しかし、非合理的なものはつねに規範と関係を結んでいるので、それを独立した対立原理として立てることは許されない。たしかに弁証法は、矛盾を合理性の前進のバネにするのであって、総合の道具を手に入れるために諸々の対立物を際立たせるが、〔対立物どうしの〕相関関係が絶対的に否定されないように気を配っている。相関関係がなければ、最終的な和解を望むことなどできないからである。超越論的観念論は、批判という見地から全経験の可能性の制約を描くが、それによって諸々の経験的法則を、そして時間さえをも規定的判断に同化させると主張するのではない。時間における諸々の継続は反転させられないものであるが、時間の継続や経験的法則の内に存在しうる非合理的なものは、あくまで真なる経験の規定条件と厳密に相関したものである。もっとはっきり言えば、学の次元では、非合理的なものとは、もっぱら一時的に説明を停止させ、無条件的な権威を——時には濫用気味に——付せられたカテゴリーに対立するだけのものであり、思考をより繊細な規範へと向かわせる寛大な抵抗でしかないように見える。いずれにしても、非合理的なものをあたかもそれ自身によって存続しているかのように、諸々の対立物の手前で扱うことは許されない。非合理的なものは、ひそかに規範と手を組んで実在そのものを構成しているのである。

〈規範を介して規範の〈手前〉を思考すること〉

しかしながら、そのように構成され、まさに肯定された実在を介して、規範の支配を逃れるもの、合理と非合理との対立の手前、対立物の相関関係の手前にあるものが透かし見られる。これは何らかのカテゴリーを含む述語によらねば決して語りえないものであり、それ自身が事実となることは決してない。だが、それは非合理的なものとして現れる全てのものに含まれている。それは私たちが産み出すこともできず、どんな分析によっても乗り越えられない現実存在であるが、そうした所与と自らに透明な純粋活動との絶対的な矛盾を、私たちは少なくとも思考することができるのである。そうでなければ、この所与は単なる感じの問題として放置されてしまうであろう(11)。誤謬があるということは、それだけを取り上げれば、分析の限界を示すものとみなされる。だが実際には、あれこれの規範――というよりもむしろそうした規範に含まれる当為――に従うことを怠ったために生じた誤謬だけでなく、真理と同様に知的活動を統整する規範に従っており、規範が改新され深化される時にのみ真理ではなくなるような誤謬をも考えねばならない。規範に妥当する世界が議論の余地のないカテゴリーに即してまず構築されたからこそ、それなしには疑われることのなかった所与に説明が求められ、その結果として規範の改新や深化が生じるのである。実在の構築の前進的な性格に誤謬が含まれるのは、精神は真理を求めながらも媒介的な規範しか備えていないからである。そうした媒介的な規範がどれほど明白な成功を収めようとも、それを生み出す働きは認識の質料と通約不可能であらざるをえない。規範を生み出す働きとその質料の間に相似がありうるという発想は誤謬によって反駁されるが、この働きがもつ真理と知の創造という役割の尊厳が、誤謬によってますます際立たせられることもまた事実である。とはいえ、かつて真理であった誤謬、誤謬へと成り下がった真理によって、また、真理から誤謬への移行に伴って対象側に生じた変容によって、規範の向こうに透かし見られるものがある。たしかにそれは、あたかも認識領域をあらかじめ画定することが許されるかのように、思考が取り込めないと宣言できるものではない。だがそれは、認識を養うものの内で認識によって汲みつくせないものであると同時に、知を基礎づける精神的作用の内面性とは本質的に異質な何かである。

規範の源泉たる当為に従わないものも、やはり規範によって各々の次元で形を与えられる。種別化された諸々の対立関係〔規範とそれに違反するものという対立〕を抜きにして、その外側で、個々の創造的機能が突き当たる抵抗を集約するような敵対原理を把握しようとしても無駄であろう。諸々の抵抗の側に、それらが共有する原理を探し求めてもなおさら無駄である。精神が世界を構成するためにさまざまな方向に向かい、そこで自らの要求を新たにしていくからこそ、諸々の抵抗が現れ、規定され、さまざまな所産と一体化していくのである。抵抗が引き起こす遅延は、精神の機能が前進するための機縁となる。したがって、これは事物の本性自体に由来する対立なのであって、それを対立項の一方において直接捉えることは断念せねばならない。この本性にしても、また対立にしても、精神の機能の目的性とそれが課する規則を抜きにしては成り立たないものである。上記のような抵抗を、創造的意識の運動の痕跡として矮小化してはならないし、また独立した実在へと凝固させてもならない。だが、当為と対をなすものを介した間接的な仕方でならば、規範的な思考の大胆さを考量することが許されないわけではない。特定の諸対立の手前でそれらの対立を養い、精神の究極的な要求にはどこまでも還元されないような矛盾を前にして、規範的な思考は、この矛盾を自らの野心に従わせ、対立組の内に閉じ込め、水源を見つけてそこからいくつもの水路へと水を引く場合のようにしてそれを鎮めるのである。

〈美の規範の対立項としての醜さと規範以前の〈醜さ自体〉との関係〉

これと同じく、私たちが美の知覚と創造の規範への抵抗の根底にあるものに触れるのは、決して醜さの内においてではなく、醜さを介してのことである。だが、真なる認識の世界と競合する裸の実在が存在しないのと同様に、芸術や美的ヴィジョンから生まれた世界に敵対する何かがあるわけではない。醜さの感情に類した情動の中には、芸術には全く関係ないと思われるものがあることを無視し否定するつもりはない。ある種の形をした動植物、脅かし顔をしかめているように見えるものに出くわした場合には、嫌悪と恐れの中間のような感情が生じる。だが、こうしたひそかな情動は、様式化されて特定の形をとり、美的な次元へと統合されないうちは、まだ恐怖や驚きに近いものである。私たちは自然の醜悪さを醜さという特徴の下で直接捉えていると考えるが、私たちの視覚がまずもって芸術作品によって訓練され、制定されているのでないとしたら、はたしてそのように知覚したであろうか。私たちが何らかの仕方でそうした作品を、そしてそれらが私たちに提示し押しつけてくる世界の相貌を参照できるとしたら、醜さの感情とは、ある種の形態の表れを前にして生じる基本的な情動反応に還元されると考えるべきである。そうした表れが美的次元での醜さの知覚により強力な情感を背負わせ、ある程度はその中で現存しつづけるのだということ、そこからそれを芸術によって統御したいという欲望、その原初的な意味に何らかの変容を加えたいという欲望が目覚めるというのだということはありえない話ではない。だが、逆から見れば、醜さについての私たちの感情は芸術作品と相関したものであり続けることは明らかである。芸術作品は自然の内では偶然的なものであり、移ろい変化する美の「理想」をさまざまに屈折させたものである。この美の理想が、すでに自然発生的な知覚に入り込み形を与えているのだとしても、そのことに変わりはない。このような自然の中では、醜さの感情も同様に偶然的なものである。美的カテゴリーは、磨滅や堕落を免れた表現形態の世界を構築することでその自律性を証する。意識はこのカテゴリーに従順になればなるほど、それ自身の情動と醜さ自体に関する情動を美学化していくのである。

したがって、私たちが美に抵抗する要素を把握するのは、もっぱら美的真理全体を通して、とりわけ醜さという美的真理を通してであり、それを経由してのことである。芸術とは、この抵抗に打ち勝とうとする企てであり、実際この抵抗に対して勝利するものであるが、それによって私たちに生の醜さを感知させるものでもある。つまり、芸術の勝利を模倣する自然の成功が脆いものであり、美しい顔が苦痛の影響で突如として歪むのと同じように、自然のいかなる成功も脅威を免れることはないことに気づかせるのである。醜さは美的創造の規範に相関したものである以上、自然の相貌や形態に即して直接把握していると私たちが思っているこの醜さは、すでにこの抵抗に特定の形を与えてしまっているのであるが、それは、そうした醜さの〈手前〉にある醜さ自体への通路を私たちに開くものである。この醜さ自体とは、形態を求めるさまざまな試みが挫折するような存在領域であり、諸々の実在が無秩序に散乱し、美の規律と精神へと挑みかかるように現れてくる領域である。

私たちは芸術によって自然の美を教えられるのであり、自然は征服されるものではなく与えられるものだと考えるようになるのも芸術によってである。とはいえ、美学的カテゴリーによって描かれた境界の外に出て、美学上の術語を存在論的な術語へと転じることは許されない。また反対に、思弁的な探究によって、合目的性や有機化といった観念が世界の可能性の制約へと算入されたとしても、それらを美学的なカテゴリーにしてしまい、真理と美は同一のものだと結論してはならない。そんなことをすれば、美が欠けているのは世界のほんの一部しか見ていないからだということになり、醜さを否定するか、それとも深い秩序から偶然に生じた残り滓とみなすかしかなくなるであろう。

したがって、思考が何らかの形で、芸術の至高性を制限し留保するものに触れ、美の遍在という夢に安易に——あまりにも安易に——引き寄せられる憧憬への決定的な反駁に触れうるのは、美的規範に刻み込まれた諸々の対立項を介してのことなのである。

〔道徳規範の対立項としての不道徳性とそれを超えるもの〕

認識や芸術の次元の対立項の場合にも増して、正しい行為の規範や規則に含まれる当為が示唆しているのは、不道徳性が輪郭づけられ限界づけられるのは、義務に忠実であったりなかったりする意志との関係においてであり、不道徳性においてはこの自由な不忠実のみを考えればよいのだということである。つまり、一方では道徳法則の当為によって自由が無際限化し、悪しき行為以前に罪ある者でありうるという考えが退けられ、他方では不道徳性の帰結が生じる場である世界がこの不道徳性に加担していることを証すものは何もなくなって、結局、道徳の国の到来によって意識の願いは全て満たされ、人間は必ず自らの正当化を得ることになっているかのような様相を呈するのである。

第一の点〔人間は悪を犯す以前に罪ある者でありうるのか否か〕を検討するならば、今から悪の問いを扱わねばならなくなるが、それは次章以下に譲ることにしたい。というのも、ここでの私たちの目的は、道徳法則への抵抗という不道徳性の背後に、意志の事柄ではなく、むしろ災悪と呼ばれるような精神的生の制限と縁続きの抵抗を見てとることだからである[12]。だが、次のことを予感させるためには、数語の説明で足りるであろう。つまり、不道徳性を道徳的悪と呼ばれる悪と同一視し、自律的意志という見地でのみ検討するならば、なるほど道徳的生の要請には完全に一致していられるであろうが、悪しき意志の核心にまで入り込むことはできない、ということである。自由は行為が終わるとその力能の全体を取り戻すのであって一時的に減退するだけだという考えには、不道徳性は断続的に生じるのであって自我を決定的に拘束することはないという考えが対応する。過去の選択がそれと反対の選択によって撤回・廃棄されうる場合は、不道徳性が自我を決定的に拘束することはない。恐ろしいのは、道徳法則は、つねに全面的なものであるような自由へと差し向けられているのでなければ、無条件的な権威をもたなくなるということである。そして、自由がいつも全面的なものとは限らないというのは、まさに意志の唯名論が要求している事柄なのである[13]。

私たちが問わねばならないのは、はたしてこうした道徳的生の要請が真理の全てであるのかどうか、ということである。実践的命法に忠実であるか否かによって道徳的であるか否かを評価することが正当であるとしても、私たちは、そうして評価される人間の背後に、道徳的経験の次元だけで思い描かれた原因性のイメージには対応しないような原因性によって存在する者が現存しているのを経験するのではないか。道徳法則への服従は、当の法則の存在根拠にこの上なく合致した心術から発していたとしても、純粋な精神的原因性の保証とはならないのではないか。私たちがそのような疑いへと傾けられ、かつそのように疑うことを許されるのは、ただ道徳的経験の限界においてのことなのである。

さて、道徳法則に忠実であるだけでは、意志がその内にさらに隠れた悪を住まわせているという可能性を取り除けないのであれば、次のことが真実となるのではなかろうか。つまり、不道徳性が規範の次元だけで評価できなくなるやいなや、不道徳性自体を介して、人間的経験の次元では実践的命法によって表現されるような精神的要求とは構造的に全く合致しない世界が私たちの前に開示されてくるのではないか、ということである。

不道徳性を規範とその当為によって厳格に規定することで意識は安心を得るが、この安心ほど欺瞞的なものがあるだろうか。それは、まるで収支の帳尻を合わせるようにして[14]、可能ならば処罰によって強化されるような安心である。その後装置は再び動き始め、新たな減衰があちこちで散発的に生じても対応できるように待ち構えているのである。これは、罪ある意志の秘密を意識が問題にしたがらないというだけの話ではない。意識はその地平を不道徳性の狭い解釈によって制限されているために、不道徳性によって暴露される能動的または受動的な共犯関係、近い連帯関係や遠い連帯関係、散発的または永続的な裏切り、正義そのものへの希望をつねに愚弄へと転じてしまう世界の構造について思い煩わないことを選ぶのである。なるほど、こうした世界の構造が表に現れるのは、もっぱら規範が作り出され、侵犯されることによってである。道徳的価値とその反対物という枠組みと言葉を借りることで初めて、それについて語ることができる。だが、現になされた道徳法則の侵犯の底に私たちが見分ける抵抗が、この世界と道徳性自体の彼方との、つまりは規範の当為がもはや場所を持たないような彼方との克服不可能な矛盾を示唆するものである時、まさしく私たちは、道徳的価値とその反対物との対立と相関が成り立つ以前の次元へと引き戻されるのである。

〔精神の所産は精神自身に背く〕

世界がこのように道徳性とその成功に敵対しているということ、あるいは少なくともそれに無関心であることは、人間の自由に責めを負わせるべき弱体化の結果であり、こうして不可能になった精神的生と堕落した世界との間に何らかの釣り合いを立て直し、両者を和解させることが規範の使命であり存在理由なのかもしれないと、そのように考えてよいものだろうか。そうであれば、この世界にはなお、精神の諸目的におのずから適合することによるある種の光輝が反映していることになろう。意識の諸々の創造的機能は、規範の次元において、規範に従わないものがある中でも、世界をできる限り精神の諸目的に従うように作り直そうとするのだということになろう。こうして、正当化できないとみなされる災悪と意志による悪との関係が現れ出てくる。このような精神の視力を排除しないようにしよう。それがあれば、正当化〔義認〕の欲望はその全射程を手にすることができるかもしれないからである。だが、これを考慮の外に置いたとしても、なお次の二つのことは認めるべきであろう。第一には、精神の生が現実化するための諸条件の裏側には、意識の望みへと絶えず背を向ける無力さがあるということ、第二には、だからこそ精神の生にはさまざまな制限性があり、存在根拠をめぐるあらゆる探究に挑みかかるような災悪があるのだということである。

観念は純粋な内面性における働きを対象化し、形態はそれを意識の眼差しの下で固定することによって、この働きから分離される。このこと一つをとってみても、精神の証言はそれを動かす最初の霊感からすでに深い変容にさらされているというのがまずは真実なのではないか。それは精神的な〈彼方〉が、それ自身とその価値とを検証するための条件を自らに与える営みであって、それを拒絶することで精神の純粋性を保とうとしても無駄である。悟性がただちに働き始め、精神の客観的歴史を形成することによって、諸々の働きはいわば堕落していくのである。精神の客観的な歴史には、精神の働きにはたえざる革新が必要であることを忘却させる傾向がある。それは、私たち自身、内的な前進は必ず働きの革新を必要とし、後者は前者に依存していることを忘れてしまうのと同じである。どれほど崇高な犠牲であっても、悟性はそれを記憶し、その徳性を保持するために、この犠牲を予告し、何らかの目的性を与え、認識と行為のカテゴリーに従わせるような生成の内にそれを書き込んでしまう。それによって均等化、平準化が生じる。諸々の働きが平準化されることはないとしても、少なくとも、それらの働きがそこへと投入される諸々の意味が平準化されてしまうのである。ところで、働きが理想へと変容されるやいなや、その最内奥の意味が堕落してしまう恐れがある。精神は、理念へと、芸術や哲学の産物へと自らを投入することによって、自己を所有すると同時に自己から隔たり始める。実際、精神の作り出したものに刻まれた意味や可能性に自らを等しくするというのが、モラリストや哲学者、知者が人間としての具体的な生活において述べ、そのメッセージを通して表現していることであろう。これは、人類一般にとっては、真の意味で自らが理解し、讃嘆し、愛しているものになるということである。しかし、精神の産物が質量ともに増えていくのに対して、人類全体の現状もその構成員一人ひとりの現状もそれとは正反対であって、両者の対照性はたえず表に現れてくる。作品はもはや自身の真理、美、普遍性を自分で支えるしかないのだが、その一方で、主体性が作り上げたモデルや理想は、主体に妥協なき忠誠を求め、自分がそのモデルよりもつねに劣っていることを知らしめる。哲学的叡知はいつも、弁証法の諸段階と内的存在の永続的な促進との間には一定の並行関係があることをほのめかす。そう考えると、個々の意識は、せっかく自己意識へと上り詰めても、想像力とその威信が支配する次元へとたえず転落してしまうのではないか、と恐れなくてもよいようにみえるからである。

なるほど、精神の道程が勇気や熱意が足りないために中断されたり、偉大な計画が意志の弛みのために流れてしまったりすることはまれではない。道徳のためになるということを考えれば、事実をこのように解釈することをやめるべきではない。だが、それだけでは不十分であることを認めなければ、真実は見えてこない。精神的な働きがその湧出時と等しいままではいられないのは、意志が弱くなるからではない。他方で、精神的な働きが自らを見てとることのできないような次元へと滑り落ちてしまいがちなのは、いかなる種類の必然性によることでもない。この出来事を、あたかも自然の事実であるかのように、何らかの必然性の下に配置することはできないのである。全面的に精神的な働きは、自らの意味を言葉や具体的行為、作品へと投入することで自己意識を獲得するのだが、それはひとつの不可分なプロセスであって、一つの契機でも欠ければ精神の生は不完全で寸断されたものとなってしまう。しかし、このプロセスには、根源的な創造性の内的弱体化のようなものが伴わないわけにはいかない。それは、精神が自己意識を獲得するために自らを触発することの代償である。その際精神は、自らが産み出し自らに与える条件にすぐさま捕えられてしまうというリスクを冒すのだが、こうした条件がなければ、精神はそれ自身の内面性を確証することができないのである。だが、この条件は精神的な志向から発してくるにもかかわらず、当の志向を裏切ってしまう。創造的な働きへの帰属が弛むやいなや、というよりもむしろ、創造的な働きが断続的な捉え直しを通して自らを再開させることを怠り、右のプロセス全体をその源で鼓舞するものを保てなくなるやいなや、そうした裏切りが生じるのである。ところで、一人の意識が努力すればある程度は為しうることでも、そこからメッセージを受けとる大勢の意識に対して同じことを要求することはできない。彼らはこのメッセージの深い意味をあらためて発見し、解釈しなければならないのである。私たちは、一瞬は自らの生の存在根拠がそこにあると信じた主張や信念が、ある種の凋落に襲われるのを見てとるものである。歴史において意味と価値の堕落として一括されるのは、そうした経験を倍加し、拡大したものである。このリスクを精神が拒絶するとすれば、それは、そもそも自己の意識を現実に可能ならしめている試練を拒絶することになってしまう。〔だが、〕低められた精神、すなわち物質性に拘束され、受動性を帯びた精神から出発し、純粋な精神的生へと連続的に昇っていく上昇的な弁証法を思い描くとすれば、それは意識の内的な証言にも歴史的経験の証言にも全く一致しない。いずれの証言も、たえず脅かされていないような精神の上昇はないことを示している。そして、精神の上昇を内的な深化とそれに続くたえず革新される検証によらずに確定しようとするならば、それを脅かす危険はいっそう増してくる。意識の成長は表現や行為に包み込まれることで初めて意識の所有物になるのであり、表現や行為とは何らかの外部性を含んだある種の隠蔽作用でもあるから、この上なく貴重なものである意識の成長は、同時に意識の脆弱さの条件を産み出すものでもある。この上なく純粋な志向もさまざまな形態をまとうと硬化してしまい、元々の熱情の刷新が困難ながらも必要となるというのは、驚くべきことではあるまい。そこから導かれるのは、この上なく寛大で希望に満ちたイニシアチブから、しばしば意識が当然のこととして期待するのとは反対の結果が生じることがあるという結論である。理念がそれ自身に背を向けるのである。だが、ここで規範が参照されているとしたら、まさにこのように精神のプロセスとその意味が中断し、堕落させられることによって否定されている規範だということになるが、それは一体どのような規範だというのか。これが悪だとすれば、一切の創造作用、絶対的再生への志向に備わった条件に刻まれた悪だということになる。

また他方で、世界においては、道徳法則への違反がなかったとしても、諸々の精神的プロセスと人格間の関係が干渉し合い、決断の矛盾は偶然によって倍加され、高貴な野望も度を越えてしまうといった形で、意識に鎮めようのない裂け目が生じてしまうものである。あらゆる葛藤を調和の内に解消するはずの弁証法でも、こうした裂け目を無理なく組み込むわけにはいかない。このような世界を、私たちは一体いかなる規範の名において告発するというのか。たしかに、悲劇的なものとは、これまで想定されていた世界の秩序をかき乱すようなことが起こり、あらためて世界がそうした秩序をもつものとして想像される時に初めて生まれてくるものである。だが、意識間の関係〔のトラブル〕が道徳性の規範によって鎮められたと想定するのは、さらに深刻な悲劇の可能性が生じてくるのを見てとるためでしかあるまい。悲劇的なものの美的な表象とは、道徳性の命法に忠実でありさえすれば安らぎを得られると期待しているような意識に対して、悲劇的なものの現存をあらためて思い起こさせるためのものであると考えられる。

〔悲劇的なものの諸相〕

不道徳性と罪とが対応するのが二つの異なる経験次元であるのと同様、一般に道徳性は前進するものだという考えは、実践理性が命じ正当化するものであるとはいえ、人間の経験の所与と合致するのが難しいものである。経験上の所与からして、道徳性が前進することを疑わないわけにはいかないというだけではない。精神の上昇が決定的に得られたと思われる度に転落が生じ、しばしば期待していたのと逆の結果をもたらすような転落、堕落、凋落が生じるという事実は、自由の弱体化と自然法則の戯れとのどちらにも結びつけられないことではなかろうか。このような精神の無力さが罪[15]と直接間接に何らかの関係をもつと考えるのは、不用意ではあれ不合理なことではない。さて、道徳的判断によって違反を確定できる規範や命法に属する事実や行為から遠ざかるにつれて、精神の生にかかわる諸々の制限、中断、妨害に出会うようになる。こうした事柄に対しては、それらが一時的で取り消し可能な否定となるような当為を見出すことはできまい。それらはいかなる鎮めも想像できないような災悪であり、内的存在の裂開であり、葛藤であり、苦しみである。厳密な意味での悪とは、過ちのただ中で、いわゆる道徳的判断を排除することなく、道徳的判断を超えるものへと私たちを引き戻すものであるが、今述べた正当化できないものの形態としての災悪には、そうした悪と共通するところがある。共通するのは、規則に合っているか反しているかを決定する際に参照する意識のカテゴリーや機能によっては捉えられないという点である。こうした災悪を、何らかの規範の名において告発したり退けたりするのは馬鹿げたことである。

私たちを驚愕させるような偶然との出会い、人間的運命との出会いがある。すなわち、情動の欲求にかりそめの満足を与えはするものの、出来事の一定の流れとある種の安定からなる習慣に突如として対立し、それがまやかしであったことを暴露するような事柄との出会いである。こうした出会いを偶然的悲劇、日常的悲劇と呼んでよいとすれば、そうした悲劇が存在することを否定する者はいないだろう。ドラマでは偶然を介して意志や情念が衝突しあうように仕向けられるが、それはこの日常的悲劇の模倣にすぎないことが多い。悲劇が根底的な姿をとるためには、もはや守ることのできない約束、打ち砕かれた大望、死によって断ち切られた偉大な計画といったものを参照できなければならない。そうした条件の下でのみ、人間的な目的性の中断は、あたかも偶然が入り込んだだけで、世界の法則と私たちの欲望の成就との一致が疑わしくなるとでもいうかのように、真に悲劇的なものを何らかの形で予告するのである。だが、真に悲劇的なものへと接近するのは、出来事が姿を消して、次のような行為を生み出す内的目的性の観念に取って代わられる時である。つまり、その行為の帰結が、それを引き受ける者にとって、自分自身の過ちというよりも、その起源がとらえられないようなより深い過ちを贖うための断罪という性格を帯びるような行為を生み出す内的目的性である。このような運命性が己れを意識して一徹な性格や抗いえない情熱という姿をとる時、そうして他の全ての利益を無化して賢明さや理性の命令に挑みかかり、ついには個の喪失という危険を全面的に受け入れるに至る時、ひとは真の意味で悲劇的なものの領域へと足を踏み入れる。というのも、自己の喪失を受け入れることは、自由の敗北の証しであると同時に、その敗北から自己を受けとり直し、妥協に甘んじたり諦めたりするよりもむしろ個の喪失へと突き進む自由の有り様を表わしているからである。そして、さらに内密なる悲劇的なものに触れるのは、自我が手に入れられるかに見えた幸福の希望を断念しなければならない場合、あるいは自分自身の行為の結果というよりも他者の不誠実や裏切りのゆえに、自己と和解し内なる平安を取り戻すことができないような場合である。ここでついに、行為の崇高さと世界がそれに供する迎え入れとの対照性が白日の下にさらされ、劇的な姿を取ることすらない純粋に悲劇的なものへと到達する。というのも、真に悲劇的なものは、高貴かつ清浄な魂や精神が備えた才と固く結びつくことで初めて存在するからである。それは道徳性に反するものとして生じるのではない。なるほど、多くの点において、真に悲劇的なものは道徳性を前提しており、道徳性の諸条件が満たされればその分曖昧ではなくなる。だがそれは、あらゆる葛藤や矛盾を規範に従う精神的世界の内部に位置づけるような生の捉え方には対立する。そのような世界では、規範に従って報いと正当な罰がもたらされ、意識間の理想的な相互性が目指されている。道徳性は、自然を自らの目的に奉仕させ、傾向性を精神化し、諸々の制度や人々の心情の内に法則への尊敬を徐々に確立していき、人格間の葛藤を解消することを求める。だが、まさにそのために、道徳性は真に悲劇的なものを無視せざるをえない。道徳性が幸福と善との究極的な和解を保証するための糧となるとすれば(16)、なおさら悲劇的なものは無視されるであろう。精神は堕落を余儀なくさせられるような状況で自らを証しなければならないのだが、また他方で、人間は崇高なものの輝きに目が眩み、心中ではそれを拒絶する場合にのみ、この輝きに耐えられるのだということも真実である。

それゆえ、悲劇的なものは、時には私たちを悪の近くまで導くが、規範的な意識の支配からは逃れる。規範的な意識とは、悲劇的なものを限定し乗り越えることができると考えることを許すものだからである。悲劇的なものが調和の内で解消されるような世界の姿を描くことはできるが、それはもはやこの世界ではない。この世界では、反対に、意識が規範に敏感になり、義務を細心に果たせば果たすほど、悲劇的なものは一層深くなっていくのである。

〔災悪や苦痛は自我の歴史に組み込めない〕

今や一層明白になったのは、一般に災悪といわれるものがその否定にあたるような命令があると考え、それの元になる規範を見定めようとするのは断念すべきだということである。そうした災悪は、人間の肉体的・道徳的な感性のもっとも感じやすい部分に触れ、しばしば感性の傾向性の展開を麻痺させ、その隷属を悪化させ、社会的不正の効果に付け加わるが、それを取り除くことを約束できるような千年王国的な救済は存在しない。災悪がもっと平等に配分されていたらより穏やかなものになっていたはずだと考えるならば、また、このように災悪の平等な配分を求めることに何らかの意味があるとするならば、災悪の偶然的な配分自体を悪とみなすこともできよう。このような偶然性には、他の意識たちが全く独立して行った決断が私たちに被らせる災悪の偶然性の残響がある。この偶然性は、災悪の不平等な配分の偶然性に劣らず盲目的である。そこでは、他の意識たちも自らの決断の帰結を予見することはできず、彼らにその責めを負わせるわけにはいかない。存在する者どうしの精神的な連帯はその痕跡を失ってしまう。それは、こうした災悪を介して、諸々の災悪の意味を解読させ、自由が責めを負うべき諸行為への関係を再び見出させるような悪がとらえられると考えられることもあるからではない。決定論によって自らの行為の偶然性が固定されかつ拡大されたために、私たちの行為の性質が、自然法則に従って個人を襲う苦しみや災悪とどう関係するのかが摑めなくなっているのである。こうした不幸は懲罰なのであって、主体の原因性に、さらにはより射程の遠い原因性に相関しているのだと主張する者もいるかもしれない。だがその場合、一体いかなる規範に基づいてそう言えるのだろうか。自然は満足と苦痛を正しく釣り合わさねばならないという要求に従属しているとでもいうのか。あるいは、自らの身体と性格において不幸を被った者は、この不幸に忍従するためではなく、それを彼自身の判断も人間的正義の規範をも超えた精神的な連帯に関わる法則の徴ないしは結果とみなせるようになるために、それを受け入れることを要求されるのだというのか。

加えて、不幸や災悪というのは、内的存在の誠実さを脅かし掘り崩すものでもある。不幸や災悪が自我によって自己化され、深化されることがあれば、それによって精神的に何か得るところがあるかもしれない。だが、そうした自己化や深化は、不幸や災悪によって不可能にはならないまでも、困難になるのではないか。身体をうち砕くほどではないにしても、自己の統制力をある程度制限し弱めてしまうような苦痛は、そのようなケースに当たるだろう。苦痛には一見相容れない二つの性質が含まれている。一方で、苦痛は宇宙が個人へと及ぼす力を度外れなまでに増大させ、個人をそれまで感じていなかったような種々の接触へとさらし出す。他方で、苦痛はひとを自己自身へと折り畳み、他の意識たちとの交わりをいっそう不確かにする。道徳的な苦しみならば、内的存在の抵抗と力を打ち負かしてしまわない限りは、そこには必ず悪と釣り合いうるような何らかの補償が伴うであろう。道徳的な苦しみは、自我に自らを裁き、断罪し、再生させ、自我の絶望から力を汲み取ってくる深遠な作業を引き起こすからである。だが、苦痛の場合はそうしたことは起らない。苦痛は存在のエネルギーを砕くものであり、自我の歴史に組み込めないからである。苦痛は他者との交流の限界に触れさせるだけでなく、いわば意識に無理やり自分自身の声を聞かせる。だがそれは無益なことである。苦痛が過度のものでない場合は、なお注意を向けて分析することができ、苦痛にリズムを見出したり、散在したり局在したりするさまや、断続と激発の様子を見てとることもできる。だが、そこで自我が被る触発はどこまでもうかがい知れない所与であって、そこから自我自身を取り戻せる見込みはどこにもないのである。しかし、人格の開花を妨げるがゆえに苦痛は悪であるとはいえても、だから苦痛はあってはならないものだといえるのだろうか。苦痛がその不在を表すような次元を規定することによって、苦痛を裁くことを可能にするような規範とは一体どのようなものなのか。苦痛は排出されようとする異物のように、私たちに属することなく私たちの中にある。[17] 個人が普遍的な生命への通過場所となることの代償として、自らが器官に結びつけられていることを自我に感得させるのが苦痛である。だが、苦痛はいったん止んでしまうと、私たちの真の命運には何の関係もないかのように忘れられてしまうのであり、こうした忘却と、苦痛が個人の実存において実際に占める位置との間には奇妙なコントラストがある。勇気を少しずつ挫き、個人の抵抗力を削ぎ、その生存意志を擦り減らせることによって、苦痛はその最も秘められた目的を告げているのだというべきであろうか。一切の固有の意志を絶対的に断念させ、身体が壮健な時には世界への執着のゆえにつねに意識から遠ざけられていた真理を知覚させること、それこそが苦痛の隠された目的なのだというべきであろうか。病気の善用ということがあるのは否定できない。だとすれば、エゴイズムを断念するためには、苦痛による生存意志の消耗を待てばよいのではないか。その点からすれば、苦痛は善、または善の手段だということになりはしないか。

〔正当化できないものとしての死〕

したがって、苦痛においては規範的意識が否認されざるをえないという理由から苦痛は正当化できないものだと考えるのは、他の災悪の場合にもまして難しいことである。だが、それでは苦痛は厳密な意味での悪、すなわち罪とどのような関係をもつかというと、その点を明らかにするのもまた難しい。こういったことは、死についても当てはまる。個々の生者の主体性にとっては、たしかに死はつねに理解不可能なものである。だが、交流しはじめた相手が不在になることとしての死は、ひとつの悪として感得される。死は一体いかなる当為の否定になりうるというのか。死が正当化できないものだというのはその通りである。それは、人間の感受性の中核に触れつつも、ある精神的な秩序が否認されたことによる異議申し立てとはみなせないほど強い苦しみをもたらす数々の災悪が正当化できないのと同じである。たしかに、死がひとつの不在とみなされず、あるプロセスの中の一契機として現れるかぎりは、死の意味が問われることもない。これに当たるのは、死が有機体の生長過程の締めくくりとして現れる場合、死が過去の再構成の中に書き込まれ、犠牲者がもはや名も顔ももたない戦争や革命の歴史の中に刻み込まれる場合、死が私たちにとって戸籍課の役人や統計学者にとっての意味、見知らぬ死者のために隣村から鳴り響く弔鐘を聞く者にとっての意味しか持たなくなるような場合である。だが、意識どうしの交わりの停止や中断としての死の場合でも、死による不在の程度や形態が交わりの数だけ多様であるのもまた事実である。人は皆何度も死ぬのであり、そのつど異なった仕方で死ぬ。何度も死ぬというのは、その人のことを記憶している生者が一人一人消えていく度に死ぬということであり、異なった仕方で死ぬというのは、中断した交わりの性質と深さに違いがあるからである。それゆえ、こうした形での〔死者の〕生き延び＝死後生（survie）には限りがある。とはいえ、作品や思想表現、メッセージや模範の働きだけを介して意識と意識の間に成立するものをなお交わりと呼べるとすれば、そしてこの作品やメッセージからの反響が限りなく続くものであるならば、その作者には一種の不滅性がもたらされることになる。だが、残された作品と引き換えにそれを創り出した意識は徐々に消えていく。まるで、作品から遺贈された証言の個性がその作品を糧とする者たちの努力によってますます際立っていくにつれて、作者自身は少しずつ無名性へと帰って行くかのようである。だが、自己意識の強化と深化だけを目指して表現を行ってきた者たちの交わりが死という不在によって断ち切られる場合は、また事情が異なってくる。そこでは言葉や声、顔や動きが汲みつくせぬ仕方でもたらされ、それを通して独自な表現がたえず新たに生まれていた。身体はまるでそうした表現の道具でしかないかのようであった。この場合、そうした表現が無くなると、交わりは無力であらざるをえない。交わりは不在の内で、不在を通して、ひとつの試練のようなものとして続いていくのである。

他者の死とその不在の痛苦は、思考の無時間性に基づいて永遠性を確信することによって何らかの埋め合わせを得られるということ、誰しもこういった考えをどこかで読み、また自ら口にしたことがあるのではないか。だが、伝聞や知識を通して自分の死すべき運命を知り、自らの死について反省する者は、この反省の営み、あるいはそこに含まれる〈思考する思考〉の営みは身体の死にも影響されないと考えないだろうか。この思考の営みは、そもそも可死か不可死かという次元とは通約不可能であるがゆえに、〔人の一生という〕確定された持続とのあらゆる関係を超えたものとみなされるのではないか。それゆえ、時間性全体の構成に内在する作用の意識から汲み取られた永遠性の観念は、それにふさわしい形で、個別の魂の生き延び＝死後生から区別される。だが、こうした永遠性の観念に加担するならば、死はふたたび一出来事の地位に転落するように見えてくるのではないか。そして、この出来事が思考自体の意識に対してもつ関係は不可解なままであるにもかかわらず、情感の次元に属する内的で主観的な生の様態は全て、身体の生に結びついた偶然的なものとみなされるのではないか。実際、死を前にして硬化した自我が、精神的な働きの無時間性を頼りにすることがありうることは否定できまい。しかし、だからといって、自我は自ら自身の歴史に、自らの存在の成就に無関心になるだろうか。自我の歴史のリズムや持続、そのさまざまな運や困難は、死によって完成される生成に相当するものではない。個々の自我は、死に対抗して、自ら自身を託した目的を実現するために、程度の差はあれ先の見えない、結末のはっきりしない戦いを行っている。自我が時には明瞭に先を見通せる状況にありながら、死が最後の言葉となる場合も珍しくはない。というのも、死の時が内的歴史の成就する時と一致するのは、全くの偶然のことでしかないからである。二つの時のズレをどうやって乗り越えられるというのか。完全に実現しさえすれば、自然法則によって必ず人を死に至らしめるような可能性を選択すればよいのだろうか。しかし、それが自死ではなく、それ自体の価値によって選ばれた可能性であるならば、自我に存在理由を与えるその生の過程の結末が当の自我の死と最終的に一致するかどうかは、結局運次第でしかあるまい。自我の歴史の全てが、死に至ることを予見し、死への同意のもとでなされるただひとつの精神的行為に帰着し集約される場合でさえも、死の出来事の時と行為の成就の時とが一致するかどうかはやはり偶然の事柄であろう。だが、もっとよく起こることは、自我が地上における希望の全てをかけて行っていた諸目的の追求が、死によって断ち切られてしまうということである。このように見れば、死も災悪の一つとして位置づけられるであろう。災悪とは、直接的にせよ間接的にせよ、あるいは相対的にせよ絶対的にせよ、精神的な次元の合目的性を何らかの仕方で妨げるにもかかわらず、何らかの規範に基づいて、あってはならないこととして裁くことはできないものだからである。こうした災悪は、規範の侵害という点だけでは汲み尽くせない深遠な悪とは残りの全ての点で対立するが、規範に基づいて裁けないという点では共通している。世界は本性的に人間的な目的性に従うわけではないという構造を指し示すのが災悪であるのに対し、深遠な悪は、規範的意識が権限を主張する時には想定されていないような自我の原因性を指し示すのである。

〔感性の自然な反応と思考による結論との乖離〕

以上、さまざまな災悪を考察してきたが、どれをとっても、自由と責務の法則に従って、あってはならないものだと分かっているのだから意志によってすぐに取り除けるはずだ、などと言えるものは一つもない。少なくともそのいくつかは、道徳的な弱体化の多少なりとも間接的な帰結であるかもしれないが、その点を問うことはまた別の話である。他方で、そうした災悪が、物理的、生物的、社会的な自然法則に基づいて起こるものだということからは、次のことが問われてくる。この災悪の観念に含まれているのが、個人にとって容赦できないものへの異議申し立てのみならず、何らかの権利判断だとするならば、意識が災悪を正当化できないものだと宣言できるのはいかなる権威によってであろうか。また、災悪に何らかの存在理由を見出し、個人の感受性に対しては災悪という性格を保持しつつも、それらの災悪を確固とした仕方である秩序へと結びつけ帰属させられるとすれば、それらを正当化できないものとみなすわけにはいかなくなるのではないか。災悪は正当化できないというのは、当の災悪によっては確証も論駁もされえないことであろう。死や戦争、極端な形の社会的不正、許せないほどの苦しみや苦痛は、あくまで災悪でありつづけるだろうが、別の観点に立てば、そうした災悪は生や自然選択の合目的性を証示しているように見えることもありうる。つまり、災悪には個々人をいたわらねばならない責務はないのであって、個々人から見れば正当化できないとみなされかねない諸々の災悪も、それら自身ではたがいに調和を保ち続けているのである。悟性には予見できない創造作用を通して徐々に形成されていく秩序を思考は認知するが、その秩序が個々人に犠牲を求め、個々人の苦しみそれを越えた目的性の代償や手段にするものである場合、感性はそれを無視し認めまいとしがちである。前進の諸段階と結びついた不完全性という方向で災悪を意味づけるならば、災悪にはただちに前進運動の全体においてしかるべき地位が与えられるであろう。弁証法はこうした要請からそのあらゆる資力を得てくるのであり、それを利用して、物事のあるべき姿がどれほどはっきりしていようが、悪を仮象とはいわないまでも、少なくとも不完全で部分的、偶然的な経験にしてしまう。つまり、悪の配分が不規則であるために、悪を従属させるべき諸々の目的性が覆われてしまいがちになるだけだというのである。非合理的なものが認識によって規定され、認識固有の生成へと統合されてしまうのと同様に、感性が正当化不可能と考えるように促していたものも、思考は自らに同化してしまうのである。さらに言えば、災悪がより大きな善の条件、必要な試練とされるやいなや、災悪の存在理由に事欠くことは決してない。こうした発想にどれほど多くの形態があるかは知っての通りである。これは安易に持ち出される発想だが、その分真であることを説得するのが難しいものである。この難しさは、おそらく災悪を被る当人よりも、他人の悲惨になすすべもなく居合わせ、その悪が善へと転じうることを認めない者にとっての方がより大きいであろう。それゆえ、悪を善へと転じさせようとするならば、道徳法則に規定される当為の否定とは何の共通点もないこうした災悪でも、精神の生成運動全体を支配する大いなる法則には包み込まれるのだと結論しなければならなくなるだろう。そうなると、災悪に適応し自分のできるように合わせていくこと、災悪を減らしたり諦めたりするように努めること、災悪を通して自らの魂の力と断念を促進していくことが、個人にとってどれほど難しいとしても、災悪には正当化不可能という性格はないということになろう。思考による結論と、感性から自ずと出てくる反応との乖離は明らかである。

たしかに、理性的な証明に由来しないからといってその権威を矮小化できないような確実性を、感情のエネルギーから汲み取ってくることは許されないであろう。だが、自然発生的な意識にはまずもって躓きであるような事柄を、思弁的な思考が自らの手段を用いて何とか理解しようとしているような場合には、思弁的な思考の提案に唯々諾々と従うわけにはいかない。なぜなら、思弁的な思考にとっては、躓きを縮減するというのは、つねにそれを何らかの形で計画や秩序へと回収することだからである。さらに言えば、それは、明らかにどこまでも躓きであるものを、超越的な目的性へと理性を導く手段にしてしまい、理性はそうして否定を被らないとこの目的性を認知できないのだと考えることである。理性はこの躓きに依拠して、悪をひとつの要素、ひとつの契機とする秩序があると主張しても、自己矛盾を犯すことになるとは思わないのである。

〔〈なぜ?〉という問いの断念と絶対的働きへの反省的還帰〕

〈なぜ?〉という問いを発することを断念しよう。この問いに対しては、悪にはいかなる存在理由もありえないという考えを最初からアプリオリに斥けるか、それとも悪を理解することを絶対的に断念するか、どちらかの答えを選ぶしかない。前者を選ぶと、精神的存在を成す内在的ないしは超越的な目的性へと悪を何らかの仕方で調和させようとするような悪のあらゆる解釈へ道が開かれる。後者を選ぶと、悪は神秘だと言うか不条理だと認めるかの間で揺れ動くことになる。どちらの方向に進んでも、悪や災悪が正当化できないものだと言われることはないであろう。そして、私たちは悪や災悪を実践理性の命法に自ら背を向けるという自由の行使法には結びつけないのだから、思弁的思考だけでなく実践的自我の当為という観点からも、私たちにはそれらを正当化できないものだと言うことは許されないように見える。そう言えるのは、苦しみの強烈さを知性的な次元に転写しただけの全く恣意的な断定によってでしかないように見えるのである。

この「正当化できないものだ」という断定〔肯定〕[18]が、思弁的理性のカテゴリーにも道徳性の当為にも属さないにもかかわらず恣意的なものでなくなるためには、一体何が必要であろうか。それは、この純粋な精神性と世界の構造との絶対的対立を生起させる働き以外の何ものでもない。さて、悪を正当化できないものだという時、私たちがこの言明の根底で把握しているのはまさにそのような働きである。この断定〔肯定〕の内なる働き、すなわち、それ自身を保証するものを内包しつつも、同時に自らが証するこの働きこそが、個人の感性からさまざまな反抗を取り集めつつも、個人の感性を超えた権威を意識の願望へと伝達する。この働きを通して、私たちは、規範に応える営みの根底において、規範の支配を逃れるものを感得するのである。というのも、全ての規範はこの働きが世界へと向かい種別化したものである。であり、同様に、規範の権能に課せられる限界とは、全てひとつの根元的矛盾が種別化したものだからである。この働きに内属する直接的統覚がありうるとしたら、あるいは少なくとも、そうした統覚は規範的で創造的な意識の個々の機能に特有の野心に覆い隠されていると考えるとしたら、意識の機能が多様であること自体が精神的源泉の一性への希求であることになり、私たちはそのような一性へと連れ戻されることになろう。だがこの精神的源泉は、そうした規範の世界の差異と特質を失わせ和らげるようなものではない。これは存在の充実ではないのであって、人間の意識がそれぞれの世界の固有の真理において、たえず更新される抵抗と格闘しつつ時間をかけて形成してきた諸々の秩序の意味を無化してしまうわけではない。この精神的源泉は、実在する存在、あるいは実在すると想像できる存在全体にとって形式となるものを、この形式を最高の保証とする具体的な働きにおいて担う意識の源泉である。それが精神的な絶対者の形式だといわれるのは、そこに何を加えることもそこから何を引くこともできない絶対的な形式だからである。意識はそこからこの形式以上の追加の権威を受け取ることはない。なぜなら、意識がその存在理由や根拠を求めて自らの彼方へと遡ろうとする場合でも、そのように意志する当の働きにおいて、意識はなお自己同一的に自己自身を肯定するからである。だが、まさに自らをその絶対性において絶対的なものとして定立するがゆえに、この絶対的形式は、同様に絶対的な対立項をも認定〔肯定〕することを可能にする。それは、いかなる規範によっても完全には除去できず、いかなる当為によっても消去できないものとして、規範や当為の成功の奥にも透けて見える還元不可能な不透明性を、この絶対的な形式に対して突きつけてくるような対立である。だが、この不透明さが個体そのものの実質を触発する時、個体を傷つける災悪を正当化できないものと呼べるのは、それらの災悪がいかなる存在理由ももたない不条理なものだからでもなければ、何らかの存在理由によって反抗や諦めを呼び起こすからでもない。これらの災悪が正当化できないものと呼ばれうるのは、精神的な絶対者へと応答する世界と、人間たちがさまざまな形で不幸に屈し、しかも不幸が偶然に人を襲うがゆえに一層深刻に思われるような世界との間にある克服不可能な対立を証し立てているからである。個々の意識が、自ら自身の特異な経験から、事実や苦痛の支配が及ばないような精神の働きの確実性を、悪が諸意識を孤立させ分離させる時にもなお他の意識と交わっているという感情を汲みだせるならば、その限りにおいて、災悪を正当化できないものと呼ぶことができるのである。

〔人間的な欲望以上の欲望への目覚め〕

人間精神の諸々の要求が平穏を得た実存の像を描こうとするのに対して、世界は苦悶に満ちた相貌を見せる。この荒々しいコントラストほど、人間精神の権能ではなくとも、少なくとも人間精神の広がりとその諸要求の力や真理性を確証してくれるものはあるまい。だが、しばしばひとは、精神の偉大さは、全てを取り込み引き受ける力によって、すなわち、最初は全くの否定として告知されたものを自らの弁証法へと組み入れる働きによって測られるものだと考えたがる。あるいは、理知性の秩序に服さないものは事実、宿命、運命へと算え入れてしまい、まるで精神が理知性の主人ではなく従者であり、理知性を形成するのではなくそれに服従しなければならないかのように考える。だが、精神活動というのは、最も自発的な形においては、自らに対して世界を与え世界を構成すると同時に、自らを自己自身へと結びつけて自己を構成することを特性とする。それゆえ、さまざまな形の秩序に応じて世界が分化すればするほど、分化した諸世界が産み出す正当化できないものはますます各世界の刻印を帯びるようになり、それが思考されるのは、それらの秩序が知性のみならず感性や意志をも様式化する際に出会うさまざまな抵抗を介してのみになる。そうした抵抗の上に秩序はその爪跡を残すのであり、ビランの言葉を借りれば、学知への抵抗は学知の一部を成すというのは普遍的な真実なのである。この点から見れば、観念論は無敵である。つまり、経験的と目されるものも、それを包摂するカテゴリーから裁然と切り離されることは決してありえなかったのであり、絶対的観念論は、有限な意識の野望が満たされえないからといって観念論に対する権利上の反証にはならないことを巧みに主張してきたのである。

しかし、各々の精神的な目的性の生成に内属するそれらの抵抗を通して、ひとつのエレメントとしての遅延が露わになる。それは、これらの抵抗に共通する指標のようなものであり、諸々の停止、断絶、再開の存在根拠となるものである。何らかの精神的働きに相関しないような〈正当化できないもの自体〉は問題にしようがないことは明白である。認識の次元では、物自体というのは、単に知性的な自発性がその働きによって知の質料を創造するのではないという意味であった。しかし、実際の認識における〈間〉、つまりカテゴリー作用を含む諸関係においては、物自体は主観と客観の相関を介してしか思考されなくなる。同様に、全てを集約し、構築することのできない〈正当化できないもの自体〉とは、私たちには決して触れられないものである。だが、精神の構築物の脆さが一気に露わになるような状況がある。それは、個人や集団の暴虐な情念によって、この構築物が少しずつ破壊されたり押し流されたりする場合である。そうして私たちは、悲劇的なもの、すなわち道徳的世界のカテゴリーではどうしても捉えられないものがあることに気づかされる。死によって諸々の人間的な目的性が中断される時、精神が作り上げた秩序の儚さがその不在によって感得させられる時、私たちは、努力すれば成功の幸福が得られる通常の領域では当てにしている事物と意識との黙契に対して疑いをかけ始める。この瞬間に、規範の権威は息を引き取る。だが、精神の働きの権威はそうではない。それは規範の源でありつつ規範を超えている。この働きは自らの権威をもっぱら自ら自身から得るのであり、正当化できないものとその表現としての災悪に関する私たちの判断はこの働きを基礎とし、正当化できないという私たちの感情はこの働きを保証としている。全く人間的な欲望の挫折と見なされうるような状況で、まさしく人間的な欲望以上の欲望が姿を現すのである。

〔正当化できないものとは形而上的悪ではない〕

しかし、ここまでで私たちが行ってきたことは、哲学において形而上的悪という名で市民権を得ているもの(19)に別の名を与えただけだという恐れはないであろうか。つまり、何らかの超越への関係から埋め合わせを得てくるような悪がある一方で、人間の欲望に対する自然の無関心さの証しでしかないような災悪があり、後者の場合はそのような欲望を断念した方が賢明なのであろうが、私たちはその両方に不当にも「正当化できない」という同じ性格を付与してしまったのではないか。あらゆる形で永続する悲劇的なものの内に、私たちは軽率にも世界が取り返しのつかない仕方で引き裂かれていることのしるしをみてしまったのではないか。そうしてついには、人間精神の有限性の確証でしかない諸抵抗の内に、規範による判定を全面的に逃れるものの指標を探し求めたのではないか。いずれにせよ、正当化できないものとは、形而上的悪と全く同じではないとしても、実際には形而上的悪の性質を帯びており、ゆえにそれ自身としては欠如的な性格しかもたないと言うべきではないのか。

たしかに形而上的悪はさまざまな姿で現れる。無限者を前にした有限者のしるしや、人間の思考が概念化してしまえない経験的要素の知における現存という姿をとることもあれば、有機的な結合と調和する内的必然性と対立して、偶然、無秩序、気まぐれとして存続するだけの外的必然性として、あるいは被造物という地位に刻印された受動性のようなものとして現れることもある。さらには、いつも仲立ちを介し、帰納法や弁証法で事を進めることを余儀なくされる意識の責務として、あるいは総合により和解し解決すべき葛藤として現れることもある。だが、いかなる形をとるにせよ、形而上的悪の特徴は、自ら自身の外に自らの存在根拠をもち、しかもこの存在根拠が存在している根拠が、人間の判断が届かない次元に属する高次の必然性に存している点にある。

〔自我は自らの存在の克服不可能な矛盾を告発する働き自体によって自らを確証する〕

正当化できないものは世界の全体的な構成と調和できないこと、また、人間精神はつねに部分にしか注意を向けないために全体を解読することは難しいとしても、何とか全体の合理性を知ろうとするものだが、正当化できないものはこうした合理性とも調和できないこと、それどころか、形而上的悪および全ての悪を単なる欠如とはみなせなくするのが正当化できないものなのだということ、こういった点をはっきり示すためには一体どのような可能性があるだろうか。私たちに提示される道はただひとつ、正当化できないものの痕跡を探し求めた世界から、正当化できないものの真の源泉でありうる自我へと還帰することである。すなわち、自我は自己から出ずに自己自身と結ぶ関係のみから自らの存在に刻み込まれた克服不可能な矛盾を見分けるのであり、まさしくこの矛盾を告発する働き自体によって自己の存在を確証するのだということが正しいとすれば、自我は正当化できないものの真の源泉でありうるのである。この矛盾は、癒されることも和らげられることも考えられず、それを乗り越えようとするごとにまた姿を現す。だが、それは救いとなる矛盾である。それを知らなかったり無視したりすることから自我のうぬぼれが始まるからである。この矛盾は、全ての偽りの価値を（ある意味では全ての価値を）廃するのである。

私たちは（絶対的に）そうであるところのものでは（現実的ないし実際的には）ない。この言明には、どれほど豊かで充実した人生を送っている人でも逃れられない情動的な経験の意味が集約されている。これは異論を唱え難い普遍的な経験であって、その普遍性が覆い隠されるとすれば、それを悲壮な調子で描くことで露わにしたと考えるからにすぎない。だが、さまざまな分析が符合するのは見かけ上のことでしかなく、それらは当の分析に原理を与えてくれる解釈にとって最適な方向に曲げられている。この経験は自己所有における遅れでしかないのではないか。あるいは、創造主の方へと身を向けつつも、堕落による帰結を取り除けない被造物にとっての試練ではないか。それとも、想像力の体制の下で生きている私たちには、自らの内に永遠なるものを把握させる特別な認識に達しないかぎりは隠れたままであるような特異な本質を指示しているのか。このように多様で対立しさえする答えが出てくるが、どの答えも、自我の自らの存在への一致をある生成過程の終極とみなす点では共通している。つまり、私たちを自ら自身と自らの始原から引き離していた障害が徐々に減じられ、極限では乗り越えられるという過程が想定されているのである。しかし、ベルクソンがスピノザの教説に適用していた語を用いて言えば、ここでは往路はつねに何らかの仕方で復路になってしまっている[20]。その場合、魂は過去を顧みる時、自分に向けられていた呼びかけをもっと早く聞きとらなかったことにただ驚くことしかできないのである。

だが、自我が自らの存在に相等しないという経験は、和らぐことがないというだけでなく、自我が自らを自ら自身に対して隠すような認識と行動の仕方を暴き立て投げ捨てるたびに、あらゆる次元で更新され、深化され、強化されると考えた方が事実に近いのではないか。そうであれば、私たちに求められているのは、問いの方向を逆転させて、自我が自己へと十全かつ完全に到達してもなお、自らの存在と行為の間に不相等が残ることを同時に認めざるをえないというのはいかにして起こりうることなのか、と問うことである。いずれにせよ、私たちがこの経験の核にある不相等が説明されることを希望しうるとしたら、それは、私たちが自ら自身の内にそれを測る手立てをもっているからであり、私たち自身が測るものでありかつ測られるものだからだということになろう。すなわち、私たちは自己の存在へと考えうる限りもっとも緊密に結びついていると同時にそこから分離されているのであり、この結合と分離の一方を認めれば必ず他方も認めねばならないようになっているからだということになろう。

答えが可能になるのは、自らが何であるかを見出すことを断念する自我が、この断念自体に含まれる絶対的な働きを自己の根底で捉え直すことによって、この絶対的な働きを通して、この働きとして存在し、それを自己の実存の支えにしようとする時からでしかない。それ以外のさまざまな答えでは、形而上学があらゆる人間学と同じ過ち、すなわち人間とは何かを探究するという過ちを共有している。これは克服するのが最も難しい傾向である。この傾向と縁を切るというのは、個別的意識がその一切の利害関心から離れて沈思し、意識を介してのみ働くが意識を横切っていくような働きへと自らを委ねることであり、そうして自己所有へと入っていくと同時に、自らの存在の拠り所であるこの働きと等しくなれるという望みを捨てねばならないと悟ることである。だが、まず分離された項があり、それらを因果や生成、派生といった関係によって結びつけたり、有限と無限の場合のように調和や対立をさせたりせねばならないという考え方は退けるべきである。純粋自我と経験的自我というメタファーでさえも、ここで問われている一性をつねに裏切ってしまう。それは、個別的意識が自らの姿だと思っていたあり方において自らを否定するその時に、自らを否定してくるものを通して自らを肯定するという形で働く一性である。自我が自らの存在に相等していないという言い方でも、この分離における結合はなお量の言語に翻訳されており、まるで徐々に極限へと近づいていくことで減らしていくことのできる不相等であるかのようにみなされている。他のどのような規定を用いても、意識の本質的な次元を言い表すことはできない。そもそも意識とは、自らの内的法則を絶対的に把握しながらも、まさにその働きにおいて、自らがこの法則に基づかない存在様式に依存し続けていることを表明するものである。主客関係やいわゆる志向的意識というのも、こうした意識のただ中からの抽象化によって成り立つのである。叡知的で自らに透明な世界とそれには還元できないものとの対立を際立たせるために、内面性と外部性をたがいに独立した形として立ててもよいが、この区別は根源的な確実性に支えられないかぎりは意味をもたず、そもそも考えることすらできないものである。つまり、この確実性は絶対的と呼ぶべき働きの直観であるが、それが絶対的な働きだというのは、純粋意識と個別的意識が数的に同一でありながら、個別的意識が自らを現し生起することを求められる世界の内では純粋意識に等しくなれないような関係の内に自らの存在理由をもつことを示すためでしかないのである。

したがって、自我は直接に自らの存在と等しくなることはできない。だとすれば、自らの存在との一致を可能な限り実現するためには、自我は迂路をとらざるをえないのではなかろうか。迂路というのは、種々の世界を作り出してそこに自らの存在の像を見出そうとする企てである。さて、私たちは自らが存在する通りのものではないということが真実であるのは、真理（むしろ真理の純粋理念を形成する働き）が世界の構造に妥当する関係や法則とは一致せず、世界の構造はあくまで真理の理念を形成する働きに対して偶然的なものだからである。また、美（むしろ美を喚起し呼び出す純粋な働き）は美を呼び出す働きが現れる媒体となる現実存在とは一致しないものであり、道徳性（むしろ道徳性の出所となる内的働き）は道徳性を生み出す働きをつねに不確実な状況や障害の中で確証しようとする行為とは一致しないからである。規範とはそれらの根源的な働きを媒介するものである。そうした根源的働きから発する要求を、規範は世界や個人的・社会的な生の複雑さに合わせて和らげる。それらの働きには一つひとつの次元が相関しており、これらの次元の中核には、美と醜、真と偽、およびそこから派生する相反者の対立があるのだが、そうした対立が生じては速やかに調和へと解消されるのも、それが奥底にある矛盾から生起し浮上してくるものだからにほかならない。この矛盾に最も近い表現は自我の存在において与えられる。自我であるというのは、純粋な働きであると同時に、自らの欲望と世界にとらわれた意識によってこの働きを所有していることでもある。全ての対立物はそのような矛盾の色を帯びており、そこに含まれている原理の二元性はどこまでも還元できないものである。だからこそ、対立物をとりあえず和解させて総合しても、すぐに新たな対立が生まれてくるのである。正当化できないものが真理や道徳性を産み出す働きに対してもつ関係は、個別的意識の純粋意識——というよりもむしろ個別的意識の存在をなす根源的働き——に対する関係に等しい。

この根源的な働きが種別化されて諸々の精神的な機能になるのだから、一つ一つの機能に対応して必ず一つの形の正当化できないものがあるように見える。だが、精神が何らかのものではないように、正当化できないものも何らかのものではない。精神を何らかのものとみなすのを拒めば拒むほど、精神にはあらゆる尊厳を超えているという尊厳が与えられることになる。そうして、精神はただそれを絶対的に否定するものを介してのみ顕現するのだということがますます明らかになるのである。自我が堕落したり前進したりすることがありえないというのではない。ただ、堕落の意味も前進の意味も根本から変わってしまう。というのも、時間に拘束され、流れる現在へと従属させられた自我は、それ自身の存在に等しくなろうとすれば、世界のただ中で根源的な働きから派生してくる命法に優位を与え、それに基づいて自らの弱体化や成功を裁かねばならなくなると考えられるからである。ただしそれは、自己を自己自身から分離する隔たりが縮まったように見える時にさらに微妙で深い緊張が現れ、自らの存在と行為の一致への希望が繰り延べされるのだということを知ってのことである。個々人の命運に当てはまることは、世界の歴史にもやはり当てはまる。歴史に入り来る神々は、無数の形で模倣されることによって、人類が自らを自己自身へと引きもどしてくれる法則の絶対的意味を自己化する際のモデルとなる。だが、内なる再生とそれを世界において証す現実の行為との対照性は、それによっていっそう際立つだけである。

それゆえ、正当化できないものとは、移動し遠ざかっていく極限のようなものではない。不可避の遅延、やり直し、再開のたびに、そこに正当化できないものが現存していることが感じられる。真理を獲得してもすぐにまた対立や不幸が生じ、思考と意志が輝かしい領域を開いてもすぐにまた周りに暗闇が作られ、どれほど固い決意も緩みを免れず、どれほど明晰な判断もその底に無意識的なものをとどめている。そうした中で、正当化できないものがその現存を感じさせるのである。その時私たちは、悟性から決定論と自由の二者択一を押しつけられる代わりに、欲望の覆いを破り出る自由な働きの真実性や質、その深さを問わねばならなくなる。しかしこれを、同じ光がだんだんと質を落とし弱まることで暗くなっていくような事態とみなしてはならない。精神の生成をさらなる高みへと引き上げる諸々の否定性の内には、絶対に否定的なものがある。それはまだ悪ではない。悪にはさらに意志の共犯が必要である。だが、この絶対に否定的なものこそが、悪にその全ての広がりを取り戻させるのである。

第二章　不純な原因性

〔知的意識の自発性と意志作用の理性性〕

知的意識は、自己自身の諸作用へと問いかけ、それらの作用を統御しその妥当性を検証する主体という観念の下に集約されるとき、規則に従う自発性として自らを把握する[21]。つまり知的意識は、真理を産出する作用に内在するカテゴリーの内的必然性によって、自らのイニシアチブに含まれる偶然性を矯正し、修正するのである。したがって、知的意識が自らを一個の主体とみなすのは、自らの偶然性を肯定するためではなく、全く逆に、普遍的真理とそれを構成する諸々の働きからなる同一極との相関性を保持するためである。思考は自らの作用を支配し自己化するために反省的になるが、それによって自らの外へと出るわけではない。反省する主体とは現に働く思考の主体以外の何ものでもない。思考の産出力は諸々の知的作用によってつねにさまざまな形で表現されているが、反省する主体はこの産出力へと接近できるだろうか。なるほど、思考の産出力をそれを展開する働きや作用の側から把握しようとしているかぎりは、答えは否であろう。だが、思考は作用の一つひとつに丸ごと含まれているのであって、思考が反省されるのもそれと別の仕方によるわけではない。反省の務めは思考をそれ自身に対して透明にすることにある。では、不透明なのは、そうした作用の全てが交差し配列される場である主体の方だということになるのか。反省による同化に対して、主体は克服できない抵抗を提示するのではないか。だが、〈我考う〉において、〈我〉が〈考える〉働きに真の意味で付け加えるものは何であろうか。〈我〉は私たちを単独者としての自我へと送り返すのではない。それが指示するのは多様な作用を調整する働きである。〈我〉とは統一する思考という優れた意味での働きであって、それによって時間的にばらばらで不連続な諸判断が統御されるのである。

行為の主体、すなわち原因性を行使し、決断を下してその責任を引き受ける主体についても、はたして同じことが言えるだろうか[22]。真理の獲得を目指す知的自発性の働きは、この働きを推論において繰り広げる諸理由の産出と連鎖によって検証されるが、その際、主体の働きはそれを行う主体の特殊性には全く影響されないことが反省的に確信されている。それに対して、意志的な意識の働きがそれ自身を開示する場となる諸々の動機は、〔認識主体が産出する諸理由と〕同じような仕方で分析できるだろうか。知的働きの主体が自らの権威を制限しかねない所与を排除するのと同様に、意志的働きの主体も自らの原因性を変質しかねないような偏向にはとらわれていないと自認しているのではないか。知的意識が主観性への束縛から全く解放された思考の働きと相関しているのと同様に、道徳的意識は理性的命法に全く従順であるような意志の働きと相関しているのではなかろうか。仮にそうだとすれば、道徳性の次元では、理性的命法は真理認識の次元でカテゴリーや規則が果たすのと類似した機能をもつことになるだろう。そして、高次の自己意識を目指して諸々の知的作用の統一を摑み直そうとする反省は、同時に意志作用の理性的性格をも確信することになるだろう。要するに、その場合には、自我の原因性を諸々の純粋概念によって規定することが、純粋主観の全く理性的な権威の表現たるカテゴリーや規則によって知的作用を規定する以上に難しいはずはないだろう、というわけである。

たしかに、自我の原因性は純粋概念によって規定されうるのであり、ただ感性の抵抗にぶつかることによって義務という姿をとるのだと言われるだろう。実際、知性が権利上は規則に従う真理認識の諸作用の次元にあるのと同様に、意志の原因性が権利上は道徳法則が要求する事柄の次元にあることも認めるべきではないか。道徳性の秩序の輪郭を描くのは合理主義であって、そこでは普遍的なものへの能力をもつ意志が、個々の主体において諾か否か、賛成か拒絶か、法則による動機づけか感覚的欲望による動機づけかの間で揺れ動くだけだと考えられている。そして、自我の正当化〔義認〕はそうした二者択一に結びつけられ、相反者の対立という形に順応し切っているかのようにみえる。厳格な理性主義を越えて、道徳性を自己意識の前進全体の一つの契機にすぎないものとみなす場合でも、自我が始原〔原理〕へと遡行できないという無力のために始原〔原理〕から切り離されるということは決してない。自我は、反省が進むにつれて解消されるような最初の不注意によって、あるいは惰性に甘んじてしまうことによって、それ自身の始原〔原理〕から遠ざけられているだけだと想定せざるをえないのである。

もちろん、普遍的なものが自我の正当化〔義認〕に対してもつ役割を貶めるべきではない。主観性それ自体は擁護されるべきではなく、普遍的なものは主観性との断絶を要求する。この断絶を通して、普遍的なものは意識どうしの相互性の関係を基礎づけるのである。この関係のおかげで、個々の意識は自らを主体ないしは諸関係の中心とみなせるようになり、対自的な実存という尊厳を獲得する。普遍的なものの修練を受け入れていなければ、意識はそうした尊厳を確保できていなかっただろう。普遍的なものは、人格間に有限な諸関係を確立し、個々の自我を道徳法則に従うか否かという選択へとたえず駆り立て、この選択を行いうる純粋意志を要請する。これを準備として、自我は、意志の弱体化の底にある根源的な偏向性を減らそうとするのが道徳性本来の働きであることを理解していくのである。そうした選択の要求が姿を消して、意志が普遍性の次元へと上昇し、自らの内なる始原〔原理〕として普遍的なものをおのずから含んでいるように見える場合でも、問題の要件には変わりはない。なぜなら、どちらにしても、意志の権能は決して内から制限されたり傾けられたりはせず、道徳性の命法に従わない自然本性としての傾向性、克服しがたい抵抗の源たる主観性があるだけだということが前提されているからである。

〔意志の原因性の根源的不純性〕

以上のように、純粋意志は、普遍的なものに反して諸々の傾向性や主観性を選ぶことによって罪あるものと化すのだが、この選択においてもなお自由であり続ける。だが、そのことを認めた上でなお、意志は選択を行う時すでに、罪あるものとまではいわないまでも、少なくとも罪を犯しうる不純なものなのではないか、と問うことが許されないわけではない。ここで問題になる罪責性や不純性とは、自我の責任を緩めるわけではないが、道徳性を形成する対立の手前にあって、行為者が道徳的な善悪だけを頼りに自己の正当化〔義認〕の問題に決着をつけることを禁じるものである。つまり、道徳法則に違反したからといって自らを最終的に断罪することもできないし、また道徳法則に忠実だったからといって、自らを是認して咎なしとみなすわけにもいかない[23]、ということである。

　以上の問いが正当なものであることを示すためには、次のような感情を解釈してみるだけで十分であろう。それは、自らの行為の一つひとつが道徳法則に合致していることで安心していた意識が、それらの行為によって証される原因性の質を問い尋ねるやいなや、この上なく大きな不確定性にとらわれるという感情である。この感情が本物であることは否定し難い。この不確定性はどこから発してくるのか。意識が道徳性の命法に照らして自らの行為の正しさをためらいなく認められるようになればなるほど、不確定性がいっそう際立ってくるのはなぜなのか。この不確定性は正当化〔義認〕の要求の証しであるが、自我に義務への違反を咎めたてる余地が全くないことによって、この要求は鎮まるどころかますます強まっていくように見える。道徳性が自我にとって第一に確実なものであることには変わりはないとはいえ、はたして自我は、道徳性による正当化〔義認〕とは一致しないような正当化〔義認〕を目指すことができるのだろうか。道徳法則が求める通りに行為したという功績を根拠にして自らの正当化〔義認〕を確信するというのが最大の思い上がりだということは、私たちもよく知るところである。だが、道徳法則の求めを果たせなかったから正当化されていないという感情と、道徳法則の求めを果たしたとしても正当化されはしないという感情とは全く別のものである。反省を呼び起こすのはまさしく後者の感情である。もしかしたら、さらに細かく吟味すれば、より寛大で自由な道徳性があれば別の義務が課されていたはずだということや、そもそも私たちは規則の真の存在理由とは異質な動機から道徳法則に従っていたのだということが明らかになるかもしれない。だが、それによって後者の感情は前者の感情へと還元されるであろうか。この還元が完全に果たされるためには、自我の正当化〔義認〕への欲望というのが、道徳法則との合致による行為の正当化〔義認〕だけで満たされてしまうようなものでなければなるまい。だが、まさにその点が問われてくるのである。

意志の原因性は、欲望の誘惑ではなくそれ自身の内において、自然本性に由来するものよりもさらに奥深く乗り越え難い妨害に出会うのだということ、このような考えを、道徳の自立性を守ろうとする道徳説が認めるわけにはいかないことはいうまでもない。それゆえ、理性の原因性と自律の理念によって表される自由な原因性との合致ということが、外的強制からも情念の支配からも解放された道徳的意識の完全な定義となる。自律において保持される法則の理念には内的な必然性が対応しているのだが、それは、理性の原因性は自らを自己自身へと拘束することによって最高に完全な自由となるということである。自律という見地からすれば、道徳性の弱体化とは、自我が自然本性や感性的欲望の促しに屈したということでしかありえない。だが、自我の原因性がその選択や決断によって不純になるのではなく根源的に不純なのだとすれば、もはや問題は自律か他律かではないことになろう。自我の原因性は、他律と呼ばれるような隷属から解放されたとしても、今度は自ら自身の内に、理性の自律という野望を制限するような性格を見出さざるをえない。自我の原因性の実質がそうした不純性なのだとすれば、そのことは、最初の他律と勝ち取った自律という対立が、具体的な自我の原因性と全面的に精神的な原因性の間の対立とは合致しないことを示しているといえよう。(24)

〔道徳的合理主義を超える別次元の感情——後悔とより広い責任〕

幾何学者の知的営みは、彼に自己と真理を知らしめる理由の産出と一体であるがゆえに不安を生じさせることはない。それと同じように、自我の働きが普遍的なものによる動機づけに尽きるとすれば、自我の原因性をめぐる不安が生じる余地すらないであろう。可能事を生じさせる働きの透明性は、この働きを展開させ根拠づける動機の透明性に裏打ちされる。この透明性は、意識にとっては真の自己産出の経験に等しいものとなろう。それはたえず自らを更新する経験であり、この経験をそれ自身へと結びつける知的記憶の戯れは、自我が理由づけられない過去を背負うことは決してない。この働きの反省的な自己化が、自我のひそかな関与によって妨害されることなどありえないということになる。

さて、道徳的合理主義は、まさにこのような仕方で自我の原因性という問題を提示しがちである。より一般化していえば、自我の存在は一回ごとの働きとともに開始または再開するという教説を立てる。意志の原因性は、あたかも規範や命法を前にして道徳法則に同意するか拒絶するかを全く自由に選べるだけでなく、この選択の後でも自らを取戻し、摑み直し、完全な姿で捉え直せるものであるかのようにみなされるのである。こうした立場の合法性には異論の余地はない。道徳法則とそれが設立する次元の本性には他のものは含まれておらず、そこから個々の自我にはきわめて厳しい判断が下されうるので、他の存在次元が導入されることで厳しさが緩むことを恐れる必要はないのである。道徳的反省は、それに固有の次元に限定されている間は、この反省に要求される力能とつねに等しい意志という観念をできるかぎり保持し、道徳法則の側につく選択がその法則自身に由来する動機のみによって行われるようにしなければならない。そうすれば、一方では、乗り越えるべき抵抗がどれほど強くても、それが自然本性に由来するものであることは確かだということになるし、他方では、自我の正当化〔義認〕は勝ちとった自律の大きさと厳密に相関することも確かだとされるだろう。反省は、このように道徳性の要請によって除去されるものを全て捨象することから出発する。だが、そうすればするほど、自我の原因性の問題を別の次元へと移行させるような感情の理解へとよりよく開かれていくのである。

一体、道徳的判断が考慮することの難しい所与とはどのようなものだろうか。道徳法則への関係でその性質が定められる非連続的な個々の行為に基づく責任と、そうした責任を包み越えるより広大な責任とは、対照的なものではなかろうか。後者が前者を包み越えるというのは、限定された行為だけでなく、ある種の想念や夢想、素描されただけで潰えてしまった可能性、意志のひそかな減衰、感知できないほどの弱化にも関わるからである。そこでは、意志は表面上は道徳法則に合致していても、自我に甘んじ、虚栄に甘んじるひそかな傾向を隠しているのではなかろうか。私たちは道徳的判断に服する行為だけを頼りに自我の歴史を形成しているが、それを突き破って別の次元の感情が現れてくる。それは、自分が自分自身を動かす憧憬に等しくないことを知った原因性に生じうる自己感情である。個別の行為の結果として私に生じる責任と、そうした行為全体の背後にある原因性に関わる責任とは決して合致しないということを証するのは、私たちが道徳性の責務を無視しなかった分だけますます明確な力と権威をもってくる感情である。この感情が告知するのは、自らの務めを果たした自我と、それを通して全存在者と普遍者よりもわが身を愛そうとする自己の〔自愛的〕部分から解き放たれようとする自我との間に執拗に残り続ける不一致である。

後悔というのは、より根源的な罪責性の感情を基底として浮かび上がってくるのでないとしたら、ある一つの義務に違反したという事実だけからは生じないのではなかろうか。この感情は、私たちの個々の働きによって限定され、局所化され、自己意識へと目覚めさせられるのだが、まさしくそのことによって、この感情が個々の働きに本質的に先行するものであることが露わになる。後悔が一時的な原因性に関わる働きの反響に過ぎず、この原因性は最初の働きを償う新たな働きによって自らを絶対的に立て直せるものだとしたら、はたしてこの感情は、自我全体を襲う酌量の余地なしという感情として広がっていくだろうか。私たちが断罪するのはあくまでひとつの行為だが、その行為が私たちに暴露するのは、このように断罪してもどうにもならない原因性の質〔あり方〕である。私たちが自分の力を取っておくために後悔を押さえこんではならないとすれば、後悔の奥底には次の事実が見出されるであろう。それは、一度ある時に義務に違反せざるをえなかったならば、私たちは必ず同時に、自分がつねにあらゆる状況で、外的な行為によらずとも少なくとも行為を引き起こした動機において義務に違反していたことに気づく、という事実である。[25]〈つねに〉といっても、それは過去の過ちを数え上げて確かめられることではなく、それらの過ちの起点に日付をもつ特定の行為を置くことは不可能である。また、〈あらゆる状況で〉といっても、持続する時間を区切るあれこれの過ちを比較し対比することで、どれほど偶然的な状況でも、後悔が暴露する事柄に何ごとかを付け加えられるということではない。比較によるならば、諸々の過ちはむしろ生来の素質に由来するものとみなされるだろう。〈つねにあらゆる状況で〉ということ、これこそが、私たちにとって、細分化した諸々の責任を超えて働く原因性を表現できる唯一の仕方である。私たちは、記憶によって接近できる諸々の動機を経由し、それらを分析することによって、原因性の核心部へと進んで行こうとする。だが、動機を概念化することで、動機を鼓舞した意図〔心術〕[26]の質は覆い隠されてしまう。私たちは、どれほど澄んだ水でも数滴の酸を加えるだけで腐敗してしまうように、〔道徳〕法則への尊敬に利害関心や自愛や虚栄が混入することもありえたということを認める。だが、それでもまだ、自我の全き姿を取り戻すことはできないことを理解するにはほど遠い。それゆえ、意図〔心術〕それ自体の背後へと遡り、自我の原因性を暴露する可能事の湧出へと、この可能事を迎え入れる私たちの営みと区別できないこの湧出へと至らねばならない。後悔によって私たちは、まさしくそうした働きへと、すなわち可能事を産み出す原因性の質を暴露するような働きへと送り返されるのである。

意志の全き姿が道徳性の命法の想定している、あるいは想定しているはずのものならば、道徳的経験の埒外から自我の原因性の再生への欲望が生じるのであり、そうした代価を払って初めて自己の正当化〔義認〕への希望が可能になることは理解できなくなるのではないか。そして、どれほど真摯に改新を目指してもその成果が感知されることはごく少ないことに、意識はどうして驚かずにいられようか。私たちは、道徳に違反したとはっきり非難されるようなことは全くなくても、自愛を排するためにはまだ何もできていないという感情を味わうことがある。この自愛のために私たちが満たせずにいる正当化〔義認〕への要求は、本質的に道徳的というよりむしろ形而上的なものだが、それを直接満たそうとすれば、道徳性が担う利点が損なわれざるをえない。そうした例は、愛の国を旗印とするある種の人々が、正義の理念の成功が相対的でしかないことや、行動のために理想を曲げねばならないことに耐えられずに、せっかく獲得できた善を一層脆く希少なものにしてしまうような場合に見られる。

〔原因性の不純という感情の二つの誤った解釈〕

以上、道徳的経験を機縁として生まれるさまざまな感情について述べたが、その真正性に異論を唱える者はいないだろう。だが、そうした感情はどのように解釈されうるだろうか。まずは、二つの方向性が反省的探究へと提示されるだろう。第一の方向性は、善の欠如によって測られるような自我の有限性を拠り所とするものである。つまり、自我はその存在論的条件ゆえに絶対的な仕方で善に到達することはできないが、たえず善へと接近することはできるのであり、本当の意味で善から切り離されているのではない。善は最初から欲望や呼びかけという形で自我に与えられてさえいる。意識の前進がここで突き当たる障害があるとすれば、自我の有限性のしるしである無力や受動性のみであろう。自我は自らの存在の源泉へと還ることによって正当化〔義認〕されるのであり、今述べたような諸感情は、いずれも正当化〔義認〕の困難さを指し示すものとはならないであろう。

もう一つは、正当化〔義認〕を目指す意識の努力において生じる遅れを理解するために、自我と分かち難く結びつき自我を誘惑する自然本性や傾向性の観念がもちだされる場合である。だが、あらかじめ注意していきたいのは、どちらの仮説においても、障害は自我の原因性の内部にあるのではなく、反省は障害にぶつかるだけでそれを縮減することはできない、ということである。

それゆえ、まずは第一の方向性に沿って次のように問うてみよう。正当化〔義認〕の欲望と、自己意識の前進がぶつかる暗礁の存在を示しているように思われる内的経験の所与、この二つを共に自我の有限性にのみ従属させることはできるだろうか。自我にとっては、自らの有限性とは自らをその始原〔原理〕から切り離す存在論的な隔たりであり、こうした有限性や隔たりは、欠如、欠乏、欠陥という経験や観念によってのみ理解できる。そして、それらの欠如や欠乏を測る基準となるのは、他の諸存在においてであれ、完全性においてその他のものを凌駕する存在においてであれ、現に所有ないしは実現されている善である。有限性と欠如とは軌を一にするのであって、自我が目下欠如している善を所有しているはずの存在、または所有できる存在と、優勝的な形にせよ現にそれを所有している存在との間には、何らかの通約可能性が存在しているのである。盲者が視力を取り戻す場合のように、何かの能力を欠いた者がそれを獲得したり取り戻したりする場合、前進は絶対的なものである。だが、欠如にはさまざまな程度があって、盲目といっても全く見えないかどうかで差がありうるし、深刻さの度合いが違う。欠乏とはつねに相対的なものなのである。存在論にはさまざまな種類がありうるが、欠如ということでどれほど大きな遠ざかりや隔たりを思い浮かべたとしても、そこには諸々の程度の存在間の親縁性が何らかの形でなお保持されている。諸々の程度の存在と、上位レベルの経験に到達しようとする意識の揺れ動きとの間には、呼応関係が成り立っている。存在論と有限性の経験とは、たがいに応答しあい、支えあっているのである。有限性は深まっていくが、正当化〔義認〕はそこから自らの可能性の保証を汲み取ってくる。なぜなら、有限性の欠如的経験の内に正当化〔義認〕の確実性を自我にもたらす所有的経験が見出されて初めて、有限性の深まりということがありうるからである。実のところ、所有的経験は、不明瞭で覆い隠された形ではあるが、最初から根源的な直接性において与えられている。意識はただそれを見出し、自らの善をわが物とするだけでよい。この自己化の過程は、弁証法的な上昇という形をとるとしても、やはり一つの分析であって、それが完遂されるとすれば、最初のまだ意識されていなかった直接性が勝ち誇った直観に取って代わられることになろう。たしかに、自我がその最も豊かな経験の次元にとどまり続けるのが難しいことは認めねばならず、自我の活動は弱体化しては落ち込むということを繰り返すように見える。だが、正当化〔義認〕の過程が心理レベルで何度も中断しても、反省は自らを新たにし、自らを支え導く始原との接触をすぐさま取り戻すのだから、その存在論的な保証は決して損なわれない。いずれにせよ、こうした見地からすれば、反省というのは、主体の働きへの還帰ではなく、むしろ反省の憧憬と運動の源となる始原〔原理〕の再認だということになる。自我とその始原との存在論的隔たりが保持されるのは、ただ単に、自我が自らの正当化〔義認〕を決定的に獲得したとはみなせないだけの欠如をもっていることを裏づけるためである。いかなる瞬間にも、自我と始原が断絶してしまうことはありえない。自我は始原から自らの存在を得、始原との比較によって自らの不完全性を測るのである。これは自我から一切の主導権を奪うということではない。しかし、自我は原因性を遂行しつつも、さらにその中に、正当化〔義認〕を授けてくれるような始原から発する憧憬を見てとるのである。そこには真のリスクもなければ脅威もなく、断絶や分離の可能性もない。そして、反省の定常的な前進に遅れのようなものが生じるのは注意力の弛緩のせいだとしても、それもまた有限性そのものへと数え入れねばならなくなるのである。

だが、以上の全ての中で、一体自我の真の歴史に対応するものがあるだろうか。これでは、自我は記憶をもたないか、あるいは少なくとも全ての思い出を濾過して、上記の弁証法に組み入れられるものだけを保存しているかにみえる。あたかもこの自我は、心底悪かったと思い、その記憶に苛まれ続けるような決断など一度もしたことがないかのようである。この自我が被る諸々の情念はその受動性の証しとなるが、それは哲学的意識が前進して一挙に終点に達しないようにするために必要な受動性でしかない。この自我は、無限に面することで知的に屈服させられはするが、この知性の謙譲のゆえに、それを隠れ蓑にますます強力に展開される自愛の現れは、全て取るに足らず、偶然的で注意に値しないものとして放逐されてしまうのである。存在論的な次元で解された欠如が道徳性の次元に付け加わると、前者が後者を制限し後者に反対するのではなく、むしろ後者の要請を確証し強化することになる。道徳的経験の周縁で生じる諸感情を通して、理性的自律性の観念に含まれるほとんど非人格的な原因性に対する自らの現実の原因性の関係を問いただす自我の姿が露わになる。だが、存在論的な次元の欠如は、まさにこうした感情を切り捨てる手立てとなるのである。その場合、意志の弱体化が告白されても、自我の信用を失墜させてどんな埋め合わせもできなくするところまでは行かない。そして、反省の始原〔原理〕を弁証法的に自己化することで、それまでに達成した全ての前進が後退や失墜によって突如無に帰してしまうという可能性は除かれるのである。そこでひとが忘れたふりをしていることがある。それは、意志の原因性は一つひとつの行為の内に丸ごと絶対的な仕方で移されるのであって、この原因性の促進は、存在と反省に程度の違いを認める存在論的階層に対応するわけではないことである。全き姿における原因性とはどのようなものか。この問題はそのまま残っているのである。

自我が自らの正当化〔義認〕について抱く本質的な不確かさは、このように自我の有限性だけからは説明できないものである。では、意志は感性的な自然本性や傾向性に対抗してではなく絶対的な仕方で自らを守るのであり、意志の外から働きかけてそうしないようにすることはできない、と考える方が真実に近いのだろうか。だとすれば、自我の正当化〔義認〕は自我自身の諸々の働きの射程内に収まるはずだろうし、意志の弱体化もまた、自我の有限性の指標ではなく自由のイニシアチブの証しだということになろう。自由は自然本性の唆しを斥けるべきだったのに同意を与えてしまった、というわけである。ただ自反省の動機を十分に注意して見てみても、意識の前進と反省の力には限界があるとは思えない。

由そのものが究め尽くせないというだけのことである[27]。これは、種々の道徳的な教説、とりわけ合理主義の流れをくむ教説にとって馴染みの立場である。そこでは、精神と自然本性、理性と感性の二元論が、つねに自ら自身に一致している自由の観念と結びつけられる。これによって、道徳性はゆっくりとしか前進せず、自我は正当化〔義認〕されるためにはたえず新たな努力が必要であることが理解されるだけでなく、人間本性を頑ななものとみなし、傾向性を感性の次元では変わらないものとみなす時でさえも、自由には成功が約束されていることも理解できるはずである。すなわち、傾向性を向けかえ馴致する力は、あくまで意志に属しているのである。いずれにせよ、道徳法則に対する抵抗の源泉は、自我の原因性の外に求めるべきだということになろう。人間と歴史についての諸解釈は、自我の原因性の内側にそれを妨害するものがありうるという仮説を斥ける点では一致するが、道徳法則を裏切る絶対的な自由という観念から、自然法則によって働く諸傾向性の原因性という観念までの振れ幅をもつのである。

〔自由でありつつも自然本性に同意してしまっている精神的原因性〕

心的な原因性ということならば、生きている者にはつねにある程度は現存していると考えられるが、それとは異なる精神的な原因性とは一体どのようなものであろうか。それは、可能事を産み出す働きをし、動機を介して自らを照らし認識するような原因性にほかならない。動機とは可能事の意味を展開して判断を可能にするのであり、観念の湧出とその現実化との間に、どれほど小さくとも何らかの間隙を残すものである。可能事のその源泉に対する関係は、可能事の意味を意識の内に展開しつつ隠す動機を介してしか把握できないものである。動機が介在するために、決断の留保に必要な原因性は最初の原因性とは別のものだと考えたくなる。だが、両者はまさしく同一の原因性であり、ただ自ら自身に対してある程度見通しがよくなっただけである。そして、この反省的還帰が私たちに自らの行為への責任を否認できなくするためには、つねにそれだけで十分である。そこでは、自然的傾向性や本能の原因性と精神的原因性との差異は、どれほどささやかであろうとも絶対的なものとして導入されるのである。可能事へと投入された原因性を、動機を介さずに直接自己化しようとしても無駄である。だが、純粋な精神的原因性があるとしたら、普遍的なもの、道徳法則、自我の真なる存在に従わないような可能事は、意識の眼差しから消え去ってしまうことだろう。それは、幾何学者の誤った仮説が、その誤りを知らせる理由に出会う時には死を迎えるのと同じである。これに対して、不純な精神的原因性は、動機へと延長されること、そうして動機の意味を隠したり、難しく不確かなものにしたりすることを特徴とする。ただし、可能事が意識化され、それとして認識されるやいなや解体されるというわけではない。可能事を生み出す自我の自愛は、それが表に現れた分だけ、その現れに続くためらいへと引き継がれていく。そして、純粋な原因性があるとしたらある種の可能事を拒絶する必要すらないはずだ、と言うだけではまだ十分ではない。そうした可能事が意識の閾を越えることすらないだろう、と言うべきである。他の〔意識の閾を越えた〕可能事については、その意味を際限なく解明していく諸々の動機に内属する正当化〔義認〕が、可能事を産み出す原因性の純粋さの証しとなるであろう。この純粋な原因性は、なお一個の自我の原因性だといえるのだろうか(28)。いずれにせよ、このように純粋な精神的原因性を考えてみることは、私たちが不純な原因性と呼ぶものの性格を理解するための助けとなりうる。ここで不純というのは、純粋な精神的原因性よりも劣っていることを示すためではない。不純な原因性は純粋な原因性とは根底的に別物であり、前者から後者への移行は、連続的、段階的な仕方であれ、弁証法的な仕方であれ、存在の諸々の程度と相関・呼応した形ではなされえず、根底的な再生によらねばならないことを想起させるためである。可能事の生起とそれが自我に求める同意との間には、どれほど小さくても間隙があるので、原因性の不純は自我の同意から始まると考えたくなる。だが、原因性の不純はすでに可能事の産出の内に刻み込まれているのであり、私たち自身の経験の中に位置づけられるような始まりからは決して理解できないものである。すでにこのことだけで、可能事への実際の同意に対しては確たる責任を感じる私たちは、自我の個別的で一時的な行為への関わりを超えた別次元の罪責性の感情を拒絶できなくなるのではなかろうか。

そうした感情は、自律性を突き崩すように見えるために、不信の念を呼び起こす。自分が為していないことに対しても払わねばならない負債があるという考えは、道徳に特有の責任概念とは矛盾しており、自我は自ら自身の行為によって傷つくだけで十分だというわけである。しかし、だからといって、原因性はつねに新しく十全なものであって、自我がたびたび弱体化してもそれには一切影響されないというのか。精神が過去と連動しているというのは、根源的に不純な原因性に負けず劣らず謎めいた考えであるべきだろうか。それとも、少し譲歩して、自我が自らの過去と何らかの形で連動していることを認めるべきだろうか。精神が過去と連動しているというのは、根源的に不純な原因性に負けず劣らず謎めいた考えである。この観念は、自然的な原因性の言語を借りることで、私たちの働きはたがいに結びついており、過ちはたえず繰り返されるものであることを表現している。それによって、精神的原因性の一性の根が決定論に組みこまれることになる。だが、その決定論はひとつの精神的働きの一性の屈折像でしかないのであって、私たちはその責任を負うことを拒否することはできない。ただしこの一性は、私たちにとっては、持続に切れ目を入れるさまざまな過ちを介して、断続的に少しずつ見出していくしかないものである。

私たちの持続を区切るそれらの過ちについては、歴史を織りなす数々の罪の場合と同様、絶対的だが間歇的な自由――その諸作用を合計しても当の自由自体は再現できないような自由――に結びつけるか、あるいは不壊の本能と傾向性を備えた人間本性に結びつけるか、どちらかの手立てしかないのだろうか。その場合、一方には、自らの至高の地位からたえず滑り落ちる自由があり、他方には、この自由が自らの過ちの過剰さの責めを負いたくないがゆえに依拠する自然本性があることになる。人間とその歴史の中核に据えられたこのような二元論ほど不可解なものがありえようか。精神の産物がさまざまな変容を被ることは明らかであるにもかかわらず、最も広い意味での道徳的経験が証する人間の永続性を、自らの選択の主人だとつねに想定されている自由へと依拠させるのは不合理なことである。そうなると、歴史の秘密は、今度は人間における自然本性の永続性の方に求められることになる。そして、たしかに秘密は確実に見つけ出される。力への意志、権力愛、性本能、共感など、それぞれ制限はあるものの、さまざまな傾向性や本能が選択肢となるからである。文明の善が際限なく増していくのに対して、個人と人類の両方における道徳性の現状がそこから隔たっていくのは明らかなことであって、歴史をこうした隔たりと共にとらえる解釈に適合しないような本能はないのである。それゆえ思考は、本能の暴虐を引き合いに出すかと思えば、自由が規則を外れて用いられただけで、自由は自らの選択をいつでも撤回できるはずだとみなすというように、対立する見解を行き来することになる。だが、自由が規則に反して使用されるというのはつねに起こっていることであるため、自由を頼みとすることはためらわれるが、他方で本能による隷属の中にも多くの選択があるため、自然本性だけで説明することもためらわれる。そして、自由と決定論という悟性的な対立が、さらに理性と感性という権利と価値に関わる対立によって裏打ちされると、人間における悪の経験は、自由の絶えざる弱体化からも本能の力による隷属からも理解し難いものになる。というのも、自由が自らを統御しているにもかかわらず、経験が示しているようにたえず悪を欲するというのは想像できないし、それと同様に、自然本性が自由を仮象と化すほどに定期的にその力を証示するというのも想像できないからである。

自由でありつつ何らかの可能事に同意してしまっている原因性、つまり、自由でありつつすでに自然本性と共犯関係にあるような精神的原因性があると仮定すれば、このような二者択一は回避され、自我と自然本性の関係がよりよく理解されるのではなかろうか。

純粋な精神的原因性があるとすれば、それは、反省的な自己化によってそれ自身の働きへと立ち戻り、普遍的なものへと従属する動機づけの透明さにおいて、自己自身に等しい自己を発見するであろう。道徳が素直に使用できると想定している（はずの）自由は、理想上は、こうした純粋な精神的原因性と一致するものである。この自由が傾向性に誘惑されるということ、何らかの弱体化の責めを負わされることは、誰しも進んで認めるところである。だが、この弱体化によって自我の原因性が被る頽落は、決して個別の過ちを超えるものではない。それは将来を拘束することはないし、根源的に不純な原因性を表すこともないのである。自我の原因性が揺れ動きを繰り返すのはよいとしても、それが自由と純粋な動機づけとの合致の可能性を証する精神的原因性の観念に応えないことを認めると、自由の優位性が侵害される恐れがある。それゆえ、自我の原因性と傾向性の原因性は、あたかも人間の行為がこの二つの原因性に分割されるかのように、交わりなしに並存させられることになる。自由と決定論の対立は、全面的に自由であり続ける自我の原因性と隷属した原因性との対立へと延長されるのである。だが、自我の原因性は、それ自身の性向を受け入れる時には、本能の動きや促しと出会い、それを迎え入れるのではないか。自然本性の傾向性は、自我の原因性と実質を共にしている自愛へとたえず新たな糧をもたらすだけではないか。そうでなければ、いかにして自我の原因性が自然本性の共犯者になりうるというのか。自我は自己を愛するやいなや、直ちに自然的傾向性において自らを愛するようになるのだが、その一方で、傾向性は不純な精神的原因性の次元へと移され、精神的原因性の可能事の質料まで傾向性から汲みとられるようになる。そうなると、傾向性の内で精神的原因性が繰り広げられるようになる分だけ、傾向性自身の自然的性格は失われていくのである。したがって、傾向性の見かけ上の自発性の内には、何らかの自愛が含まれていないとは決して言い切れない。ある種の残酷な行為が本能的衝動の爆発でしかないと確信できれば、それがかきたてる恐怖は収まり、和らぐであろう。だが、怒りや情動、嫉妬や情念で文字通り我を忘れ、自我の外に出てしまっても、その傾向性の源泉となる行為に私たちがひそかに関与していることを告白しなくてもよくなるということはない。自愛が精神的原因性の構成要素となっているために、個々の傾向性や本能も無垢ではありえない。自愛という自己関係は、本能の現れの一つひとつに忍び込んでいる。それは防衛本能に邪悪さを、力への意志に虚栄を、一つひとつの情念に自己満足を付け加える。そうして自ら自身の原因性に固執する時、私たちは自然本性に屈するのではなく、自分自身に屈するように見えるのである。

〔反省的に自己化できない根源的断絶としての自愛〕

だが、私たちがしているのは、他の諸々の傾向性にそれらの共通の根となるような傾向性を付け加えているだけのことではないのか。だとすれば、それほど本書全体の方向性に反することはないだろう。私たちが不純な精神的原因性と自愛の観念を結びつけることで証示するのは、意識が接近できる経験的で心理的な所与によらずに、純粋な原因性と不純な原因性との差異をとらえるのは難しいということである。それは、純粋な意図〔心術〕と不純な意図〔心術〕が、どちらも内なる働きは直接把握できず、後者には感性から借りた動機が現存しているという点で前者から区別されるのと同じことである。私たちは、経験的で心理的な所与を介して、そうした所与の奥底に、自然本性と傾向性の観点からそう呼ばれる自愛とは本質的に異なる自愛を証示する働きを捉え直さねばならない。しかし、そのためには、抽象的に解された自由と自我の具体的な原因性を混同してはならない。具体的な原因性の働きは、自我の存在自体への執着から全く切り離された動機には分析できないものである。諸行為の経験的な類似を介してしか統一性を認知できないような原因性の性格を、私たちは性向と言い表す。私たちは、この性向の働きの最内奥へと接近させるような知的直観をもたないので、それが展開される諸々の動機の内にその性質を探る。つまり、私たちはこの性質を感性的な傾向性に結びつけることで不純とみなすのだが、実際には、それは自我の原因性に由来するのである。意識が純粋な原因性の証しとなるような質的規定と対置して、自我の原因性の現れとみなさないわけにはいかないような諸々の質的規定があるが、そうした規定を介して、反省的に自己化できない根源的な作用が透けて見えるのであり、そこから初めて自我に正当化〔義認〕という問題が提起されるのである。この作用に接木された悪は、いかなる満足によっても鎮められず、いかなる挫折によっても挫かれることはない再生への欲望をかき立て倍加することしかできない。個々の自我がそれ自身を受けとる際の自己意識は、正当化〔義認〕の限界をたえず悟らされる。なぜなら、自我が存立し、精神的原因性が諸々の源泉へと凝縮されるのと同時に自愛が生じるのであり、正当化〔義認〕とはこの自愛との関係でのみ生じうるものだからである。この根源的断絶、根源的解体は、反省が振り返って顧みることのできないものである。そしてそこから、この意味での自愛が傾向性と、継承され伝承された自然的性向と混同できない理由が分かる。ある種の傾向性が自然本性の内で固定される場合のような経験的な生成という観念は、自愛からは一切除外されるのである。

したがって、自我の原因性の不純さは、心理学によって分析されうるような傾向性のひとつから発してくるのではない。だが、自分の決断を分析する意識にとっては、この不純さは、経験的に規定できる欲望や傾向性による動機に組み入れられて初めて見分けられるものである。だから、道徳性が役割を果たすためには、法則への尊敬だけで動かされる意志を自然本性の促しを受け入れる意志に対立させればよいのであり、この二元論の源泉には意識の探求を逃れる根源的事実があるのではないか、などと自問する必要は全くない。意志の純不純を動機の純不純から評価することによって、道徳はあくまで自らの役割を果たすのである。こうした対立ほど、無制限の力をもつ自由に基づいて人間を見るか、それとも本能と傾向性に規定された自然本性に基づいて人間の歴史を解釈するかという二者択一の威光を増大させるものはない。近代の観念論は、いずれも自由を、あるいは少なくとも意識を擁護する。意識は心的出来事の網目に捉えられえず、自我としての重量すらもたず、自らがなすことをつねに超えているために自身によって認識されることも決してない。意識は時には純粋な自発性、時には規範に規則づけられた自発性となるが、いずれにせよいかなる所与をもつねに超越しており、所与を作り出すことはないが、少なくとも所与が自らの産出作用を制限するものだと判断することだけはできる。道徳的かつ理性的な意志というのは、このような見地に刻みこまれた観念なのである。だが他方で、人間学や歴史分析は人間の自然本性という考えを支持する方向に働く。人間学はあらゆる方向に探索を進め、歴史分析は恒常的なものや本能の優位に基づいて、事物の進行を思い通りに変えられるとうぬぼれる意識の錯覚を否定する。そうしたテーゼの延長上で、純粋な道徳的意志という観念が否定されるのである。さて、ここで注目すべきなのは、あるスピリチュアリスム〔ベルクソン〕の行く末である。このスピリチュアリスムは、物質と必然性が凝固してその出所たる精神の支配を離れてしまわないように、また、諸々のメカニズムと「下からの圧迫」から自由を取り戻すことが不可能にならないように多大な努力を払ってきた。だが、そうした努力の果てに、人間の自然本性を不壊のものとしてそれ自体に委ね、本能から発する災悪を不可避とみなすようになり、それにもっぱら稀で困難な、超人的な回心への希望を対置するようになったという印象がある。(29) 悲劇的な歴史の見方と、新たな種の再生しか含まないような再生観念とが並立されているのである。だが、このような並立は、自由を最高の審級とする数々の人間主義的な哲学にも見られることである。人間と意識の定期的な前進によって自由の優位性が検証されることを期待していても、歴史を調査してみるとそれとは反対の結論が示唆され、価値の堕落と腐敗が、精神の獲得物の脆さと儚さが見てとられる。そうして、思考は人間とその歴史についての対立する二つの解釈の間でためらい、一方から他方へと揺れ動くことになる。そこではあたかも、いかなる弱体化に影響されない全き自由と、いつも自然本性に負かされている原因性のいずれかを選ばねばならないかのように事が進むのである。

自我の原因性が証示するのは、有限性のしるしとしての単なる無力な受動性とは違った自愛だということ、それが真実なのだとすれば、こうした揺動は止むはずであろう。私たちが性向、傾向性、自愛などと呼ばざるをえないものは、反省が突き当たる根源的な分離、すなわち、精神的原因性が個々の自我に縮約されるという出来事が、内的経験および歴史的経験へと屈曲したものにほかならない。

〔根源的断絶の位相、および精神的原因性に固有の〈不純〉〕

というのも、精神的原因性をそれ自身へと折りたたむ根源的な規定作用を説明できないということこそが、まさに自我の境界内に押し込まれた精神的原因性の特性だからである。自らの選択とその動機に関する反省には限界があることを認めるというのは、自我を自我自身へと与え、自我が自らの正当化〔義認〕のための道筋を描こうとする際の起点となる作用の内には究明不可能なものがあることを認めることである。なるほど一つひとつの選択と動機は規範的な意識の判断と評価に服するが、自我の存在と原因性の実質を形作る働き、個々の決断を通して透かし見えるこの働きはそうではない。これは意識が自由の下にも必然性の下にも位置づけられない働きであって、私たちが個々の決断に対して試みるような仕方では自己化できないものである。だが、個々の決断の内にも反省によって征服することのできない何かがあり、それによって、私たちは根源的な断絶ないしは分離へと引き戻されるのである。この断絶は、個々の行為の責任を負うのと同じ仕方によってではなくても、やはり私たちが責任を負わねばならないものである。自愛が現れる場となる私たちの感情的・意志的な諸様態は全て、自我を産み出す作用と一体であるような原因性を表す指標となる。しかし、単に自らの諸行為を取り集めるだけで、自我の原因性についての結論が得られるわけではない。たしかに私たちは、自らの存在を産み出す法則についての知的直観をもたない。それでも、自らの原因性が不純であると言うためには、ただ一つの過ちについて反省するだけで十分なのである。

だが、個々の行為の分析を超えて、さらにその先へと歩を進めることは禁じられるべきではないか。精神的原因性のレベルには、せいぜい個人の傾向性や素質を調整し統一するものである性格の観念を据えておけばよいのではないか。また、自我の原因性を道徳的判断に属する規範やカテゴリーで形容することも禁じられるべきではないか。自我の原因性を純粋だとか不純だとかいう時、私たちはこの禁を犯しているのではないか。私たちが試みてきたのは、全く反対に、倫理が自律的意志の観念、すなわち、つねに自ら自身に等しく、欲望の誘惑から自衛しさえすればよいような意志の観念に基づいている限りは捉え損ねてしまうような精神的生の次元を正当化することではなかったのか。この二つの問いは結びついている。というのも、自我の原因性の一性を主張していても、道徳的生に固有の対立から借りてきた質を賦与された超越的な決定論がこの原因性へと移し置かれる恐れもあるからである。

さて、自我の原因性の一性は、私たちの決断や感情の間に感知される類似からの帰納によって得られるのではない。そのようなやり方では、見かけに反して一貫した法則があることを確証しなければならないのに、不確実で一時的な結論に達することしかできず、その法則がどうやって経験的な法則から区別できるのかが分からない。それを叡知的性格をもつ法則とみなしても、何ら権威を増し加えることにはならないだろう。私たちは、あくまで個々の意志作用や可能事の湧出についての反省を通して、ある確かな認識によって、自我の利害関心を断念させる原因性とは決して一致しないような原因性が働いているのを把握するのである。ひとたびこのような反省を遂行すると、私たちは、そうした原因性はさまざまな姿で、多くは隠れた形でつねに現存しているのだと考えざるをえなくなる。だが、こうした反省を遂行し、その確実性をそれが得られる特別な瞬間を超えて引き延ばそうとしても、その努力は妨げられる。それは、私たちの個々の働きが非連続で、見かけ上たがいに独立しているためだけではない。私たちは自らについて判断を下す際に、倫理のカテゴリーをもち出さねばならないからである。そこで私たちが依拠するのは、どれほど弱体化しても決して堕落することはない自由、個々の選択では道徳性の命法に対立しても、根本的な選択を否認することは決してないような自由の観念である。だが、いかなる必然性をもち出すにせよ、対立は必然性と自由との間に描かれるのではない。自我の精神的原因性と、道徳的生の諸条件に服した自由とが対立するのである。思考はそのような対立を遠ざけておきたがるが、ある種の自己意識はそれを保持する。それは、行為が道徳法則に適っているかどうかに注意すると同時に、原因性の不純を払拭したと自負し、道徳法則とは別の基準で自らの責めを負う必要など感じさえもしない自我の思い上がりにも注意を怠らない自己意識である。私たちの一連の決断の内には、私たちを自我の原因性の一性へと直ちに至らせるような知的直観は存在せず、かといって、この一性を主張するために本質や叡知的性格という観念をもちだせば、道徳法則が必要とするイニシアチブや更生の可能性とは矛盾するだろう。それゆえ、今述べたようにして経験の諸相の二元性へと注意を向け続けるのは、難しく骨の折れることである。だが、このような注意を保持するからといって、道徳性の要求に従う自我の自己判断が貶められることはないし、この判断には自己の正当化〔義認〕の欲望とは本質的に合致しないものが含まれているという感情が幻想としてはねのけられることもない。自己の正当化〔義認〕

の欲望とは、道徳性の要求を無視できないがそれで満足することもできないものである。ある働きを反省することによって自らの意志作用の質を見分ける時、意識はこの質を原因性へと結びつける。それは、自我に一個の運命を割り当てるような原因性ではない。その一性を認めるやいなや、そこから不純さを排除することの難しさがたえず新たに際立つような原因性である。

たしかに、すでに道徳的経験の水準でも、不純ということは言える。それは、私たちが義務として求められた行為の動機を吟味しても、自らの決断が法則への尊敬や自分が従う規則に内属する存在根拠の認識のみによるものだとは確言できないような場合である。だが、その場合の不純さとは、たとえば野心が義務の感情を助け支えることがありうるように、協同、対立、強化しあう諸動機の混合ないしは複合によって生じるものである。そこでは、自ら自由に選択できるという原因性の完全性は損なわれていないと思われる。意識は自らの働きが法則と合致するものであることを頼みとすることによって、動機の純粋さをさらに吟味するならば生じかねない自己自身への疑いを封じ込める。そうして動機の純粋さは余得でしかなくなり、自我の原因性の問いは選択の自由の問いと同一視されて、道徳法則を受け入れさえすれば解消されるものとされる。そこでは、義務への違反が意識に自らの動機を内側から捉え直させるというようなことは起こらない。意識の注意は一つの働きへと縛られ、この働きは、そこに自らの原因性を見てとるような自我への関係から切り離されたものとして現れるのである。原因性の不純とはこれとは別のものである。原因性の不純へと私たちを導くのは、もはや道徳的に善い行為の内なる動機の吟味ではなく、諸可能事の産出作用を参照するような経験である。それらの可能事は意識の閾を超えているが、そうであるからには、私たちがそれらに対して何らかの同意を与えているにちがいない。それらは原因性から現実化の力を得、原因性のおかげで存在し始めるのであり、この力が失われうるのは、諸可能事を展開しそれらに意味を与える思考へと注意を向けるからでしかない。さて、これらの可能事は、たいていは生じるやいなや解体されるが、それでも自らを産み出す働きへの反省を呼び求める。だが、反省はこの産出作用を自己化するところまでは行かない。かりに両者が一体化されうるとしたら、可能事を産み出す作用は透明化され、その原因性が自我であることは否定されるだろう。そうなれば、私たちは諸可能事の始まりに責任を負う必要はなくなり、それらの可能事がぶつかり合い、受け入れられたり拒絶されたりする瞬間から自我の原因性を開始させられるようになるだろう。はたして自我は、このような形で諸可能事を受け入れたり拒んだりする者として自らを引き受けるだけで十分だろうか。なるほど、自らの為すことだけでなく、自らが選ぶ諸可能事の創出への自らの関わりまでも問題にしなければならないという労苦を自我から取り除いてやろうというだけの話ならば、それで十分だろう。自我は諸可能事を受けとるだけではないのか。それらを産み出した原因性を反省によって自己化できないのは、それが自我の能力と把握力を逃れるものだからではないのか。この原因性が自我の責任を負えない傾向性や自然本性に属しているのだとしたら、そうだということになるだろう。なぜなら、反省とはひとえに精神的な原因性を捉え直すために遂行されるものであって、そうでなければその力と役割を放棄してしまうものだからである。その場合、自我は自らの実質によって養ってきた諸可能事とは異質なものになってしまう。このような帰結を受け入れないならば、やはり反省に可能事を産む働きを掌握する力を認めるべきである。反省はこの課題に挑戦し、生まれつつある目的性を素描しながら、その奥にそれを動かす働きを見分けることでこれを成しとげる。だが、可能事の湧出の内には、反省がそこにぶつかるだけで中に入り込むことのできない根源的な契機がある。この契機のゆえに、分析し、判断し、解体する認識の大いなる光にほとんど耐えられないような可能事でも、反省がそれらを自我と原因性の境界の外へと押し出すことは許されない。そうした可能事の放逐がひとつの選択肢として登場するのは、この放逐がまさに不純な原因性と呼ぶべき原因性を指し示すような場合である。これを不純と呼ぶのは、そこから出てくる水を濾過すべき当の源泉が不純だと言われる場合と同じ意味においてである。そして、源泉たる原因性が不純であることこそが、道徳的に善い行為についても動機の純粋さを疑わねばならない真の理由である。諸可能事の間で選択を行うことによって、自我は道徳性の主体となる。だが、そうした可能事があること自体が、自我がすでに自分自身を選んでしまっており、自らを選ぶその働きの重みを背負っていることの証しである。自我はこの働きを純粋な自我からの取り返しのつかない堕落としかみなしえないのであり、この働きの帰結を見分け、立て直し、取り除こうと努めつつも、自己の全面的な正当化〔義認〕に達しうるという信仰ないしは幻想に身をゆだねることは決してないのである。

第三章　罪

〔悪の問いへの思弁的解答の断念、悪の試練＝経験へと立ち戻ること〕

悪の問いに対して思弁的な解答を探求することは断念しなければならない。なぜなら、悪の問いは一つの働きから生じてくるのであり、この働きの内に含まれていないような解答がその問いに対して与えられるとすれば、矛盾を来すことになるからである。すなわち、自分を断罪する始原〔原理〕を自分で自分に与える時に初めて、意識は自分自身への訴訟を開始するのである。自らの裏切りが、それを裏切るならば自己自身を裏切ることにならざるをえないような始原に対する裏切りでなかったならば、意識が自らの裏切りに対して反応することもないだろう。というのも、意識とはこの始原であり、この始原は意識の内にあるからである。すなわち、意識はこの始原によって裁かれると同様に、この始原によって自分で自分を裁くのである。悪が自我がそれ自身につけた傷であることをやめ、外から一つの事実として、所与として考察され始める時、悪は初めて〈問題〉となる。思考は所与と化した悪に何らかの存在理由を割り当て、それを精神の生成の一契機として何らかの仕方で組み込んでしまう。そうして、もっぱら思考自身の要求や要請から悪を理解しようとするのである。悪の現実的な意識から思弁的思考による悪の理解へのこうした移行を、私たちは自らの内に見てとる。それが起こるのは、苦しみと後悔の焼けつくような経験に取って代わって、何らかの理想から見て、あるいは現実を形成する秩序から見てそうあるべき事柄と、それに否を突きつけると思われる事柄との抽象的な比較が始まる時である。始まろうとしていた悪の試練＝経験（épreuve）は、こうして立ち消えてしまうのである。

〔罪の感情と自己への不相等の感情との関係〕

この試練＝経験は何から成り立っているのか。いかなる点で、それに近い諸経験には還元できず、それらから区別されねばならないのか。この試練＝経験は、行為の動機が不純だという感情とは同一視できない。あるいは、自我がその真の存在に等しくないという感情、自我が有限なものだという感情とも同じではない。これらの内的経験の所与と罪の感情との間に、親縁性や共通要素が見出されないわけではない。自我が自らへと向ける特定の非難がなかったならば、自我には自らを与えることを惜しむ気持ちが生じ、広い意味での義務であれ、ともかく義務を果たせば安心という精神的な吝嗇ゆえの感情が生じるだろう。この点を否定するものはいまい。そして、自らの存在に等しくないという自我の感情は、うぬぼれやその他同種の感情に覆われることとさえなければ、もっと容易に内的生の根本所与とみなされることは確実である。だが、この自己への不相等の感情は、さまざまな凡庸な様態へと堕落し、そこに隠れてしまっている。たとえば、自我が満足のはかなさだけを鋭敏に感じとって、たえず新たな満足を求める場合、あるいは、他人や偶然的状況のせいで一時的に生じた不首尾に傷ついて、自分は自らにふさわしいものを得ていないと判断するような場合がそれに当たる。加えて、自我は自分が作りだしたものに何かしら囚われており、自らの先立つ諸行為を包む条件を乗り越えようとつねに努力しなければならないので、自らの行為と自らがそうありたいと願う存在との差異がたえず生まれてくることに驚いてしまう。つまり、自我が成功を積み重ねても、それに対応して自我の内的存在が増大するわけではないのである。

罪の感情とは、こうした自己への不相等の感情とは別のものである。たしかに、罪の感情を過ちの感情と区別するというのはいささか技巧的な操作であって、過ちの感情が深化すれば罪の感情と同一化していくことには異論の余地はないであろう。だが、過ちの感情は、その本質からして、依然として当為の違反という道徳性に属する事象に結びついている。この感情が参照している規則は理性的に規定できるものであって、個別の自我はそうした規定に拘束され、自らの利害関心をいくらか断念することを要求される。それゆえ、責務は必ず行為主体にある程度の二元性を含ませることになる。これに対して、罪の感情は、自我がそれ自身の内で遂行した断絶から発してくるものである。この点から見れば、過ちが表明的に罪と化すのは、それがもはや規則違反や命令への不服従ではなくなり、いかなる客観的な義務の階梯にも対応しない自我の存在自体の減少として経験される時だといえよう。もはや過ちの重大さが重要なのではない。肝心な点は、自我の存在の根底をなす精神的な法則が当の自我によって否定されることである。この時から、過ちは二つの面をもつものとして現れる。すなわち、規則の方を向いた面と、あらゆる法則を越えた法則、行為者と純粋自我の一致への要求を表す法則へと向いた面である。ただ一つの行為に限定される過ち、同様の過ちが先行し別の過ちが後に続くというようには見えない単独の過ちが、にもかかわらず意識を根底から触発することがありうる。それは、この過ちによって、意志の道徳法則への関係を超えて、意志的自我の意志作用の魂に対するさらに内奥の関係が露わにされるからであろう。意識のこの二つの動きは方向性を異にしている。一方が罪の不安を容易に引き起こし、行為への要求を阻むのに対して、他方は過ちを認めないわけではないが、意識が立ち直り次の行為に向かうのに必要な分しか過ちに立ち止まらない。だが、二つの感情が釣り合い難く、競合しあうものとして経験されるのは、内的生の中だけのことではない。両者の競合関係は、意志へと提示される目的をどう見るかという点に跳ね返ってくる。実際、過ちが法則との関係でしか考えられていないうちは、道徳性の次元は形式面でも内容面でも精神の願望を汲み尽せないことが意識されるどころか、道徳的責務に絶対的な性格が刻印されがちである。だが、過ちが罪、すなわち悪の経験と化すと、自然本性にはほとんど影響を与えないことの多い責務の違反を参照するだけでは済まなくなる。過ちが罪と化すと、狭い意味での倫理的目的は相対的なものであることが際立たせられる。そうして、人格間に正しい相互関係を作り出すことだけが問題なのではなく、それとは別の次元で、自我の利害関心を全て実際に放棄することを含意する一性の法則を推進することが肝心であるかのように思えてくる。こうして罪の経験は、悪を産み出す働きの内面性において、また意識の多数性と存在の分裂への関係において考えられた悪へと私たちを近づけることになる。行為主体における根元悪は、自我が責めを負うと同程度に被るものでもあるような意識間の根源的分離に結びついているということが真実ならば、以上の二つの見地はたがいに絡み合うものであり、両者は連動したものとして現れねばならない。

〔罪の感情とは自律的道徳性以前の段階の遺物なのではない〕

しかし、過ちの感情と罪の感情を切り離すにしても、過ちの感情の内に罪の感情を見出すにしても、さまざまな誤解が生じることは避けられず、そのために両者の関係を解釈することはますます難しくなる。そうした誤解を斥けねばならない。中でも最初に斥けるべきであるのは、この二つの感情の区別を保持しつつ、罪の感情を道徳性の彼方ではなくむしろ道徳性以前の次元を参照するものとみなすような誤解である。すなわち、この感情が参照しているのは、全く理性的な道徳の見方が登場したことで抑え込まれ、意味を奪われた経験の形だというわけである。このように見るならば、罪の観念や感情は、意識が自律性を獲得する前にある種の禁止を武器に強力かつ非合理的に働いていた権威の残存物とみなされ、用済みにすべきものだということになろう[30]。だが、この主張の土台にある公準を露わにすべきである。それは、感情はそれがもともと結びついていた状況が変容すると生き残れなくなる、という公準である。そう考えるならば、この感情が当初の状況に再び結びつけられるのは、それがもともと結びついていた事実や信念の解釈に生じた変化を無視し誤解しているからであり、一種のアナクロニズムでしかないことになるだろう。こうして罪の感情は、社会構造が変化し、それを支えていた非合理的な信念が姿を消した後には一切の信用を失うものと考えられる。道徳の役割が自律化し科学が台頭することによって、罪の感情は意味を失い、理性はそれを人間の魂の非合理的な力の表れとみなすようになるのである。しかし、理性的な批判と真なる認識が解消しようとしているような信念や社会構造と相関しているからといって、必ずしも原始的とはいえないような感情もある。ある感情が生き残っているということは、それが本質的な意義をもつからであって、過去の構造や信念との結びつきは偶然でしかないことを示しているのかもしれない。その場合は、たとえこの感情の現れが掟や礼拝、神話に依拠しているとしても、そうしたものとの関係は必然的ではないことになろう。

〔罪の感情とは道徳性の彼方の〈超合理的な〉信仰にもとづくものでもない〕

あるいは、こうした感情は、非合理的というよりもむしろ超合理的な信仰や主張に基づいているのかもしれない[31]。道徳性の規範がもっぱら理性を権威とするのに対して、そうした感情は超合理的な信仰や主張の延長ないしは反響とみなされることが多い。この場合、前者に属するのが過ちの感情、後者に属するのが罪の感情ということになる。あたかも起源の異なる二つのグループの掟や義務があり、それぞれにおいて違反は異なる感情や経験によって告知されるかのようである。だが、罪が過ちから区別されるのは、道徳的生の規範が命じる義務を品位において超える義務に関わるからなのだろうか。この主張ほど、私たちが罪と呼ぶものの意味を損ないねじ曲げるおそれのあるものはない。というのも、両者は同じ義務に意識によって権威を増大させる係数が関わっただけであり、この権威が退けば義務はたちまち価値を失い、裏切られ棄てられてしまうこともありうることがすぐに明らかになるからである。意識によって義務の権威を増大させることで、行為主体は自らが感じる誘惑への抵抗の強度を増すことができるだろうか。義務の違反が罪の感情を目覚めさせないとすれば、この抵抗はただちに揺らいでしまうのではないか。はたして理性に基づいた規則にそれ以上の威光をまとわせる必要があるのか。そんなことをすれば、規則に対する主体の同意をないがしろにすることにはならないだろうか。だが、誘惑に対する行為主体の抵抗というのは、その本当の意味についてはこれほど曖昧なものはない。というのも、それは個人が被った隷属や身につけた習慣を表しているのかもしれないし、あるいは道徳法則の尊敬と理解に基づいた反対を表しているのかもしれないからである。ある規則を過去の遺物であり道徳的経験の向上のためには断ち切るべきものだという理由で斥けるのと、本能的衝動を妨げるという理由で斥けるのとでは方向が正反対である。だが、どちらにも同様に強力な罪の感情が伴いうるのであり、意識がこの感情の射程を正しく解読しているかどうかは定かでない。規則が生まれた条件を知ればその起源が露わになるという点で、規則とは偶然的なものである。だが、規則がどれほど偶然的であっても、それを侵犯しようとする個人に抵抗を生じさせることは不可能ではない。直接的な意識にとって、これは悪人の腕を押しとどめる抵抗とは全く区別できない抵抗である。それゆえ、罪の感情がその全価値を保持するのは、道徳的経験が上位の保証をもち出すことも義務を二重化することもなく、道徳の役割とそれに内在する正当化の自律性において肯定されるという条件においてのみだということになる。道徳性に特有の要求と規範の侵犯に伴う感情をもっときちんと規定しておけば、罪がある種の遺物のように扱われることも少なくなるだろう。

〔罪の感情は何を証しているのか――「根源的選択」という概念の検討〕

実際、罪の感情は、私たちの個々の行為が、私たちが現に行ったのとは反対の決断を求める規則や義務に対してもつ関係を超えるものである。この感情には、私たちの行為によって産み出されるのではなくても、それによって露わにされ、際立たされうるような原因性の不品行に関する確信が含まれている。それゆえ、罪の感情に導かれて意識が悪を問題にする時には、為されるべきであったことと為されなかったことの相違を尺度にするのとは全く別の仕方をとることになる。どれほど特別な規則をもち出そうとも、私たちの行為を自由意思だけによる選択だとみなせるようにする規則はもはや存在しない。自らの選択によって損なわれるような自由意思を考えるのは不合理であろう。罪の感情は私たちの存在全体を問いただすのであり、しばしばこの感情は、それを生じさせる罪の性質とは明らかに不釣り合いなほどに強い。罪の感情が私たちに告げるのは、意志の一時的な弱体化でもなければ、義務に従う行為の動機の不純さでもない。私たちには個々の決断を通してしか接近できないが、道徳性の要求を自我自身の利益関心に優先させることの拒絶を証する原因性が現存しているということ、罪の感情はそれを示しているのである。

しかし、私たちの経験内にはこの拒絶を捉え直しその起源を見出させるものは何もないとしても、この拒絶自体は、私たちの個々の選択全てを決定づけるような選択でしかありえないのではないか。だとすれば、私たちの多様で多数の決断はひとつの超越的選択へと結びつけられるべきであって、私たちは、自分の行為の中にはそれに従わないものもありうるなどとは考えずに、この超越的選択の現存を自らの実存に即して読み解いていくしかないのではないか。個々の行為の内で輪郭を描くことのできるような悪を超えて、そうした悪を免れているように思える選択においてすら現れている決断を証するより深い悪を露わにするということ、私たちが罪の感情に対して求めるのはそのようなことである。そうなると、私たちは厳密かつ限定された意味での罪の感情を越えてしまうのではないか。

どんな意識でもいったん罪の感情に目を向ければ、この経験の深化を通して自我の原因性について学んだことの痕跡を自らの行為（のひとつ）から消してしまえるといった思い上がりを投げ捨てないわけにはいかなくなる。しかし、この経験を概念化する上で意識が使えるカテゴリーは、道徳法則の遵守や違反、自由や必然性というような、個別の行為を整理するためのものしかない。他方で、自らが決して捉え直せず、被るだけの必然性に等しいような生得性の観念もまた、意識には受け入れられないものである。以上のことから、罪の経験と再生の希望との矛盾は、後続する全選択を突き動かすひとつの根源的選択を考えることによってこそ解決できるように思えてくる。というのも、自由が行ったことは自由自身によって取り消せるように見えるとすると、罪の感情とは、私たちの全行動に反映しつつも根元的に革新される余地をもつような単一の選択の表れだということになるからである。

意識の直接的な信念は、それぞれの行為を通して自由の力能全体が証されるかのように、一つひとつの行為を切り離して考える傾向があるが、根元的選択の単一性という観念は、こうした信念にはっきりと対立し、その仮象性を暴いて罪における私たちの経験をよりよく解釈させる。とはいえ、この観念が道徳的生に付け加える次元は、道徳的生を貶めるのではなく、それを全体的な経験へと組み込むものとなるのである。

〔「根源的選択」の概念の不十分性。反省不可能な「根源的事実」としての罪〕

しかし、革新という観念と同様、選択というのがなお実践理性のカテゴリーに結びついた観念だということは明らかである。そこでは、罪はその内容から考えられ、なお道徳性の動機や目的との関係で規定されている。人間的な経験、とりわけ道徳的経験において、罪の感情が身にまとう規定は実践的なカテゴリーであり、このカテゴリーの下で、私たちは罪の感情をその形式や侵犯された命法の目的性という観点から理解するのである。だが、罪の感情がまとうこうした規定によって、隠されていると同時に表されている根源的事実がある。それは、一切の可能な意識の根に位置し、個別の自我を形成する精神的断絶と合致するがゆえに反省的意識の把握を逃れるような事実である。[32] 判断によって接近できる経験の次元での私たちの過ちは、この精神的断絶を私たちの自由なイニシアチブによる行為という見地からそのつど反復するものである。意識には全面的に精神的な働きでありたいという思いがとりついているが、そのような働きがあるとすれば、それはこの断絶から自己を根底的に取り戻す営みということになるだろう。ところで、罪の感情というのは、全面的に精神的な働きという観念が、意識によって権威を認められた命法や規則を裏切る働きと対立するところから生じるものである。命法の土台がどれほど偶然的なものであれ、命法はたしかに罪の感情の強度に影響を与える。だが、この感情の深く永続的な真理性には何の影響も与えない。悪の理解はこの対立の理解から切り離せないものである。罪はいわば局所化されて、あれこれの規則との関係で規定されるようになるが、自由と規則の関係だけから導出されはしない。罪とは意識全体の中に包みこまれた対立の反響である。私たちは根源的にあらゆる時において、自らがそうあるべき存在ではない。それが真実でないとしたら、私たちの個々の行為はそれが侵犯する規則との関わりでしか評価されず、そこに罪の感情が伴うこともないだろう。そして、私たちは自らの真の存在について何も知らないままであろう。

〔善人と悪人の区別の相対化。罪の可能性における本質的平等〕

善人と悪人を区別する時、私たちは自らの真の存在について何も知らないふりをしている。善と悪というこの想像物の対立に私たちが同意するのは思い上がりからであって、この思い上がりは、道徳的生を全く法律的な仕方でイメージすることによって強まっていく。善と悪の対立を超えて自我をそれ自身へと与える作用にまで遡り、個々の自我が自らの根底において自らの存在への執着のようなものを見てとるまでは、この点は変わらない。だが、自我自身を与える作用にまで遡行することによって、特定の意識は例外であり特別であるという仮説は排除される。罪の感情は、精神的原因性を備えた全ての者の間にある種の平等を立て直すことを可能にする。それは意志の規定可能な弱体化に基づく一切の区別を超えた平等である。原因性の性質に関しては善人も悪人も平等である。この平等性を消去するような差異を善人と悪人の間にもち込むことはできないだろう。ただ、原因性は自らを自己自身から守り、全面的に精神的な行為と自我のイニシアチブとの対立が示す根元的堕落が具体的な経験の次元にまで広がらないようにしなければならない、というだけである。善人と悪人のこうした本質的平等を保持するためには、自由意思の裏側に悪への性向を認め、この性向を感性的本性の促しに屈した自由意思の悪用に結びつけるというだけでは十分でない。だが、堕落の契機を自我を構成する契機の手前に置いて、それを原初の無垢と対立させるならば、悪への性向の普遍性をうち立てようとして、歴史的事実や無時間的選択、人間の諸行為が経験の内で示す性格の恒常性に訴えねばならなくなるのではないか、という懸念が出てくるであろう。

このように、現実の罪においてはそうでなくても、少なくとも罪の可能性において意識は皆本質的に平等だというのは、悪人のドラマによって検証されることである。というのも、悪人とは無垢から罪へと移行する者のことではなく、個別の過ちを超え、自らの責めを負うべき過ちを介して、自らの意志が逆倒していることを暴露するような行為をしてしまう者のことだからである。こうした意志の逆倒、道徳法則の侵犯への傾向が、決断の後につねに完全性を取り戻すような原因性に属することはありえまい。そのつどの絶対的な選択によって繰り返される過ちからこうした逆倒が作り出されるのは、悪人の行為自体がそうであるように、意志の逆倒が行為のいわば背後にある原因性に由来するからであろう。この原因性は、悪人の行為を担い支えつつも、その行為によって曲げられ規定されるので、意識は行為の寄与分と原因性自体の寄与分とを識別することができない。それゆえ、意識は自らを悪しき者として断罪しつつ、自らに驚く。つまり、悪人は自らの過ちのゆえに自己自身を断罪するが、自らの行為により深い原因性が加担しており、きっかけさえあればそれが純粋自我の原因性ではないことが証しされるように思われることに驚くのである。自らの行為を前にして悪人が感じるのは、ある種の茫然自失である。この行為はたしかに彼の自由から発してきたものだが、同時にまた、自由よりもさらに遠くから到来し、自由の手を逃れる原因性を担っているのである。

〔カントの根元悪論の位置づけ〕

それゆえ、厳密な意味での逆倒が問題なのではない。むしろ重要なのは、個々の意志作用の内で非連続的に行使される原因性と自我の根源的な原因性とがひそかに惹きつけあうということである。なぜなら、厳密に言って逆倒とは、その内的本性によって普遍者、一者、善へと従属している原因性との対立においてのみ意味をもつものだからである。そうした原因性が自らの内に堕落の原理をもち、自己自身に対立する立場をとるのは矛盾したことなので、他所から来る敵、他から行使される誘惑を認めることが必要になる。すなわち、魂が感得する二元性に対応して、一方〔善の始原〕が他方〔悪の始原〕に勝利しうるような二つの始原〔原理〕を認めねばならなくなるのである。自我が真理の保証人として理性ないし非人格的思考へと参与すればするほど、こうした二元性が必要とされてくる。だからこそ、悪を理解しようとしたカントは、腐敗した姿を想像できない理性にも、それ自身において考えられた感性にも悪の始原を見出せず、純粋な理性的動機に鼓舞された格率が感性の促しを受け入れた格率へと従属させられることに悪の始原を見たのである。この従属は、格率間のヒエラルキーを転倒し意志を逆倒させるものだが、理性の腐敗ではない。そこでは罪の根元になお自由な働きが置かれている。この働きは、理性と自然本性との止むことなき競合の中で、個々の人間の内でたえず更新されるものとみなすべきなのである。だが、このように考えられた悪は見かけほど邪悪なものではない。なぜなら、それは二つの次元の動機の間の関係、というよりもむしろこの関係の転倒の内に存しており、法則の侵犯自体を唯一の動機とするような悪魔的意志の可能性を除外しているからである。人間の条件には、相反する格率の間で選択しなければならないということが属している。しかし、このように理性と感性の二元性に関わる選択意思が存在することによって、カントの思想では、理性に合致した自由がもつ上位の真理性は無傷のまま保持されることになる。悪は意志によるものだとはいえ、やはりそうした二元性を証するのであり、規則をもたない自由や、理性の軽蔑だけを規則とするような自由を証するのではない。カントが厳密な意味での道徳的経験をいくらかでも超えたとすれば、格率のヒエラルキーの転倒の根を悪への根本的な性向の内に求めたからであろう。この性向は、偶然的な決断を行う選択意思によっても理性的自由によっても説明できず、他方で自然本性の傾向性や素地とも共通性をもたないように見える。このことは、理性ではなく利害関心に動かされた格率への自由な選好が露わにする原因性よりも、なお一層深い原因性が存在することを示しているのではなかろうか。

実際、悪人の経験が格率間の対立という枠組みに収まるものかどうかは疑わしい。悪というのが、単に利害関心やエゴイズムを、より一般的には傾向性や本能に由来する行動の動因を優先することでしかないならば、悪をどれほど厳しく受け止めても、その厳しさを「善良な感情」の存在によって埋め合わせるような解釈が正当化されてしまう。そうなると、道徳的な行動が法則への純粋な尊敬によって動かされているかどうかはそれほど大した問題ではなくなってしまうだろう。すなわち、格率の理想的なヒエラルキーを転倒させる性向があろうとも、人間の本性的な素質による格率の内には悪の普遍的経験を埋め合わせる手立てが見出せることになる。そうして、法則への尊敬だけによって動かされた行為という考えはなお理想的極限であり続け、行為主体はたえずそれに接近して行けることになろう。カントの道徳性概念はその厳格さにもかかわらずオプティミズムを排除するものではなく、人間学によってそれにお墨付きを与えた。だが、『宗教論』〔『単なる理性の限界内における宗教』〕で根元悪の理論を提示し、このオプティミズムに修正を加えることになる。その時カントは、きわめて正当にも次のように感じていたのだと推測してもよい。すなわち、自分が今研究している経験は道徳的経験と全面的に一致するものでないにもかかわらず、自らの厳格な理性主義を乗り越える——反駁するのではない——ために使える手段の選択は道徳的経験の構造によって限定されている、と感じていたのである。

〔罪の経験から見たカントの根元悪論の不徹底性〕

しかし、〔カントによれば〕悪人とは、性向——といっても自由が全く奪われているわけではない——によって、道徳法則が目覚めさせる純粋関心よりも自分自身の関心を優先させるような人物だということになるが、そのように考えることで、はたして悪人の魂の内へと十分に入りこめるだろうか。一体それらの関心はどこにあり、どうやって計算するのか。反省や比較の材料となるのが利害関心であるならば、それが凡庸なものであったり危険であったりすると、悪人はむしろそれを追求するのをやめるのではないか。悪人自身が自らの行為を理解するのは、自らが欲するものを手に入れたいという動機を通してなのだろうか。格率のヒエラルキーを転倒しようとする性向がどれほどのものでも、悪人の格率の内に集約された動機は、なおこのヒエラルキーを認定し、純粋に理性的な関心による動機への対立を基礎づけるものでなければならない。こうした一種の計算と結びついた逆倒の内に、悪人は自己自身の姿を認めるだろうか。全く反対に、悪人が彼自身の行為において驚くのは、どんな関心や動機をもちだしても自らの行為の裏側が十分に照らし出されず、自分は意図して感性や傾向性の促しを優先させたのだとは断言できないからではないのか。悪人の行為は、それをもたらした決断を恐れや利害関心、欲望の力によるものとみなすことで、悪人にある種の正当化〔義認〕を課するものとなる。ただし、それは赦されるための正当化というよりも、むしろ自らの存在への通路を得るための正当化である。だが、それらの動機の一つひとつは、原因性と行為の一体性を破り、原因性を切り離すことによって、悪人を自己自身から遠ざけさまよわせる方向に働く。自らの裏切りを恐れや情欲のせいにし、自らに恐れや情欲を抱かせた原因性、自らの存在そのものであるこの原因性を捉え直そうとしないならば、悪人は自分を恐れや情欲に支配されて動いている者とみなすようになる。そうして恐れや情欲を自己から切り離し、その分自己を恐れや情欲から切り離してしまう。つまり、自らを自らの行為の外に置き、〔悪しき行為をもたらした〕諸動機を自らのものとは認めず、あたかもそれらの動機が、自我の実質をなし諸々の可能事を産み出す原因性から存在と意味を得ているのではないかのようにふるまうのである。この原因性を内包するような動機や動因、誘惑は存在しない。法則に反する行為をし、法則の否定のみを動機にしていると自負する意識が、自分で自分に隠していることがある。それは、この意識がその心情の秘められた奥底ですでに法則に反する側に与していたのだということ、罪の感情が悪人に暴露するのと同じ原因性によってそうしていたのだということである。そして、ここで罪の感情の理解と深化の妨げとなるのは、まさしく法則であると思われる。というのも、法則というのは、命令として現れるものである以上は行為主体の存在と一体ではなく、法則に反する選択をしても必ずしも自己自身に反することにはならないことを行為主体に示唆するものだからである。罪の経験は、道徳的経験からカテゴリーを借り入れており、ただそれに加えて、道徳法則はつねに利害関心へと従属しているため、悪への性向が存在しているといえるほどであることを強調するだけである。とはいえ、罪の経験は決して道徳的経験と重なりあうのではない。罪の経験こそが、自我をそれ自身の方に引き戻すことによって、道徳的経験にその地位を付与し、それを基礎づけるのである。というのも、当為とその対立者という形式は、道徳的経験の次元では理性と感性的自然本性との二元性を含意するが、これは、法則の裏切りではなく自己の存在自体の裏切りであるような原因性の経験が、法則の視界へと屈折して映った姿だからである。これこそが罪にほかならない。そして、罪はいつも個別の過ちと結びついているものだから、自分が過ちを犯していない時にはある種の盲目化が生じ、いとも簡単に自分は悪人とは別だと考えてしまう。こうした〔自らの罪への〕盲目化は、道徳性によって是認されるばかりでなく、むしろ要求されるのである。

〔悪しき行為と意識間の交わりの可能性〕

とはいえ、行為は行為である限りにおいて、人々の間に無限の差異を作り出すものだということは認めるべきではないか。ひとつの過ち、ひとつの裏切りにも新たな自我を作り出す絶対的な決断が働いており、それによって悪人は自ら自身から、自らの過去から切り離され、またその分だけ他の人間たちから切り離されるのだということは認めてしかるべきではないか。行為は人に自己への責任を負わせるが、他方で行為によってその人の存在が始まるのではないか。たしかに、人間がその動機の質によって判断され、また自らを判断する以上は、人々の間には厳密にいえば程度の差しかないとも考えられる。動機にはいくらかの不純さが滑り込まざるをえないからである。しかし、カントと共に、動機や格率のヒエラルキーの転倒として悪への性向が万人に存在することを認めるとしても、やはり〔悪しき〕行為は、この性向に屈した悪人とそうでない人々との間に、あらためて絶対的な差異を導入するのではないか。この性向が自然的傾向性と対立するものであることを強調すればするほど、それを現実化させる決断をしたことによって、悪人はますます他の人々から隔てられるというべきではないか。なぜなら、力や強度の差異というのは、自然的傾向性の内には見てとれるが、自由それ自体がもつ性向の内には見てとれないものだからである。だとすれば、現実にこの性向への同意を含んだ行為がなされると、〔罪の可能性における〕万人の平等性は絶対的に損なわれてしまうはずだということになる。悪人が個々の状況で犯した過ちは、実際には悪への性向によって可能になる範囲を超えないことを個々の意識が認めざるをえないとしても、平等性が損なわれる点には変わりはないのである。

だが、実際になされた行為が人々の間に作り出す差異から生じるかに見える帰結の厳格さは、今述べた留保によってすでに和らげられている。次のようにいえばより真実に近くなるであろうか。すなわち、一方で悪人の行為は、当人が知らなかったか知らないふりをしていた原因性を露わにし、当人にも以前にそう信じていたのとは全く別人に見えるようにするのだが、同時にこの行為は、それをしなかった者をも自分自身へと立ち返らせることによって、自分がそれをしなかったのはおそらくカントのいうように単なる偶然でしかなく、自分が悪人よりも優れているわけではないことを認めさせる、というわけである。悪人は犯した悪事のゆえに、他の意識たちとの一切の交わりの可能性を絶たれたと感じるが、同時に悪人の行為は私たちを内的な吟味へと誘うものである。それによって、意図の手前の精神的原因性の次元において、悪人と私たちの間に本質的な類似が立て直されるのである。

〔われわれは罪の意識の深化によって悪人に近づく〕

しかし、このように考えるならば、もはや善人と悪人の差異という話ではなく、悪人とまだ自分の行為によって悪人になれることを証していない者との差異すらも消えてしまうのではなかろうか。こうした差異を廃するためにある種の潜在的な原因性が持ち出されるが、主体の責任の有無を決する決断と行為が問題になっている時に、そうした原因性概念を受け入れることは難しいのではないか。義務や法則に適った行為がその最内奥の動機と志向においてどれほど不純でありえても、この行為を生み出した原因性を法則違反への意志と同一視することは許されない。不純な動機によって法則違反を控えたからといって、そのことを実際に犯した過ちと同列に判断することが正当化されるわけではない。意図と行為の隔たりを保持しておくことは、全く法的な意味での責任の条件だけが求めることではない。自我の全く内的な責任の場合でも、行為そのものが自我の歴史の内に作り出す絶対的な新しさに依らないならば、どこでそれを背負えばよいのかが分らなくなるだろう。こうして、行為の意図の質へとどれほど注意を向けようとも、道徳的経験の固有性は必ず保持されることが分かる。

こうして、まさに道徳的経験を通して、個々の意識が自らの過ちに与えるべき正当な意味が保持されるのであり、それによって、悪人と自分自身との間に本質的な差異があると考えてはならないという私たちの感情は、その真理性を取り戻すことができるのである。というのも、悪人は単に自らの自由を行使することによって悪人になるのではなく、自我の自我自身への愛着から区別できないような原因性によって悪人となるからである。自我が自らを自ら自身へと、自己意識へと引き戻す全てのものを根元的に脱ぎ捨てない限りは、この原因性から解放されることはない。こうした自己の脱ぎ捨てを、私たちは悪人以上に実行しているわけではないのである。悪人にとっても、また私たちにとっても、この原因性の自愛が傾向性の促しと自由の協力を得て現実化され、規定されることに変わりはなく、それが自執的な自己意識の作用を諸々の規定を介して捉え直すための手立てとなるのも同じである。そして、私たちが自己意識をなすこの作用を思考できるのは、ただそれを純粋自我の理念と対立させることによってのみである。私たちは悪人の行為の下に、道徳法則に合致した行為であろうとも私たち自身の行為によっては消し去ることのできないような自己愛を見てとる。その時、悪人の行為によって立てられたかに見える私たちと悪人との絶対的な差異は消滅するのである。罪の感情によって、私たちは道徳法則の違反をはるかに超えて、私たち自身がその生きた否定であるような純粋意識の理念へと連れ戻される。悪への性向なるものがあるとすれば、それは、純粋な傾向性と感性的傾向性との対立という見地から、自我の実質を形づくる自己愛を道徳性へと関連づけて屈折させたものである。このレベルに身を置き、人間を不確実にしか判断できない経験的な道徳性を考慮しないならば、使徒〔パウロ〕に依拠したカントの主張に服するべきである。すなわち、善と悪、善人と悪人の間に中間項は存在しないのであり、判断〔裁き〕の厳格さは全ての人間に及ぶのである。

今や、罪の意識の深化が私たちを悪人に近づけるということの意味がよりよく理解できる。選択の自由に基づくならば、悪人と私たちとは深淵によって隔てられ、悪人の辿った道を私たちが辿り直すことは絶対に不可能になる。それに対して、悪人の行為自体が生み出す外観を乗り越えさえすれば、私たち自身の内にも〔悪人において働いていたのと〕同様の原因性の活動が見出されることが確信され、反対の帰結が生じてくる。なぜなら、個別の自我の存在と見分けがつかないこの原因性は、私たちにとっていかなる選択の自由よりも内なるものであって、この原因性によって個々の意識が根源的に分離されているからこそ、その派生表現たる罪を反省することによって、私たちは自らを悪人から隔てているものの内に、自らを悪人と結びつけるものを再発見するからである。私たちは、悪人の過ちの内に、悪人自身に許されている以上の権利をもって、彼自身の原因性によって自閉させられる自我の性格を読みとる。そんなことはすべきではなかったと考える以上は、悪人はその悪行を自らの自由によるものとみなしているはずだが、その場合、自由は悪人が抱く自己意識と悪人の存在自体とを遮る幕のようなものになってしまう。だが、私たちはそうした自由を超えたところに自我の根源的原因性を摑み取る。それは、私たちをたえず罪へと傾かせるような原因性なのである。

〈悪はどこから始まるのか——自由とその〈手前〉〉

だからこそ、悪の起源が問われる時には、悪人と同じ見地に立って、過ちの内にはそれを犯した者の自由の使用に由来するものしか認めないという立場から判断せよという圧力が強くなる。〔悪に〕自由が寄与する分と自然本性が寄与する分を調合するというのは、不合理きわまりないことである。しかし、自由がそれ以下のものによって制限されえないことは認めるとしても、悪の開始という問いには、やはり絶対的な性格を帯びた選択を答えとしなければならないのだろうか。そのようにして、無垢から罪への移行というイメージが全面的に正当化され、それと共に堕落という観念が正当化されてもよいのだろうか。個人的な経験の次元では、このような答えに分があるかに見える。以前にどんな過ちを犯し、どれほど重い過去を背負っていたとしても、私たちの過去の内に、これから言おうとする言葉、突然口に出す嘘、他の意識に被らせる不当な傷が予告されているわけではない。どれほど強く過去を後悔していても、一つひとつの過ちの後には、最初に過ちを犯す前の完全な無垢が私たちの内に作り直されるように見える。無垢と過ちの間にはいかなる連続性もない。そこに連続性が立てられるとしたら、意識から自然に出てくる証言と自由との両方に反対する悟性によるものでしかない。悟性にとっては再開であるような事象も、自らを裁く意識にとっては絶対的な開始として現れるのであり、またそうでなければならない。そのために、行為の解釈に際して、自由な原因性による解釈と自然の過程による解釈との対立が繰り返し生まれることになる。悪に日付をもつような最初の起源があると考えることによって、私たちは自己自身の経験の根元にある働きの性格を自らの背後へと投射しているにすぎない。それによって、私たちが排除しようと意志し、実際にこの働きによって排除される連続性が、時間と過去を介して再建されてしまう危険がある。だが、私たちがこの働きを時間の内に刻み入れるのは、生じてしまった出来事を参照してのことでしかない。この働きの内には、究明しえない第一のものが存しており、だからこそこの働きは、自由によって誘惑に屈し、法則を誘惑に従属させるような選択の自由の働きとなるのである。

だが、そもそも誘惑や選択があるのは、具体的な経験の次元では、それらが自我に取り集められた精神的原因性の実践理性のカテゴリーにおける対応物となるからである。そしてこの原因性は、法則に合致する自由と反対の罪深い自由として自らを認識し、その時に確証され深刻化された頽落のしるしを見てとりつつ、自らがまとった形態からの解放を切望するのでなければ、自我の内に取り集められることはない。悪を自分自身にとっても不可解な働きから開始させることと、この働きの内に精神的原因性の現存を捉えることとは別の事柄である。この原因性は、自我という形態と合体し、自由へと身を委ねて自由の内に包み込まれる。そうして、対立するものの間で絶対的な選択をすることを迫られているように見える時には、自由の内に隠れてしまっている。罪の感情とは自由とこの精神的原因性との共同作業の表現であって、だからこそ私たちを真実へと連れ戻すのである。こうしたことが起こるには、この原因性をそれがおのずから進む方向へと少し傾けてやるだけでよかった。私たちが自らの選択の手前へと戻り、より深く秘められた原因性へと接近するには、つねにいくらかの裏切りが必要なのである。

〔罪の経験は堕落〔堕罪〕という形而上的出来事にもとづくのではない〕

しかし、私たちはそこまで立ち戻ることができるのだろうか。私たちは自由な行為によって頽落を開始するのではないのであり、それは自我の原因性と見分けがつかないものであるように見える。そうである以上、この頽落はなお堕落と呼ぶことも許されるような事柄に結びつけられるのではないか。だが、それを堕落と呼べるのは、あくまで罪責性の観念を遠ざけて、罪の感情を形而上的事実の人間の魂への反響にすぎないとみなした場合の話である。形而上的事実に対しては、人間の魂はそこからの帰結を被るだけであり、それらの帰結を限定し、それらを生み出した過程をいくらか反転させることを試みる以外には何もできない。さて、精神の活動が鈍くなって活気を失うと空間や時間と接触し、さらに質を落としていくと空間や時間を作り出しさえするのだとしよう。そして、こうして精神の活動が分裂、分離、解体した結果として、人間の魂が生まれるのだと考えてみよう。そうすれば、たしかにある種の堕落がイメージされることになる(33)。

このような見地から解釈された堕落観念にはさまざまなものがある。それらに共通しているのは、存在や実在とみなされるものの質の低下や減失を悪と呼んでいること、意志による悪から意識の働きの奥底でそれを作り出す全てを除き去ることである。だが、受動性や制限性はいずれも悪ではない。また、存在忘却(34)のようなものが考えられるとしても、存在者が自らの内にあり、そこから自らの全実質を得てくる存在に背くことができるというのはさらに理解しがたいことである。悪はそれを作り出す働きと同時に生じる自己意識によって自己化されるものだが、悪を超越的な過程と等置するならば、悪は必ず自己化の営みから引き離されてしまう。罪の感情とは、主体を超える形而上的出来事が意識の内へと屈折して生じるのではなく、悪の自己化の最初の瞬間であり、私たちを悪の自己化へと誘うものである。そして、この自己化の限界は当の自己化の作用に全く内属したものである。罪の感情が法則違反によるものとされる限りは、法則がいかなる権威を帯びていようとも、自我と法則の間に外在性の要素が残るために、私たちの働きは私たち自身の手を逃れ、予告された自己回帰の動きは挫折してしまう。だが、罪には受苦という様態が結びついており、この様態が罪には自我の自己自身との関係が含まれていることを証している。そして、この関係の深化が外在性から内在性への移行となって現れるのである。さて、私たちの働きの自己化の限界がその自己化自身を通して現れてくるのは、この自己関係の根底的な転倒としての罪からまさに自我を排去せよという要求が出てくるのを見てとる時である。

〔罪の自己化の限界と「絶対的」で「本質的」な悪〕

実際、罪の感情が私たちに警告するのは、自我には自分への愛着のようなものがあり、自己自身の存在と等しくなる可能性を閉ざすと同時に、他者たちとの一切の交わりを締め出してしまうということである。さまざまな形の道徳性を通して、そのような交わりが素描され、自我のそれ自身の存在への向け変えが開始されているが、そこではそうした事柄自体が目指されているわけではない。自我が自ら自身との真の関係を間接的にでも獲得するのは、自我自身とその利害関心への断念を何らかの形で含んだ諸行為との厳密な連関においてのことである。逆から言えば、法則を侵犯するからこそ自我は自らの存在へと近づくのであって、この侵犯を介して、私たちは自我がそれ自身の内で行う自己との断絶を感得するのである。罪とはこの断絶のことに他ならない。それゆえ、反省の作用による罪の自己化――これは同時に解放でもあるだろうが――は、道徳性にもつねにある程度は含まれている自己離脱を絶対化することを求めるだろう。したがって、自我の個別的な形態を逃れようとする私たちの努力において、罪の自己化の限界が表に現れてくる。この形態が突きつける抵抗は、私たちがそれを脱ぎ捨てようとする全ての次元でくりかえし現れてくる。しかし、自我の絶対的な脱ぎ捨て（dépouillement）が不可能であることを私たちが経験するからこそ、この脱ぎ捨ての理念が全く純粋な姿で保持されるのであり、この理念が自己意識の条件となるのである。[35] 私たちは悪を所与の有限性によるものとみなしがちであるが、罪を排去しようと努めることによって、所与の有限性に代わって次のような意識がもち出されてくる。それは、私たちは純粋自我と個別的自我の関係を自ら自身のためにたえず転倒させているのだ、という意識である。

とはいえ、別の角度から見れば、悪には何らかの相対性があり、程度のようなものがあるのではないか。不純な原因性から罪、罪から意識間の分離へと進むにつれて、悪はますます底深く掘り下げられるのではないか。こうした考えの裏づけとして、過ちや処罰にも社会的な利害関心に応じて階梯があることがしばしばもちだされるが、精神的な原因性の屈曲を証しする全ての行為を同一平面上に置かないということには、〔社会的な利害関心にとどまらない〕十分な理由があるのではないか。自らの力を浪費しないためには、自我はあまりにも早く自らに絶望せず、自らの弱体化の様子を注意深く分析することで露わになる事柄に一々こだわらないようにすべきではないか。内的生がそれを観察する者の意識にとりついて離れない概念を通して観察される場合は、観察された生からその概念を検証するものを好きなだけ引き出せることは確実である。自分の健康を心配している人間が、その徴候があると指摘された全ての病気に「かかる」のと同様に、思い上がった精神分析家から「これがお前の真の意図だ」と示唆されると、意識は簡単に自らをその意図の共犯者に仕立ててしまう。それゆえ、行為者が自らの責任を無際限化しないように気をつけるのは正当なことである。

しかし、以上述べたことは、悪にはさまざまな程度があると考える理由としては重みが足りないように思われる。というのも、他の自我を真実の姿において承認しないだけでなく、他の自我の完全さを破壊し、籠絡し、腐敗させ、堕落しようとするような逆倒した意志がありうることを、私たちはためらいなく認めるからである。実際、そうした悪魔的な悪があるとすれば、それは他の全ての悪を超えるものとなるだろう。このような悪は、どれほど強固な絆をも、憎悪と闘争の中でなお失われた相互性の記憶や探求を保持しているような絆すらも断ち切ってしまいかねない。とはいえ、周知の通り、これは小説家や劇作家によって描かれてきた悪である。それは想像力による虚構にすぎないのだろうか。この点は断定しないでおこう。全く確実であるのは、この逆倒は私たちには絶対的な悪に見えるものであること、それに比べれば、純粋意識と自我の秘められた内的生との関係だけから見た過ちは、どれも大したことはないとみなされるはずだということである。

さて、この絶対悪を通して私たちが発見するのは、この絶対悪自体はある本質的な悪によってのみ可能になるのだということ、もっとも取るに足らない悪も含めて、全ての悪がこの絶対悪の表現であり、その帰結なのだということである。なぜなら、他者を他者として生み出したのはこの悪であり、それがすでに確固たるものになっていなければ、誰も他の自我の破壊を望むことなどありえないだろうからである。いわば経験的な見地から、すなわちすでに分離された実存たちの見地からすれば、悪にはさまざまな度合があり、自我が自らに対して悪を犯しても他人を害することはない場合もありうる。存在論的に見れば、悪は〈多〉の発生と一致するのであり、そうした悪の前では一切の度合は消え去ってしまう。

こうして私たちは、正当化〔義認〕の問題の核心に触れることになる。

第四章　意識間の分離

〔意識間の分離という視点への移行〕

他人を苦しませてその実質までも傷つけようとするが、それができないことにいらだつ。こうした悪人の行為によって、これまで個人の意識の純粋意識に対する関係に集約されるように見えていた悪が、人間の経験において実際にそうである通りのものとなる。人間の経験においてというのは、個々の意識間の関係、さらにはそれらの関係全体が一性の始原〔原理〕に対してもつ関係において、ということである。純粋意識と具体的意識の対立は、私たちの意志の働きを介して、罪の根底でたえず更新される第一の働きとして反省的に把握されるものであったが、この対立が分離という姿であらためて見出されるのである。それは、意識をたがいに引き離すと同時に、それらの一性を基礎づける始源〔原理〕から引き離す分離である。純粋意識への対立と意識どうしの分離の間に密接な対応があることは、意識が自己へと立ち返って全ての悪よりもなお根源的な悪を識別する際に、二つの視点があることを表している。今から私たちが身を置くのは、そのうちの第二の視点である[36]。これから行う分析は、単にこれまでの分析を補完するだけではなく、個人の意志という観点だけからなされた悪の研究において必ず生じる抽象性を感得させるはずである。実際、誰も意図して悪人になるのではなく、まずは他の者たちとの相互性の関係から邪悪さの可能性を学んだように見えるとすれば、そして、孤立した個別的意識に対する純粋意識の関係が、他の諸意識との関係で構成される意識に対する一性の関係に等しいことが確証されるならば、そのような見地から、もっぱら孤立した意識の視点からなされた精神的原因性および根元悪の研究を修正し補完すべきであろう[37]。

〔意識間の相互性の関係と対自的な個別意識との同時生成〕

意識間の相互性の関係の分析[38]は、他者存在の問題を対象存在の問題に準じて考えることから生じる困難によって長らく妨げられてきたが、他我と関係する以前に自我が対自的に存在しているという前提を認めないようになっている。そうして、相互性の関係を通して形成される自己意識を考察する場合には、当然、認識理論での超越論的主観に権威を認めることはない。この分析にとって重要なのは、意識間の相互性の関係とそこから各意識が受ける限定とが同時に生じるさまを見てとることである。すなわち、相互性の関係はすぐに規範へと姿を変え、この規範が主観性の内的な動きを屈折させつつ方向づけるのである。この人は敵であるのか、それとも友であるのか。私がそれを知るのは、まずは他者の振舞いや態度、言葉に含まれた意味の知覚を通してでしかない。だが、それと相関して、私自身の内にも私の存在に対する視点が作り出される。これは他の意識の私に対する態度への反応でしかないが、私はそれへと自らを同一化していく。最初のうちは、応答と呼びかけは多様で限定されておらず、その中で私は自ら自身の姿を決めかねているが、次第に自分の存在の観念と他の意識たちの存在の観念とが相関的に固定されていき、ついには結晶化するに至る。自己と他者についてのこうした観念は、動作や眼差しなどささいな事柄次第で、もしかしたら今とは違っていたかもしれない。だが、それらの観念は、自然発生的な相互関係の戯れによっていったん作られてしまうと、後の自他関係の規範のようになってしまい、偶然によらない限り解体するのが難しくなる。自他いずれの観念にしても、それを根底から変える別の規範が作られるようにするには、何らかの抵抗を乗り越えなければならない。相互性の関係が多様であるからこそ、個々の自我はひとつの姿だけにとらわれずに、ある種の撤退によって自己を自己自身に対して解放し、自らをあらゆる相互関係の上に立つ自己意識とみなしがちである。その時に初めて、相互性の関係を支配しその意味を決定する規範どうしが突き合わされ、意識化の可能性の条件が取り集められる。これらの規範は、集団ごとに自然に成立し、集団によって一面的に課せられるものであり、しばしば偶然的なものである。そして、規範は意識間に緊密な関係を求めれば求めるほど、その分だけ固定化していく。関係の緊密さとは必ずしも関係の深さのことではない。それどころか、自然な親縁性に基づきそれを強化することで成り立つ規範の場合は、意識がたがいに開花するような新たな相互関係の可能性までも壊してしまうことは珍しくない。そうした規範は、自らが他の意識によって友として、人間として見られる視点があることを個々の自我に自覚させるような相互性の到来を妨げるものとなる。その種の相互性は、たいていは慣れ親しんだ規範と断絶することのみを求めるか、あるいは規範との断絶でなくとも、自我の原因性の全く内的な働きが古い規範の内に一筋の精神性が通過させることをつねに求める。悪の可能性が顔を覗かせるのはまさにこの時である。なぜならまさしくこの瞬間に、個々の自我は、相互性の関係を基礎づけその真理性を測る上位の審級があることを意識するはずだからである。

〔意識間の差異と交わりを通して参照される一性の始原〔原理〕〕

相互性の関係には、それ自体は不可知論的な性質のものでも、その関係の内で、潜在的か顕在的かはともかく一性の始原〔原理〕が参照されていなければ成立しえないようなものがある。ただしこの一性は、意識間の差異を廃棄し同化するような役割を果たすのではなく、同時に意識間で対立や敵対が生じる理由を保持し、その地位を高めることを役割とする。対立や敵対の理由を保持するというのは、それが意識間の交わりの支えとなり、その交わりを困難にすると同時に豊かにするからである。他方、そうした理由の地位を高めるというのは、その自然性といえるような面をできるだけ排除し、闘争の精神性へと参与させることによってである。理念どうしがどれほど相対立し、自らの理念のために相手と敵対して争ったとしても、本当の闘いならば、対立者どうしがたがいの権利を認め合い、当初の主張に制限を加え、たがいの差異を深化させて価値あるものだけを存続させねばならないはずである。さて、それが可能になるのは、何らかの一性の始原〔原理〕を参照することによってのみである。それは、最悪の場合は、一般に受け入れられて慣例と化したような規範にすぎないこともありうるが、たいていは敵対関係を超えた上位の目的性の観念、すなわち、同一の祖国や文明への帰属や、より一般的には追求するべき真理や善の観念のようなものである。ただし、それは決して第三項ではない。始原は諸々の関係に内在し、それらの関係から切り離せないものである。そうした始原が活動し現存するからこそ、自我は硬化して不透明な現実存在となるのではなく、競合であれ友情であれ、他の意識たちへと自らを開くことができる。通常私たちは、自分自身とは根本的に異なる意識や存在を考え、思い描くことから出発すると考えられているかもしれないが、決してそんなことはない。個々の意識がたがいを差異化するだけでなく、その差異の意味を知ることをも学ぶのは、あくまで意識どうしを関係づける営みを介してのことである。一方では、深い差異に見えたものが、意識間の交わりによって緩和され、形を変えていくこともある。だが他方では、差異が強化され、交わりの限界を示すが交わりを通して初めて見出されるような差異によって、自分が自分自身にも見通せない存在になってしまうこともある。こうした限界は、交わりが深く新たになるにつれて動いていく。克服できないと思っていた抵抗が突然崩れることもある。私たちがある人のことを「全て分ってしまった」と思ってしまうのは、ただその人との相互性の関係がそれを支えていた存在理由や統一原理の狭さゆえに開花できなかったからにすぎないというのは、ありすぎるほどよくある話である。さて、相互性の関係が中断したり貧弱になったりして、交わりが最低限になった時に生まれてくるのが、〈もはや他者でしかないような他者〉という観念である。そこには猜疑、敵対、攻撃といった感情が付きまとうが、周知の通り、それらは自然本性が惜しみなく与える感情である。憎悪のような感情をもたない者は、相互性の関係について不満を覚えることもないだろう。だが、憎悪ゆえに滞っていたようにみえた交わりが突如再開し、憎悪に取って代わるのは珍しいことではない。愛情や憎しみに関わる感情を研究する場合、意識間の交わりや関係の相互性に依拠せずに、それを単なる心理学的な研究として開始し展開することはできない。そうした感情は、意識間の交わりや関係の反響ないし表現である。感情が意識間の交わりを条件づけているように見えるかもしれないが、決してそうではない。感情は意識間の関係の精神性に参与しているのであり、この精神性が感情によって基礎づけられているのではない。つまり、感情は意識間の関係の諸形態に従属し、ある形態から他の形態への移行と一体になっているのであって、見かけ上は自発的でも、そこには意識の内奥で相互性の関係の未来を決する深い働きが映っているのである。人間学は特定の傾向性の優位性を強調することによって人間の歴史を説明できると考えるが、その際に忘れていることがある。それは、意識は〔他の意識との〕関係において、何らかの精神的一性の下で、自らを自らとして認め始めるのだということ、この関係が断ち切られることによって初めて、絶対的な意味での敵対者や余所者が現れるのだということである。あらゆる関係から退いた所に自己を置くということは、自我にとっては自分の存在を形づくる当のものから自分を追放することだが、それと相関して、他者を他者として構成するということでもある。絶対的にいえば、それは自己と他者の両方を、意識どうしの一致と対立の双方の基礎となっていた一性への参与から全く締め出すということである。偽善や虚栄等、カントが文明の悪徳と呼ぶものの起源はそこにある。だが、カント自身は彼になお残るオプティミズムゆえに人間にはなしえないと考えた「悪魔的」な悪徳、すなわち、他者の悪に由来する喜び、妬み、忘恩、闘争の模造品でしかない狂信といった悪徳もまた、ここに起源をもつのである(39)。

〔意識の数的多性という表象の派生的性格〕

たしかに、この内的働きとしての断絶から意識の数的な多性という表象を導出しようとしても、その試みはうまくいかないだろう。この表象にはその他のさまざまな所与が入り込み、世界に依拠した表象になってしまうからである。世界の内では、精神の作用が認識されるにもそれ自身を認識するにも諸々の表徴に包含されねばならず、そうして主体の相互承認の内に空間性の全体が忍び込むのである。とはいえ、相互性の関係とその全歴史を辿るならば、この関係が生き生きとした豊かなものである限りは、どんな時にも、多数の意識の結合という表象を条件として含むものではないことは明らかである。相互性の関係が緩み、貧弱化し、あるいは中断する時、私たちは内的な実質が失われるのを感じる。すでにこのことから、魂と魂の間に物体間にあるような境界が存在していると考えるのが錯覚であることは明白である。この関係が再び緊密になり、豊かになると、意識間の交わりが保持し促進してきた差異は、数的な二元性を表すものではなく、たがいの精神的成長の条件であることが明らかになる。しかし、相互性の関係が内的な働きによって内側から否定され、断ち切られるとき、そうして他者が破壊または魅了するべき敵対者としかみなされなくなるとき、この否定作用は空間、量、対象といった枠組みへと投影されうるようになる。〔意識が〕現存しているという生きた確実性が現実存在の認定というレベルに滑り落ちるのは、一方では私の側の働きの結果であると考えてよい。それは、私が相互性の関係へと内側から参与してそれを促進することをやめ、この関係に投入された他の意識の原因性を否定して他者に自らを対立させせた結果である。あたかも他の意識が一個の対象であり、一つひとつの意識が世界の内で数えられるものとして並存しているかのように、私は他者へと対立するのである。

〔私を他者から分離する働きは、同時に私を一性の始原〔原理〕から分離する〕

さて、意識の全く内的な働きの内には、このように精神的な現存を対象の状態に還元しようとする志向性がある。この志向性は、その狙いにおいては限定されたものだとはいえ、相互性の関係が従う一性の始原〔原理〕を否定するものである。ここで否定される働きはいかなる原因性を証しているのであろうか。この一性の始原〔原理〕をどのように理解すればよいのか。悪の省察にとって、この二つはたがいに密接に結びついた問いである。というのも、私を他者から切り離し他者を否定する働きは、同時にまた、私たちの関係を可能にしたえず支えていた始原〔原理〕から私を切り離す働きだからである。嘘つきの場合のように、自分の利益のために相互性の関係を断ち切ることは、私がこの関係を通してつかんでいた始原〔原理〕との絆を断ち切ることである。私が否定した関係を抜きにして、なおこの始原〔原理〕を呼び起こすことができるだろうか。私が相互性の関係を否定できたのは、この始原〔原理〕を否定したからではないのか。個別的な意識間の相互性の関係の根拠は個々の意識の存在の源泉にある根拠と別だと言い張るのでない限りは、相互性抜きに始原〔原理〕だけを呼び出すことなどできない。そのように始原〔原理〕が二つあると言い立てることに何の意味があるというのか。

意識間の相互性を根拠づける始原〔原理〕が、ある集団の構成員たちの契約や、自然的な類縁性を支えに諸個人を同一の目的性の下に結集させる絆のような偶然的なものである間は、そうした主張も保持できないわけではない。また、道徳性の始原〔原理〕が、もっぱら自律した人格間の相互関係を理性の普遍性に従属させることだけを役割とし、人格が理性を超える始原〔原理〕とそれぞれ単独に直接的で内的な関係を結ぶという可能性をとらえられないような場合も、右の主張が矛盾を来すことは全くない。この主張を保持するのが難しくなってくるのは、あらゆる相互性の関係を離れた対自的な実存という可能性自体が問い質され、意識の多数性という理念ないしは要請が自明性を失う時である。意識はたがいに関係を結ぶ以前に現に区別されており、ある種の超意識との関係が働くことで初めて対自的になるのだとすれば、あらゆる自己意識の根となる始原〔原理〕と意識間の相互性を根拠づける始原〔原理〕の二つがあるという考えが作り出されることもありえよう。いずれにせよ、その場合は、意識は相互性の関係から退き、この関係が支えとする始原〔原理〕すらも否定することによって、自らの固有の存在の源となる始原〔原理〕をたえずその全体において再発見するのだ、と考えるのが正しいことになろう。だが、自己意識は相互性の関係を通してしか獲得されないのだとしたら、そしてこの関係に内在している始原〔原理〕が、当の関係の可能性と個々の意識における自己意識の到来とを同時に根拠づけるような権威をもつのだとしたら、事情は異なってくる。その場合、相互性の関係が中断・停止し、自我は自分と共にいるだけの状態になったとしても、自己意識は相互性の関係を支配していたのとは異なる生の原理〔始原〕を糧とすることはない。ところで、いかなる相互性の関係も、その始まりに置かれる偶然的、偶有的、恣意的な存在根拠を超える始原〔原理〕を包含し前提している。この始原〔原理〕は、相互性の関係が感情や本能の内にどれほど大きな支えを見出すとしても、あくまで一性の始原〔原理〕であって、それが〈私たち〉の根元にあるからこそ〈対自〉が産み出されるのである。純粋自我の個別意識に対する関係は、一なるものの〈私たち〉に対する関係に等しい。交わりがその限界に達し、自我を孤独の意識に目覚めさせるという役目を果たし終えたときに初めて、この二つの関係が分離される。意識の内密性において罪であるものは、意識間の相互関係における分離と同一のものである。(40)

〔分離としての悪をもたらすのはいかなる働きか?〕

この分離としての悪とそれが証している精神の働きの所在を認めるというのは、非常に骨の折れることである。というのも、それらは意識が反省を為しうるようになった時にはすでに構成されている対立や区分の内ですでに準備され、予告されていたものだからである。そこから、あたかも私たちは、もとからつねに区別され分離されていた者たちを結合し、関係づけさえすればよいかのように見えてくる。だが実は、出来上がった分裂の痕跡を消し、それを遂行した精神の働きの効果を廃することが重要なのである。私は他者というものを、敵、余所者、対抗者として、私の宗教にも、私の階級にも、私の家族にも属さない人間という姿で認識する。だが、こうした分離は経験的な所与と存在者間の本性上の差異に基づいているように見えるので、それを産み出し固定した精神の働き自体は、そこではいっそう確実に隠蔽されてしまう。道徳性をもち出し、理性への万人の参与を頼りに何らかの相等性を立て直そうとする場合でも、そこで課題となるのは根源的な分離を緩和し修正するということでしかなく、根源的な分離という想念自体はたえず推進されている。だが、他者にいかなる精神的実存をも認めまいとすることの志向的な分離の営みが単に可能的なものとみなされないのは、次のような自然発生的な働きをモデルとしているからではないか。すなわち、相互性の関係によって自己に目覚めたはずの意識がその関係から撤退し、他者から自分を切り離し、より広い関係に対して自らを閉ざすという働きである。これによって、他者は余所者となり、まもなく敵と化すことになる。人間の世界には、あらゆる相互性の経験以前に対自的に自らを肯定する意識が存在しないように、本性的に閉じた社会も存在しない。だが、相互性の中断から他者を恐れ疑うようになる意識が存在するように、拡張を拒否することでのみ統一を保つ社会もある。分離の悪のあらゆる形態は、意識の自然発生的な内的運動においてあらかじめ形をとり、素描されている。すなわち、意識は自らを折りたたみ、意識の内的運動自体を産み出した諸々の関係から退く。こうした動きは、本性的な傾向性によって強化されはしても、傾向性によって規定されるものではない。意識の内的運動が切り開いた道を通って、自我は厳密な意味での悪に含まれるような精神的働きを遂行するのである。これは、悪をなす精神の働きを自然発生的な運動と同一視できるということでもなければ、この働きを省略できるということでもない。そうではなく、この働きは、自然発生的な相互性の関係の中断によって描かれた分離線にきわめて近接するがゆえに、意識によってはとらえられないのである。それは、自らの中にその地位にも信条にもふさわしくない下等なあり方があることを感じていながらも、自らがこの感情に同意を与えていることに当の意識が気づいていないような場合と同じである。この同意がそれほどまでに拒み難いものであるのは、すでに素描された数々の分離へと、すなわち、一性の始原〔原理〕が全く内的な仕方で無視され否定されることで他者が他者でしかなくなる瞬間に成立する分離へと、精神がたえず密かに加担する営みだからであろう。このような分離の働きに引き続いて生じる外部性の形態によって、精神は独立した数々の意識へと細分化されたものとして知覚されるのではなかろうか。そして、この細分化を存在の根源的破砕に由来するとみなし、一性への前進という形で諸々の意識を統一する関係を勝ち取っていかねばならないと考えるようになるのではなかろうか。

〔全ての失楽園は困窮においてのみ見出される——堕罪の反省哲学的捉え直し〕

個々の魂を存在全体から切り離されるものとみなす場合、この分離をどのように思い描くにせよ、個々の魂がたがいに関わり合えるのは、各々が超越的な始原〔原理〕と対自的に保持している絆を媒介としてだということになる。だが、その場合、個々の魂は超越的な始原から自らの存在を受けとる以上は有限な存在であり、他の魂との関係を通して自らを向上させることはできない。つまり、根源的な悪はこの有限性の内にあることになり、個々の魂は、他の諸意識を介して、意識どうしの相互承認に内在する一性の始原を通して自らを理解しようとするよりも、むしろ超越的な始原〔原理〕への遡行による救済を急ぐようになるのである。だが、この分離の諸契機を反省的に辿り直すことは可能である。それによって、個別の意識を源泉とし、魂の多数性および外部性と同時に現れるものとしての悪に辿りつくことができる。そのような悪が識別されるのは、自我に自らの元となる存在から独立しているという幻想を抱かせるような誘惑においてではなく、意識間の相互性に関わる分離の営みを自我が自らの責任で延長し、継続し、再開するという現に更新されていく働きにおいてである。

無垢から罪への移行は、個々の意識の純粋自我に対する関係の転倒によってなされるのであった。それと同様に、信頼から分離の悪への移行は、意識間の相互性における真の関係、すなわちこの相互性を基礎づける一性に統御された関係が転倒することによって生じる。だが、無垢にしても信頼にしても、罪や裏切りを反省することで初めて知られるものである。さて、私たちが信頼と呼ぶ意識どうしの透明性、意識間の関係における無垢に終止符を打つ働きの可能性の条件については、どこまでも分析を進めることができるだろうが、ともあれ確かなのは、世界における悪の始まり、あるいは世界への悪の突入という形で考えずにはいられないような事柄に立ち戻るべきだということである。

なぜ私たちは、無垢と相互信頼の状態が罪によって断ち切られたと考えねばならなくなるのか。それは、今の状態と以前の状態の比較を絶対化した結果でしかないのではないか。たしかに、それ以前の状態と根元的に断絶させる最初の嘘や最初の過ちの瞬間を、自らの経験の内に見出そうと試みる者はいないだろう。そのような断絶を考えること自体、経験の主体の同一性とはほとんど相容れないことだからである。だが、この断絶へと近づき、内的経験からその近似的な姿が得られる場合がある。それは、とりわけ重大な過ちを犯したことで、自我が自らの真の歴史はこの過ちとともに始まり、この行為が自分の堕落の起点となると感じるような場合である。こうした経験を深化するならば、そこではそれぞれ異なった主体を含む二つの実存状態が継起しているだけだと考えることは許されなくなる。堕落の前と後とで、そのつど自分を自分と異なる者とみなすのは、まさに同一の自我なのである。だが、想像力の揺れ動きのせいで、過去は現在の後方へと投射され、意識は現在と過去のそれぞれについて全く異なった判断を下すことになる。こうしたことは、単に自己認識ないしは自己再認のトラブルにすぎないのではない。それが示しているのは、自己へと立ち戻る自我は、自らに責任があると認める行為を条件づけつつ自らの原因性の不十分さを認めさせるような何かを、決して自らの過去の内に見出すことはないということである。自我には堕落の前の時間は全て無垢であったように見える。だが、無垢ということが意味しているのは、自我の歴史が刻み込まれる時間の連続性に比されるような原因性の連続性は存在せず、それゆえ、自我の存在に切れ目を入れるような働きは決して先立つ時間から生み出されたのではないということである。なるほど、動機づけを通して過去の自分と自らの行為が産み出した自分との間に何らかの連続性を見出すことで、この切れ目をずらしたり和らげたりすることはできる。だが結局は、私たちは自らの堕落は自ら自身の働きから絶対的に開始されたことを認めねばならない。私たちの原因性を全きものとみなすことは、とりもなおさずそれを無垢の状態に直接続いて働くものと考えることである。

同一の主体が要求する一性と、自我の堕落を絶対的に開始させる働きとの対立から内的な緊張が生じるということ、そこに人間の経験の特徴がある。自我の生の分断として現れないような裏切りや嘘はない。裏切りや嘘は、過去からの規定を全て排除し、無垢や意識間の相互信頼の状態を終わらせる。自我にとって、嘘はそのつど初めての嘘であり、そうでなければならない。私たちは、自らの全行為がそれに従うような根本的選択についての知的直観をもたない。それゆえ、そのつどの裏切りを自らの最初の裏切りとみなさねばならない場合、自我は一つひとつの裏切りが、あたかも世界の始まりの時においてそうであるように、不変の無垢と信頼を背景として浮上してこなければならないことも知っている。この出来事を、ひとつの働きが原初の無垢を破って現れ、それが残した痕跡によって原因性へと刻みこまれ、以後原因性をすでに行使された方向へとたわめる、というようにイメージするならば、すでに悟性の見方に譲歩してしまっている。悪に付随するこのような自己反省の特性は、同一の経験の一性の内に、一方が他方によって裁かれる二つの世界の対立、すなわち、今離れたばかりの全く精神的な世界と過ちや罪の世界との対立を生起させることにある。無垢はつねに、最初の過ちの時にそうでありえたのと同じくらい私たちの近くにある。ゆえに、実際には純粋さや信頼の経験が先にあり、それに続いて罪と意識間の分離という経験が生じるのだというわけではない。罪や嘘によって、先立つ時間が純粋さと無垢の時間として私たちへと現れ、また現れねばならなくなる場合、まさに唯一かつ同一の経験が自己分裂するのである。では、不純な原因性の働きを最初のものとみなさねばならないのだろうか。その通りである。なぜなら、自己意識はひとえにこの働きによって可能になるからである。自我と自我が自らを裁きを告発する際に依拠する始原〔原理〕との一致は、過ちと無垢の双方を超えたものである。全ての失楽園は困窮においてのみ見出される。私たちが一性を意識できるのは、それを裏切る働きによってのみである。それは、純粋自我という想念が、自我自身の不純な原因性を通してのみ形づくられるのと同じである。時間の内に拘束された自我にとって、自らを告発し自らの行為を裁く際に依拠する始原〔原理〕との間に保持する真なる関係が断たれるということは、無垢なる過去と断絶するということである。悪の世界の内への突入とは、これ以外の仕方で起こる事柄ではない。

〔意識の相互性と始原の一性――一を通して二であろうとする欲望〕

それゆえ、無垢が罪に、友情が敵対に先行しているように見えるのと同じく、分離はある種の区別のない状態に続いて生じ、多は先立って存在する全体から切り出されてくるように見えるが、分離の働き以前に全体性や無区別という状態があるのではない。悪は分離する働きの内に存している。精神を分離する内なる働きは、すでに実現された存在論的分離に面して、それを是認し固定するものではない。分離の働きが存在論的分離を作り出すのである。空間の直観が存在するためには、私たちが空間の分割を実行し、その営みを無際限に繰り返すことができねばならないが、同様に精神の次元でも、私たちは、人間どうしの信頼関係の断絶の背後にある友愛や普遍的共同性を最初から経験するのではない。そうではなく、私たちの働きが実際に遂行されるやいなや断絶と化すのは、私たちが自らが裏切ったばかりの一性の始原〔原理〕によってこの断絶を裁くからである。この始原〔原理〕は、それ以後は所与の多性との関係において解釈されるが、あくまでそれは相互性の諸関係に内在する精神の純粋形式であり、この形式が相互性の諸関係から撤退し、多性のエレメントとみなされた他者が私たちの前に突きつけられるようになって初めて、私たちは現実に多なるものと化すのである。秘かにでも明示的にでも空間が介在しないかぎりは、現働する一者から意識の多性が導出されることはあるまい。なぜなら、この多性は、私たちが自らに聞こえてきた呼びかけを拒絶したことの延長上で現れてくるからである。「孤独な存在を逃れて唯一の一者へと向かう」のではない。二が一になることを欲望するのではなく、一を通して二であることを欲望するのであり、そうしてたがいを孤独から解放しあうことを目指すのである[41]。存在もしくは具体的な全体が万人に遍在していると考える場合は、この存在についての意識がどれほど不十分で不完全であろうとも、その遍在性に裂け目があることは許されない（そうして遅れや忘却のみが悪とみなされる）。だが、一性はたえずこの経験から退去しようとするのであり、そこには必ず脆さと脅威の試練が含まれる。意識どうしの関係の真理は、意識間の全く内的な分離によって露わになるのである。意識どうしの関係の真理とは、諸々の意識を全体へと摂取統合し、それらに固有の働きを廃する仕方で結合するものではない。それは、意識がたがいの存在の促進のためにたがいに対して持ちあう欲望の真理を基礎づけるような一性の形式が、経験へと内在しているということである。

〔善悪を区別する知の手前に遡行する必然性〕

しかし、あらかじめ善悪を知り区別する知に導かれず、そのため善悪の反省的選択を含まない原因性の経験の内に悪の始まりを探るというのは、少々矛盾したことではなかろうか。全面的に認めあった友愛関係や具体的全体への参与が先立つのではない裏切りから精神的分離の悪を開始させ、無垢を必然的な表象ではあるが仮象だと考え、善悪概念の対立を現働する原因性への反省から生じさせるといったことには、矛盾があるのではないか。だが、それならば、最初は理性に適合した概念に従って働いていた原因性が、自らの自由によってひっくり返り、非理性的な原因性になるということを認めねばならないのか。その場合、二つの原因性の経験、および一方から他方への移行の経験を結びつけられるような同一の主体をなお問題にできるだろうか。そうは思えない。理性自体の原因性を自らの原因性とする主体を考える時、そこに個別の自我としての人間の特徴を見てとれるだろうか。自らを理性的実存から自由に堕落した者とみなす時、自我が仮定しているのはもはや彼自身ではないのだ。

対立項を知性化し、規則を概念化し、規範を作り出すことは、自らの働きに反省的に反応することで悪を発見するような原因性を考える上で妨げとなる。悪の姿が明断に描かれると、自由な裏切りが可能だとは考えたくなくなるのではないか。自由な裏切りを動機として採用することだけを存在理由とするような働きを考えることには、どうしてもためらいを感じるのではないか。このように対立項があらかじめ概念化されるというのは、自由意思やつねに思い通りになる自由という観念と連動したことであるが、この観念を斥けてみれば、次のことを認めるのがもっと容易になるだろう。それは、意志と呼ばれるものの根元にある精神的原因性は、ある種の可能事の湧出に不意打ちされ、他者に対する自らの欲望の真実性と深さが求める働きとの矛盾を際立たせる自らの働きに驚くということである(42)。そうしてこの原因性は、この欲望に内在する絶対的なものの形式と自らがそれに対置する否定とを同時に発見するのであり、この否定を介して、一個の自我を産み出す原因性として自らを感得するのである。意志とは質的に対立する可能事の間での選択であり、この対立は可能事を道徳法則の要求に突き合わせる判断によって生じるのだとすれば、意図して悪を行う者は誰もいないと言われるのも理由のないことではあるまい。だが、この主張はすぐに論駁できるものとなる。なぜなら、そうして知性化された意志の手前で、可能事と働きが出来する根元において、自己自身の責めを負い、一性の純粋形式に対して自らが引き起こす矛盾の責めを負うべき原因性が見出されるからである。一性の純粋形式がなければ、そもそもこの原因性は精神的な原因性ではありえまい。分離という悪を通して、この原因性は一個の自我を構成するものとして現れるのである。

〔カントの教え──人間の行為の質は傾向性の人間学を超えている〕

だが、わざと私たちは人間の傾向性を知らないふりをしているのではないか。悪の源泉を直接本能の内に求めるのではなくとも、少なくとも、道徳法則への尊敬を本能に由来する動因に従属させるという決断の内に求める方が、より単純で真実に近いのではなかろうか。そうすれば、理性が理性自身を否認することを認める必要も、悪を人間が与する動物性の延長にすぎないものとみなす必要もなくなるだろう。悪は動機の位階秩序を転倒させる選択の内に存しており、その選択は、理性的法則に等しい自由でもなければ自然本性の性向の優越でもない自由意思に属することになる。このような経路を通れば、再び根源的選択という考えに戻ることになる。それはカントの思想である。だが、まず第一に気づくのは、その場合、人間本性の性向が道徳性の開花を促進する素質であってもなくてもどちらでもよく、それらの性向が善への素地であったとしても問題は変わらないということである。すなわち、自由意思の働きを評価する上で重要なのは、道徳法則に内的に合致する心術の純粋さなのである。カントのオプティミズムは原初の素地を善へと向かうものと規定する人間学の内にあり、そのペシミズムは、理性と感性からなる存在は選択の内なる意図の純粋さを決して確証できないと考える点にある。カントは悪のさまざまな例を世界の内に求め、経験や戦争、残酷さ、社会関係の偽善に言及している。こうした例は、善への素地からなるものとして規定されたのとは異なる人間本性を参照しているように見えるかもしれない。だが、悪への性向が根源的に自由な選択に基づいており、自然本性の性向とは決して相容れないものである以上、カントの悪の観念を決するのが人間学ではないことは明らかである。カントにとっては、諸々の動因の起源における対立のみが重要であって、かりに感性に由来する全ての動因がその質料的内容において道徳性に好都合だとしても、悪は動機の真の秩序の転倒から発するという考えが変更されることはない。それゆえ、厳密に人間学的な次元にとどまる限りは、人間は善か悪かというよくある問いは完全に無意味だということになる。その場合、全く反対の答えがありうるだろうし、その是非を経験によって判定する手立てはないであろう。しかし、悪の源泉がそれを探すべきところに、あらゆる行為に含まれる格率を作り出す働きの内に探し求められるやいなや、経験は当て推量以上のものをもたらしてくれる。なぜなら、選択の根源にあると想定される純粋な心術が、経験的に確認できる悪を通して世界に現れるとすれば矛盾だろうが、自愛に主観的に動かされた心術が傾向性や本能を元の方向性から逸脱させ腐敗させたために、世界の到る所でつねに見られる諸悪が傾向性や本能に直接由来するように見えているのだと考えるのは、正当なことだからである。事実からの帰納によって、人間の質に関する判定に普遍性を与えることはできない。しかし、法則への尊敬を唯一の動機とする選択と自然本性の傾向性にとらえられた動機による選択との間に中間は存在しないとすれば、意志の格率採用という全く内的な選択に基づく判断は、間接的には経験によって確証され、証示されうるのである。

〔分離の悪は傾向性に由来しない〕

このような方法によってのみ、人間学と悪の問題に立ち向かおうとする倫理との関係という問題を扱うことができる。とくに分離の悪の場合、その意味と深さを語ろうとして、攻撃本能や競争本能、権力意志とそれに付随する全ての感情、残酷さや根絶不可能な戦争本能等、人間と人間を対立させる本性的な傾向性を探し求めるならば、人間が責めを負うべき悪もたちまちそれらの傾向性に対応させられ、そうした人間学に動かされた人間観が形成されてしまうだろう。だが、以上のような傾向性の一覧とは反対に、共感や善意などあらゆる形で自然に存在する人間の優しさという全く方向の違う傾向性に基づいても、同じようにもっともらしい人間観を作ることができる。それゆえ、何らかの人間観を作った後に、自由が傾向性由来の動因を採用する仕方に基づいて人間の質を判断するならば、人間は同時に善でも悪でもあるとか、時には善、時には悪だとか言われるだろう。この点から、悪の哲学的解釈が人間学の偏りによってひそかに規定されている様子が容易に見てとられる。しかし、こうした方法ではどこにも辿りつけず、意味のある結論に至ることもない。人間学的な探索で得られたものが、自由と悪の次元で再発見されるだけの話である。経験的な人間学を超え、人間の行為の評価にまつわる曖昧さを除去できる判断原理がない限りは、人間は善か悪かという問いに確固たる答えを出すことはできない。さて、純粋意識に対する個人の意識の関係が問題になっていた時もそうであったが、分離の悪は自然本性の傾向性にすでに何らかの形で刻み込まれているのかどうか、人間は人間にとって友なのか敵なのかといったことは、いかなる人間学もはっきりと言えないことであるのは明らかである。一性の始原〔原理〕の名において事を決しない限りは、人間は同時に友でも敵でもあるか、あるいは時には友であり、時には敵であろう。傾向性には人間どうしを近づけるものも遠ざけるものもあるが、一性の始原〔原理〕が現存するからこそ、全ての傾向性を超えたところで、意識間の相互性の関係の質を確定することができる。仮に意識間の関係が人間を人間の友とする傾向性によってつねに支えられていたとしても、この関係が個々の意識の内奥で自然本性を超える一性の始原〔原理〕に統制されていないならば、いかなる判断を下すことも許されないであろう。

今こそひとは経験に訴えるだろうか。それは、経験の証言だけを頼りにして、人間はその心情の奥底で一性の始原〔原理〕だけから他の人間との関係の存在理由と動機を汲み取ってくるのではないと断定するためではない。少なくとも、この仮説を確証すると同時に、傾向性に動かされた愛と一なるものの純粋観念から発する愛との混同を暴き立てるためである。その場合、ここでもやはり中間項が存在する余地はなく、人間の魂の内では行動の格率に投入される動機の真の秩序がたえず転倒されると結論せざるをえないのではないか。こうした見地から経験に問い合わせるならば、そこから人間の人間に対する戦いのみならず、感性だけに基づいた人間関係の脆さと不安定性をも証するような事実が好きなだけ得られるだろう。

〔一なるものへの要求はそれを裏切る「私たち」を介してのみ矛盾的に表現される〕

しかし、意識が自らを完全に純粋な動機によって規定しているかどうか確信をもてないからといって、一転して人間の内なる悪を断固とした調子で主張することにはためらいがある。なぜためらうのか。感性の動因に対立する道徳法則への尊敬が問題であった場合は、〔善悪の〕動機のラディカルな対立に加えて、経験的な悪の全てを道徳的に純粋な意図からの結果とみなすことの難しさもあり、当然厳しい結論になりがちであった。意識間の関係の一性を旗印にすれば、こうした議論は重要ではなくなるのか。もちろんそんなことはない。だが、一性への要求を表現する動機、不純な動機に動かされているとは疑えない仕方で意識どうしの関係をうち立てる際に働く動機があるとすれば、それはどのようなものになるだろうか。動機の真の秩序の転倒ということは、感性の動機と対立する道徳法則への尊敬の場合のような明確な意味をもつだろうか。一性への要求は、この要求を人間の魂の内で十全かつ直接的に表現できないような複合的な感情を介してのみ把握し認識できるというだけではない。それは、個々の意識間の関係に内在していながらも、見かけ上は自らを否定し矛盾を介することによってのみ検証される要求である。この矛盾の意味を解読しなければならない。

尊敬のような感情は〔動機をめぐる〕一般規則の例外であり、法則が主体に及ぼす純粋な働きだけを表現するのだということを認めるならば、すでに合理主義へと大きく譲歩したことになろう。だが、一なるものの観念の個別の意識への反響として、自我の利害関心から借り入れた力を一切もたないとまでいえるような感情があるとしたら、それはどのようなものになるのだろうか。対称性の要求に従い、一性への超越的要求の反響であるような直接意識の所与をでっち上げて、人間を人間へと、しかもつねにある特定の人間たちへと結びつける諸々の感情は、この別次元の要求に従属しなければならないと考える者もいるかもしれない。それはこの上なく空虚で無益な抽象であろう。そうした抽象を踏み台にして、諸感情のヒエラルキーを引っくり返すことが肝心だというのだろうか。そのような主張によって害されるのは一なるものであって、一なるものはその全ての意味を奪われてしまうだろう。だが、他の全ての感情を低めるような感情を通して一なるものへと向かうことと、他の全ての感情を介して一なるものへの欲望の現存ないしは不在を見分けることとは別の事柄である。後者の場合、一なるものへの欲望は、個別の意識どうしの相互性の関係を通して構成される〈私たち〉の内で働いているのである。

一なるものへの欲望は〈私たち〉から独立すれば一切の真正性を失ってしまう、と言いたいのではない。だが、自我自身の利害関心に関わるものからの脱去は、一時的、暫定的にのみ具体的な行為からの抽象という形をとるにすぎない。この脱去はあくまで具体的な行為において、意識どうしの関係の中で検証されるのである。脱去は具体的な行為を準備するが、それが真に感得されるのは具体的な行為を通してのことである。同時に脱去は、嫉妬深い排除によって〈私たち〉を成立させる関係と、一なるものへの欲望がこの〈私たち〉に対して実際に自らを脱ぎ捨てるための手立てを求める関係とを区別させる。自我そのものから解放する〈私たち〉を、自我そのものを高揚させる〈私たち〉へと従属させるということ、分離としての悪の規定としてこれ以上に優れた定式はありえない[43]。経験が普遍性を訴える〈私たち〉の主張の支えとなりうるのは、無意識でありかつ意志的でもあるようなこの従属、自我が〈私たち〉の内に小さな社会の始まりを求め、自己を自己から解放する機会ではなく自己を自己として開花させる機会を求める時には必ず感知される従属を証言することによってである。ここでは人間どうしを近づける傾向性も人間どうしを対立させる傾向性も共に働いており、〈私たち〉が規定を得て緊密化することによって、第一の傾向性だけでなく第二の傾向性も満足される。自らを際立たせ、自らを閉じて他と対立する〈私たち〉において、自我は自らを愛するのである。それゆえ、〈私たち〉の内には、必ず不正といくらかの悪とが乗り越えられない形で存在している。しかし、自我は向きを転じて直接一なるものへと向かうやいなや、〈私たち〉を通して、あるいは〈私たち〉においてでなければ、自らが一なるものを所持していることは確証できないことに気づかざるをえない。だとすれば、〈私たち〉の核にある自愛の内に分離としての悪の根を見出す営みは、経験の証言を大きく超えるものであって、そこで見出される悪は、自我を解放するはずの〈私たち〉の形成によって隠されると同時に産み出されるがゆえに一層深い悪なのではないか。それは、断絶、裏切り、憎悪といった究明しえない悪である。一なるものが〈私たち〉の内にあるのは、純粋意識が自我の内にあるのと同じである。それは行為の規則であり欲望の真理であるが、自我が〈私たち〉を通して自らの存在を根底から脱ぎ捨てることを切望しないかぎりは、無視され侵されたままである。この自己脱去は同時に自己所有でもある。というのも、〈私たち〉に内在する働きの精神性を介して初めて、自我は自らの虚栄を捨てることができるからである。経験は悪に実在性を与えるが、悪の可能性は、〈私たち〉に現存しその魂となる一なるものの否定に基づいている。こうした内面性の形態は、一なるものの実在論では認められないものである。そこでも自我は自らを断念するように促されるが、それは個別の自我と特異な関係を結ぶためではなく、普遍的な魂の次元へと上昇し、さらにその彼方で自らの始原〔原理〕への合一という語りえない経験へと没入するためである。個々の魂の生成を語る実在論の場合でも、上記のような内面性を認められないのは同じである。というのも、被造物どうしの関係が弱く、脆く、不純なものであろうとも、それは個々の魂がそれを産み出す働きに対してもつ関係によって補償されるからである。また、存在の実在論の場合でも、存在自体の私たちの存在への現存が、たいていはこの現存を忘却して生きている有限な存在どうしがもちうる全関係を精神的な内密性と深さにおいてはるかに超えており、やはり件の内面性は認められない。だが、以上のさまざまな見地〔三通りの実在論〕では、悪は一体どうなるのだろうか。悪を制限とみなそうが神秘とみなそうが[44]、悪がその全真理において明らかにされるとも、明らかにされうるとも思えない。悪の代わりにもち出されるのは、存在への不完全で不相等な参与であり、所有の中での遅れであり、弁証法のばねとなる否定性である。また、いくらかの受動性を含むことから、悪は非存在に類したものとされる。すなわち、悪は全体の中で必要とされ役割を果たしているのであって、この全体からの恣意的な切り離しによって初めて、悪自身が実在性をもつように見えるのである。全ての意識は存在への同一の関係から発しており、意識間の分離はこの関係に基づいて永続する同一の絆によって埋め合わされ、存在論的には廃棄されるのだとすれば、分離が問題になることはありえないのではないか。分離とは諸々の意識の有限性なのだろうか。そうであれば、意識どうしの信頼の相互性を断ち切る働きを追うまでもなく、この相互性は諸々の意識が同じものに依存し同じ起源をもっている印だということになろう。この依存を現働する姿で取り戻すためには、個々の意識が見かけ上の分離、悪における仮象を暴き立てればそれで済むのである。

〔ひそやかなオプティミズム――悪を感受すること自体に含まれる内的前進への確信〕

しかし、一なるものという形式だけを頼りにして、意識どうしの分離を直接引き起こす働きを告発し、悪を宣告する判断に真理の刻印を施そうとするならば、一種の不可知論を悪の実在性の支えにすることになるのではないか。この不可知論は、自我が頑なになりものが見えなくなったことの証しではないか。

決してそうではない。なぜなら、一なるものの形式は存在の直観の代わりにはならず、私たちはそうした直観をもちあわせていないからである。純粋意識は、個々の意識の根底で個々の意識に自らを断念するよう指令する法則として、個々の意識が自らを罪ありとし、全く精神的な原因性に対し自我の原因性の不純さを測る判断の権威を保証する法則として働く。それと同じく、一なるものは、意識どうしの関係においてそれに方向性を与えることによって、この関係を精神的な解放の道具と化すと共に、悪の深さと裏切りの全ての姿とを認知させるのである。この法則に由来する精神的働きの内なる確実性に対して、この働きを超越する認識や経験から到来する権威が何かを付け加えるのかどうかは分からない。だが、これによって、悪についての私たちの全判断に相対性が刻みこまれ、さらには自らの堕落についての内的経験に疑いが忍び込んでくることはよく分かる。そこにはひそやかなオプティミズムが伴っている。それは、有限な意識には悪がいかなる目的性の手段であるかは把握できなくとも、悪を感受することと自体を通してある前進が成し遂げられるはずだ、という確信に基づくオプティミズムである。

第五章　正当化〔義認〕へのアプローチ(45)

〔正当化〔義認〕の欲望の自覚。その端緒となるもの〕

正当化〔義認〕の欲望は、たいていは生活への注意によって押さえこまれており、それが意識化されるのは、行為が中断し、比較的心穏やかである時、つまり、目下の責務に過度にせきたてられず、過去の自分の意志の弱さの記憶が一切の希望を妨げるほどには重くのしかかってこない時に限られる。とはいえ、虚栄心が意識の占めるべき場所を奪ってしまわない限りは、人間であれば必ず、自分は自らのもつ可能性に届いていなかったのではないか、さまざまな信念や意志が自我の存在を徐々に作り上げていくにつれて、自分が元から背負っていた限定はますます深刻になったのではないか、などと自問するものである。また、それだけでなく、自分は自らの行為を発端とする過ちや悪から何とか立ち直ることができるだろうか、と自問するものでもある。過去を振り返る時、自我は、そこに自らの行為の痕跡など見当たらないかのように忌避することもできないが、全てが自らの自由の産物であるかのように受け入れることもできない存在を自己化することを迫られる。だが、反省を行っている現在においては、必ずなお未来が予告されるのであり、全てが決定的に失われ過ぎ去ってしまうのではないという思いが伴う。そうして自我が未来へと向けられた時には、再生への欲望がかきたてられることになる。これは、自らにおいて自然本性に属するものが使い果たされることを待ち望み、過去への赦しを得ることないしは赦しにふさわしい者になることを待ち望む欲望である。世界を正当化〔義認〕するためには、世界は精神の目的に十分仕え、それを表現し保存していなければならず、世代を通して連続する人類を正当化〔義認〕するためには、人類が知性と愛に基づく国を形づくっていなければなるまい。それと同様に、自己の正当化〔義認〕を得るためには、個別の自我は唯一の理念に絶対的に従属しそれを展開できるように実存しなければならないと考えられる。だが、はたして悪というのは、人類史を統一し個々の目的を包み込むような目的性に抵抗するが、結局はそれによって乗り越えられるものの指標でしかないのだろうか。そうだとしたら、個人の意識において生まれる正当化〔義認〕の欲望がこれほど強くなることはないはずだろう。そして、自らのもつ目的は上昇する意識の歴史へと統合されるはずだという確信こそが、個々の自我の自己自身との和解をもっとも確実にするものだということになるだろう。だが、個人のレベルでも集団のレベルでもさまざまな命運が分散化して、追求すべき善が多数化し、目的は断ち切られたり不純になったりしている。そうした中では、諸々の目的の統合がいかにして確保できるのかが分からない。また他方で、個々の自我が自らの義務を繰り返し否認し、人類が自らの理念を繰り返し否認していることを考えれば、諸々の目的の統合が妨げられ、いわば禁じられていることはより明白である。それゆえ、こうした統合など不可能だと判断すればするほど、個人の意識はますます自分自身に閉じこもっていく。だが、非人格的な目的に身を捧げていくらかの安心を得ようとする時でさえ、自我は考えられる全ての個別的な満足や成功を超えて、結局は自らの真の存在にのみ関わるような自己是認を欲するものである。自らの真の存在とは、自分の意図と自由の行使とに責任を負わねばならないような存在である。自由の行使の道徳的な性質はひとまず脇に置くとしても、一時的な目的が散乱し、決断は非連続的になり、自我がたえず細分化される中では、やはり自己についての統一した判断が求められざるをえないだろう。そのためには、ばらばらの行為がいくつかあるだけでは十分ではない。それらを全て寄せ集めても、自己についての判断を一気に可能にするような一貫性が得られることはまれである。正当化〔義認〕の欲望とは、一つひとつの選択に内包されながらも、それら全てを超えるものである。これは、最初は自分の力も自分のもつ目的の偶然性も知らないままに、さまざまな時と状況において自らを経験するがゆえに、自分の歴史において所与の条件に帰するものと自分の自由に帰するものとを確実により分けることすらできない者に生じる欲望である。しかし、全てが変わってくるのは、犯した悪の記憶のために、正当化〔義認〕が可能だと考えること自体が禁じられ、この考えが遠ざけられるように思われる時である。

〔カントの再生概念とその不十分性。正当化〔義認〕の問いの核心にあるもの〕

カントは、その内面性において解された意図〔心術〕を、そこからの帰結として時間において生じる行為から区別し、後者が前者にどこまでも一致しないのは、私たちが自らの生を前進や接近の連続として表象しなければならないからだとする。そうして彼は、意図〔心術〕の真正性を保証してくれる働きについての知的直観を否定し、それについては不確実で曖昧な諸々の証言しか得られえないと考えるのである。たしかにこの時、カントは、私たちが〈善い〉と称される意図〔心術〕だけで満足することを禁じているのだが、同時に、それでも人生全体をあくまで意図の統一性という見地から、各時期に分割できない全体として判断する〔裁く〕ように求めている。行動が改善されたとかきわめて強固な改心の意図が生じたとかいうことから、直ちに自分は正当化〔義認〕されているなどとは考えるわけにはいかないし、ましてや、それによって改心以前の時間とその時間を満たしていた種々の過ちを考慮しなくてよくなるわけではない。私たちの正当化〔義認〕をめぐる問いは、丸ごとそのまま残るのである。

正当化〔義認〕が過ちの赦免として提示される時、正当化〔義認〕の欲望の姿はもっとも露わになる。これは、私たちの本性的な傾向性によって鎮めることもできなければ、またそこから産み出すこともできない欲望である。とはいえ、私たちの諸々の傾向性は、自我の存在を構成する全面的に精神的な原因性の行使と一致する存在への傾向性、純粋な傾向性の担い手となる。したがって、個別の自我は、あらゆる瞬間において、自らを超える憧憬との関係と自分では除去できない所与の偶然性との関係という二重の関係によって規定されており、自我が自らの原因性の質を絶対的に決定することは決してできない。純粋な傾向性によって自らの原因性をとらえようとすれば、自我は自分自身の手の届かないものになってしまうだろうし、性格の偶然性によるならば、自我は所与の自然本性の内に閉じ込められてしまい、正当化〔義認〕の欲望が生じることすらなくなるだろう。私たちを挫くのは自らの対象にとらえられた傾向性だけではなく、道徳性自体の内にある不寛容もまた、傾向性とは逆方向だがそれと共同して働くことによって、私たちを意気阻喪させる。自我が自分自身の存在と等しくなれないということこの経験によってこそ、正当化〔義認〕の欲望はたえずかきたてられるのだということ、それは何にもまして確実なことである。だが、悪の経験はそのような欲望を死に至らせるのではないか。あれこれの過ちをめぐる経験的な思い出は、その重さによって、自我に自己の取り戻しや正当化〔義認〕の可能性を一切禁じるのではないか。特定の過失について罪を感じているのではなくても、数々の経験的な記憶が自己意識に固着しているために、個人の意識がいわば粉砕されてしまうというようなこともありうる。こうした感情は、新たな可能事の湧出とそれに結びついた再生への希望によって、たえず修正され、緩和されていくかもしれない。だが、自らを告発する意識は、そうやって自分自身から逃亡することを拒む。逃亡を試みたとしても、その試みは妨害される。意識が過去によって自らへの同意を禁じられている間は、意識は自らの記憶の現存から解放されることもなければ、正当化〔義認〕の欲望から解放されることもない。はたして自我は、自らが責めを負う悪の認識に対して、過ちの重荷を降ろさずに自分との何らかの和解へと進むような仕方で応答できるのであろうか(46)。

〔感性的・経験的な記憶――自らの過去への反省的関わりを妨げるもの〕

個々の意識がもっぱら性格的な素質に押されて自らの過去へと反応する際に自然に生じてくる動きと、自らの行為に反省によって立ち戻り、それに判断を下して自分はなお解放されうるかどうかを決定しようとする働きを区別するのが難しいことだというのは、誰しも進んで認めることであろう。後者の反省的な働きについての考察は、過ちの意識の病理学に取って代わられたり、それに取り込まれたりしがちである。過ちの感情を扱う精神分析家たちの話を聞くと、彼らは過ちを治療の必要な病的なものとしてしか考えることも認めることもできないように思えることもある。あたかも、過ちの強度や持続、進展は、性格的・心理的与件と厳密に相関しており、科学的に分析される事柄であるかのようである。過ちの感情が、認識できる諸条件がどう作用しているかによって、劇的に見えることも穏やかに見えることもあるのは事実である。だが、過ちの感情の意味を立て直したり保持したりすること、この感情が被る変容に抵抗し、時にはそれを活用するということは、反省の営みに属する事柄である。過ちの感情におのずから生じる変容を反省的意識が活用できるかどうかは、この意識が悪とその本性をどう考えるかによって決まる。この点は、まずは、時間の作用によって記憶に生じる意図せざる変容への反省的意識の関わりから見てとられる。すなわち、そうした類の変容は、正当化〔義認〕の欲望の目的や方向に応じて当の欲望を制限したり促進したりするのだが、その目的や方向自体は、悪をどのように見るかによって規定されるのである。そうした悪についての見方は、さまざまな哲学によって解明されてきたが、行為の後で自らをとらえ直すどんな意識にも必ず現れるものである。正当化〔義認〕と自己に対する赦しの可能性という観点からみた自我と時間の関係は、悪をどう考えるかによって決まってくる。

過去の自らの行為からの情動的反響が消え去ったり弱まったりしていくにつれて、記憶はばらばらになっていくが、それによって、自我からきわめて重い過去が切り離されるように思える時の到来が促されるのは明らかである。このようなことが起こるのは、この過去を形成した諸々の働きが再認できなくなるからでも、客観的時間の中で理性的に連関づけられなくなるからでもない。また、知的な意識が、世界の出来事や自ら自身の記憶に対する自我の形式的な統一を守ろうとする連続性への配慮に従わないからでもない。そうではなく、諸々の働きを産み出す原因性における実在的統一の感情が弱まった結果、それらの働きがやすやすと出来事の次元に屈してしまったということである。そうして過ちに伴う情動は弱まり忘れられ、後に残るのは、自我の贖いと正当化〔義認〕にとって有効なものを全て奪われた過ちの観念だけになる。知的な記憶は残るものの、悪は時間の作用を受けただけで、意識にとってはそれが遂行された時とは全く別物になってしまう。そして魂の内では、過去の経験の深化とそれを新たな試練へと向かわせる動きとが勝手に競合し始めるのである。諸々の働きの記憶が経験的な記憶になっていくと、記憶のそのような偶然性に自我の存在そのものが参与しているように見えてきて、過ちは絶対的で不可侵の性格を失うように思われる。自我が自らの可能性と未来を信じることを妨げていた記憶を変容し排除することで自己の正当化〔義認〕を得ようとする者には、これは都合のよい状況である。悪を最小化するようなオプティミズムを擁護するために、悪の記憶や苦しみが時間によって被る変容からどのような支えを引き出せるかは、察しがつくであろう。

さらに、記憶におのずから起こるこうした変容が、過去からの解放と悪からの解放を同時に目指す魂の営みによって強調され、方法的に追究されるということもありうる。それは、自らを身体と感性的記憶の束縛に留め置く全てを断念し脱ぎ捨てる禁欲によって、魂が真の自己忘却、自我滅却に基づいて働こうとするような場合である。自らの存在根拠たる始原〔原理〕との合一の獲得へと向かい、そこに没入し自失することによって、自我は自らを隷属させる時間と原因性の不安の両方から離脱する。自らを世界と自己自身の過去へと従属させる記憶を消し去ろうとすることによって、自我は自らを自ら自身の始原〔原理〕から逸脱させた傾向性の向きを反転させるのである。この方法を検証してくれる経験の深さと真正さは異を唱えがたいものであり、そこで適用されている存在論に加担するかどうかにかかわらず魅力的なものだが、ひとえにそれは、ある種の純粋な観想の瞬間に軽やかさのようなものを感得できる個々の意識に響くものがあるからだろう。その時、行為と記憶による隷属から解放されて実存しているという感情によって、原因性の不安は押さえ込まれるのである。

このような解放願望を満たしうる教説にはさまざまなものがあるが、そこには共通した特徴がある。それは、悪を個々の自我にその痕跡を刻む受動性や制限性へと帰着させる考え方である。感性的な記憶は、経験的な思い出の記憶と同様、受動性や制限性の一側面となる。そこでは、自我が目指し願う正当化〔義認〕は一層困難になる。これらの記憶によって自我がたえず連れ戻されるのは、自我に課せられた責任の証しとなるよりも、むしろ自我が世界の質料へと参与していることの証しとなるような過去なのである。

〔能動的記憶と反省作用――自我が自らを救い始める契機〕

しかし、それとは反対に、能動的な記憶と反省的な作用がある。この二つは結びついて、記憶をすり減り変質するままに放置せずに再構成し、現在と過去の同時性のようなものを立て直す。これは美学的な利益のためではない。過去に遂行した行為をあらためて自己化することで、過去を忘れてあまりにも簡単に自分を赦してしまわないようにするためである。これは自我と時間の間に自由に結ばれる関係であるが、この関係によって、個々の意識が自らとの和解の可能性を受け入れたり斥けたりする仕方が決まってくる。自我がある行為を断罪し、それを行ったために自らを断罪する中で、原因性の肯定作用が露わになり、保持されまた二重化されるのだが、この作用を前にすると、諸々の弁証法は潰えてしまう。あたかも悪と過ちの経験は全て同じ概念運動によって説明できるかのように、弁証法は、それ自身の運動を、過去に注意を向ける意識の具体的な歴史と置きかえる。だが、反省によって立て直される過去は、弁証法が同一のリズムと規則によって遂行する止揚に従うものではない。過去を能動的に創造し直すこの営みは、持続に対しても同じように背を向ける。持続の流れと増大は、やはり悪を止揚された契機と化してしまうからである。その場合、悪は創造的持続の上昇運動と対立させられて、この運動の停止、開始した進行の中断、あるいは内的緊張の弛緩の側に置かれることになろう[47]。こうして、全く反対の理由による、根本的に異なる見地からの話ではあるが、持続の運動の捉え直しは、自我にとっては弁証法的止揚と同類のものとなる。最初は自我の存在に貼りついていた――こうした言い方が許されるとすればだが――働きから突如断絶が生じ、もはや自我には未来も自己の受容もありえなくなるということは、持続の連続性からはもっとも遠い事柄である。それゆえ、私たちが自由に行う過去の告白に基づいて救いの可能性を探る反省についても、それがどうやって持続の内に組み入れられるのかよく分からないのである。自らの過去を形成したさまざまな働きをよりよく認知することだけを目指して、時間から逃れていくような思考がある。自我はそのような思考から力を得て自ら自身に直面し、どうにかして自らを償い、絶え間なくのしかかる記憶の中で諸々の過ちを自らの歴史へと統合できないかどうか探っていく。この自我の現在は、ある種のためらいによって形作られている。それは、自我に一切の希望を禁じる過去の現動性と、この自我の存在の再生を証言する未来への思考との間でのためらいである。諸々の時間次元が自我に対して意味をもつのは、明らかにそうした反省作用の目的性によってである。かりに自我が悟性を通して自らの過去をとらえ、それを済んでしまった歴史とみなすようになるとしたら、またそれをとらえ直す反省の働きが再生への欲望によって方向づけられなくなるとしたら、過去は自我にとって耐えられないものではなくなっているはずだろう。それゆえ、自我が自らの働きに反応しておのずから出てくる働きは反省に従属させられるのであり、その意味は反省によって根本から変容されるのである。この反省によって、自我の自己自身への断罪は、自我が自らを救い始める契機となる。つまり、純粋な精神的原因性と自らの行為に表れた原因性との絶対的な対立を見分けるその瞬間に、自我は自らを救い始めるのである。(48)

〔行為の取り返しのつかなさが突きつける問い〕

だが、自我の存在の改新を目指す探究に対して、意識がどのような方向づけを与えるというのだろうか。為してしまったことに対して、意識は好んで注意を向けるだろうか。しかし、為してしまったことの内にある取り返しのつかなさによって、行使された原因性を捉え直し再開できるという希望への道は全く閉ざされてしまうように思われる。さらに、この行為からのさまざまな帰結もまた、同様に取り返しのつかないものである。この行為によって他の存在へと不当に苦しみが課せられる時、行為主体の手を逃れる帰結がさらに拡散することは避けられない。行為主体がそうした帰結を消そうとし、何とかして自分の過去を廃棄しようとしても無駄であろう。情念、不注意、意志のひそかな逆倒、いずれの文脈から出てきた行為であれ、事情は全く変わらない。その行為の内には何か絶対的なものがあり、それゆえ意識の把握を逃れてしまう。自らを断罪する過去へと、自らが可能にした客観的な悪へと眼差しを釘づけられている自我にとって、自己の改新へと関心を向けることに何の意味があろうか。意識が何らかの修復という観念へと向かうのは、自らをとらえ直すことができる限りでのことである。意識はこの道をどこまで進めるのだろうか。自らの行為の赦免となりうるような償いを、意識は思い描けるだろうか。

〔内的作用自体の根元的不連続性〕

差し当たりは、こうした問いに答えを与えないままにしておこう。ともかく、意識が過ぎてしまった過去から目を転じて自らの行為の動機へと立ち戻る時、その決断を支え鼓舞する根本的な心術の根元的変化の内に何らかの救いの可能性を見てとるならば、その意識は別の道へと踏み出すことになる。この道を行けば、何らかの形で正当化〔義認〕を得、自らと和解する可能性はより大きくならないだろうか。

心術における革命とは、動機の選択において生じる方向転換であり、心情の全ての思念と運動が従う精神的法則を創造することによって、自我の存在を根元から変化させる改心のことである。それは、自己の根元的な再生を切望する意識の指向に他ならない。ここにどのような障害があるというのか。叡知的性格なるものは存在せず、むしろそれは、自由な原因性に対する規則の一性〔統一性〕のことである。そのような規則は、自然における変化の法則には服さない内的な働きによって変更できるのではないか。だが、私たちの過去の諸行為もこの規則の統一性を証示していなかったとしたら、そうした改心の可能性は失われていたのだと、あるいは廃棄されうるものだということにならざるをえないだろう。さて、過去の諸行為を統べる規則は、その意味が行為によって時間の内で展開されて初めて意識化されるのだったが、同様に、自我の原因性の再生の印となるような新たな規則を採用する場合も、それが私たちを鼓舞し行動を引き起こした時に初めて、この規則を採用したことで私たちの心情が変わったと確言できるのである。だが、一体どの瞬間に、私たちは自らの行動によって内的な働きとの一致を十分に証しえたと判断し、自我の再生が本物だという保証を見出すことが許されるのであろうか。そのためには、改心をその瞬間に限定していてはならず、そうした限定を越えて、改心を表現し検証するような持続の連続性へと拡張することが必要になるだろう。そうして初めて、自我の存在において現実に心術の革命が生じたことが決定的に証明される。すなわち、心術の革命は、根源的な決断を時間の内で展開し、多様な状況や義務をいわば統一した行動の格率によって把握する感情や行為によって証されるのである。カントが明言するように、主体が改心の働きの真理性を確信できるのは、時間の内で限りなく続く前進によってのみであって、この前進が一なるものだというのは、人間の心情を根底まで見通せる超越的な意識にしか見えないことなのである(49)。

だが、人倫のレベルでの改新が、行為の動機の選択において革命が生じたことの指標になるわけではないのだから、前進の連続性は不連続な働きの多数性へと引き戻されるのであり、不連続な働きが移りゆく状況の中で根源的な心術を更新し生気づけるということを認めるべきである。内的前進という観念に意味を認めるのは難しい。格率や規則、信念の知的な統一性が記憶の中に保持されているからといって、それを検証する営みが免除されるわけではない。私たちの心術の再生に含まれる諸観念の意味を深化させることによって、この前進へと最接近することができる。だが、一体どのような決断によって、この意味が当の諸観念に一致していると言い切れるのか。これらの観念が動機と化しても、それぞれに特異な多数の働きを埋め合わせることにはならず、私たちは多数の働きを介して動機を感得しなければならない。そこでは、個々の働きは先行するものと後続するものから全く独立しているため、堕落が少ないからといって原因性自体が前進していると推論することはできない。これは矛盾したことである。

厳密にいえば、私たちが自ら自身を決する一つひとつの働きが、全て結びつき秩序づけられるということはない。私たちの存在が改良され償われうるものであるという信念が不確かであらざるをえないのは、単に分析すべき諸動機が錯綜し不明瞭だからでもなければ、心術が全て見通せないものだからでもない。それは、正当化〔義認〕の希望の支えとなるべき内的作用自体が、根元的に不連続なものであることによる(50)。

〔絶対的行為という理念の必要性と危険性〕

内的な前進は不確かで暫定的なものであるが、私たちは自らの再生の真実性と深さを検証し、その決定的な証拠を得たいと切望して止まない。そこから私たちの意識の内に生じてくるのが、自分で自分を照らす光となるような絶対的行為という理念である。だが、何において、また何によって、絶対的な行為は他の全ての行為と区別され、私たちに確証をもたらしうるというのか。カントの次のような指摘は正当である。それは、私たちが身を置く状況においては、場合によって非常な努力が求められることはあっても、自らが為すべきことをする時にそれを上回る余分な報償を期待することはできない、というものである。たしかに、私たちを吝嗇な精神的原因性から救えるような報償を寄せ集めるという考えだけでは、ある種のパリサイ主義からは逃れられない。だが、意識が望んでいるのは、過去の過失を新たな行為によって埋め合わせることだけでなく、持続の増大にはつながらない小さな決断の連続の中で自らの努力が散逸してしまうという必然性から逃れることである。あたかも全ての隷属を一気に追い払い、原因性が失墜して自我が一瞬は乗り越えた水準へと逆戻りするのを防げると考えているかのようである。

厳密にはそこに入ることが義務ではないような状況へと身を投じるとか、一切の相互性を超えた断念によって可能性を自由に諦めるとかいう行為は、自我の正当化〔義認〕のために意志されたものではなくとも、自分は実際に再生したのだという確信を自我に与えるものと考えられる。だが、こうした行為の絶対性を道徳性自体を超えた目的や内容に必然的に結びつけるならば、危険が伴わざるをえないだろう。ある種の状況では、ただ義務に従うためだけに、意志を向上させ苦しみに抵抗することが求められることは珍しくなく、その場合は内的な作用が絶対的な性格を帯びてくる。だが、後続する働きの質までも保証するような働きは存在しない。個々の働きは全体化されえず、一つひとつについて控え目で断片的な正当化を重ねていくしかない。心術〔意図〕の統一性とは理念でしかなく、どんな経験によっても絶対的には検証できない。私たちの働きは、その一つひとつが歴史を開始するが、この歴史はそれに続く働きによって断絶、破砕、反駁される。後続する働きは、先立つ働きと調和するはずでありながら、必ずしもそれを強化するとは限らないのである。私たちが何をしようとも償えない恐れのある債務というものがある。自分が本当に内的に改善したかどうかが不確かだというだけではない。自分のしたことで他人に被らせた悪を何とか埋め合わせようとしても、償いが不十分であるかもしれない。そうしたことを考えると、恐れはさらに増し加わるのである。

〔犯す悪と被る悪——二つの偶然性の必然的な交差〕

今や私たちは、先に留保しておいた数々の問いに再会することになる。自らが他の意識に対して責任を負う悪を注視するようになった意識にとって、内なる存在の改良が副次的な問題となるということは、容易に同意してもらえるだろう[51]。内なる存在の改良の最初の指標が責任感情の増大だという点には、少なくとも異論はあるまい。だが、私たち自身の行為と過ちの帰結として、他者たちが被る悪とはいかなるものであろうか。苦しみ、死、修復できない損害、友の裏切りに傷つき引き裂かれた魂、自らを花開かせ仕事を進める可能性の喪失、そうした不正や受難はいくらでも列挙しつづけることができよう。これを被る意識にとって、それらはまさしく正当化できないものの具体像である。実際そこにおいてこそ、意志が自由に犯す過ちに定位した悪の研究と、それを被る者が正当化できないとみなす悪の研究とが交差することになる[52]。意志された行為の還元不可能な偶然性に、それとは反対方向の偶然性、すなわちその行為の影響を被る者にとっての偶然性が対応する。というのも、傷つけられた者が自らの被った悪を理解しようとしても、そのために参照できる存在理由も、存在の階梯も、合目的性も、制限性も決して存在しないからである。それでは、意識どうしの精神的な連帯のようなものに参与すれば、傷つけられた者は自らの苦しみを〈わが物とする〉といえるような境地に至るだろうか。しかし、この精神的連帯を、当の苦しみを引き起こした決断の偶然性とどうやって折り合わせればよいのか。この苦しみを、自分自身の数々の過ちの総決算として受け入れねばならないのか。だがそれでも、自らの過ちと課せられた罰〔苦痛〕との間には、何らかの釣り合いや相関があるべきだということにならないだろうか。苦しみが忍耐と覚悟を求めるということは、苦しみの中にその不正を覆い隠す合目的性を見出すこととは別の話である。この不正に傷つけられて、運命に屈するようにして無防備かつ無抵抗にそれに屈する者は、不正を不正として認知することさえないが、それは大した問題ではない。正当化できないものの真理は、人間の魂の内で引き起こされる諸々の感情を超えている。そして、悪が何より正当化できないと断じられるのは、ある意識が自由な意志によって下した決断が人間が人間に負うものを攻撃し、他の意識に悪を被らせるような場合、しかも、苦しみや引き裂きとしてその影響を被る者には、この決断はどこまでも無名のものであり続け、その意味を解読しようとしても無駄だと思われるような場合である。

それならば、自分自身から始まった悪を自らに対して告白する主体は、修復できないものを修復する可能性を得るだろうか。このように問うてもおそらく大した意味はあるまい。主体自身が自分の原因性から生じたことを認めている悪を、何らかの赦しを得るために支払う代価のようなものになぞらえるのは、絶対に許されることではない。悔悛による再生の力を認めないわけではないし、悔悛に伴うさまざまな形の断念や、何らかの平衡を立て直そうする意識の労苦に満ちた償いを貶めようというのでもない。そもそも、自分自身が罪ありとするだけでなく自分自身を罪ありとするような行為の後で、それでも自分自身を受け入れようと決断したならば、一体意識にそれ以上何ができるというのか。だが、再生への志向が諸々の目的性の内にどれほど強く根を張っており、意識はそうした目的性によって自らを表現するのだとしても、やはりそのような仕方で自己の正当化〔義認〕を目指すことができないのは言うまでもないことではないか。他の意識が被る悪も、そこから広がった諸々の災悪もどこまでも正当化できないものであって、いったん生じると、その後は事物の本性自体から発しているような様相を呈する。まるで、非連続の作用とたがいに分離した魂とは、現象の恒常的な連鎖へと姿を転じることで、根源的な責任の永続性をよりよく証示しようとしているかのようである。私たちの行為が他の意識たちの生成へと及ぼした帰結が私たちの手を逃れれば逃れるほど、いかなる償いや修復も、自分で自分の無罪を決定できるかのように自分を判定者として得られるような正当化〔義認〕の役目は果たせないことがよりはっきりしてくる。自我の利害関心を完全に断念したからといって、意識相互の結合を断ち切った自由な決断が別の者に被らせた苦しみと混乱の正当化不可能性が、一体いかにして消し去られ埋め合わされるのかは見えてこないのである。

〔正当化〔義認〕の欲望は本質的に間主観的なものである〕

しかし、正当化〔義認〕という問題は、私たちの行為という把握可能な悪とその帰結としての正当化できないものとの関係だけから考察して、以上のような次元のみに制限するわけにはいかないものであろう。たしかに、世界の内に現れるさまざまな形の正当化できないものと私たちが接近できる諸決断の間には、たいていの場合はいかなる相関関係も見分けることができず、大多数の災悪は自然法則の働きだけで説明できるように思われる。だがそれでも、私たちは、直接か間接か、近いか遠いかに関係なく、人間の意志と何らかの関係をもたないような災悪は決してないと考えずにはいられない。仮にこうした関係を認めてはならず、悪の意味は感性を全く偶然に触発する自然本性や生の法則だけで尽くされるのだとしたら、私たちはどんな資格でそれらの悪を正当化できないものだと言うのだろうか。その場合、災悪を被る者の方は、驚愕や反抗ではなく受容や諦めという態度にならざるをえないだろう。また、精神は厳密には自分のしたことにだけ責任を負えばよく、世界の構造という裁きえないものに対しては責任を負わなくてもよいことになろう。私たちが正当化できないとみなす災悪が精神的原因性の行使に関わっており、また実際に何らかの形で関わったのでないならば、〈正当化できない〉という表現に含まれるひそかな反抗をとり除かねばならなくなる。その場合には、自然の目的性が感性の願望に一致しないことに不平をいうのも、盲目の自然が人々を見境なく襲うことに驚くのも、精神には許されないことになるからである。だが、正当化できないもので自由の行使と連関づけられないものは決してないことが明らかになるやいなや、正当化〔義認〕は単一の自我をはみ出す事柄となる。そして、その可能性の条件をとり集めることはおろか、それを思い描くことすらもますます難しくなる。正当化〔義認〕を得るために必要なものがあるとしたら、自然の内に刻み込まれて起源も痕跡も見出せなくなったような働きやその帰結を無化できる作用のみであろう。人間を苦しめる隷属、人間が被る諸々の災悪の底に、人間の欲望に対する自然や生命の側の無関心を見るだけでなく、自由な諸行為の反響を認める時――それらの行為に日付を与え、そこからさまざまな結果が出てくる道筋を辿るわけにはいかないとしても――、個人の正当化〔義認〕をめぐる不安は副次的なものとなる。人間を襲うあらゆる次元の災悪は驚くほど偶然的な仕方で人々に配分されるが、それらが自由なイニシアチブに由来するものだというのは、少なくとも理念上の主張としては不当ではない。それが不当だとすれば、災悪とは、人間の感性の構造が質料や生命と本質的に調和していないことの証拠でしかないことになろう。そうであれば、私たちは災悪について責めを負うことなど全くなく、精神は自らの道を歩み内なる前進に満足すべきであって、それが人類の具体的生に反映することなど全く期待しなくてもよいことになる。ゆえにオプティミズムとペシミズムはまとめて斥けられるであろう。両者の対立は、苦痛や他の災悪に対する個人の感性の反応の違いによるものでしかないとみなされるのである。だが、私たちが自らの不正な行為とそこから生じる他者たちへの災悪との関係を個人的に経験すると、事情は全く違ってくる。その場合、こうした災悪が外見上は偶然的で、それを罪や不正と断定させる規範がなく、ある意味では規定できないものだとしても、人間のさまざまな決断が屈折して自然的、心理的、社会的な決定論へと組み入れられてできたものとみなされるようになる。この見地からは、私たちが正当化できないものと呼ぶこうした災悪に無関心なままで自己の正当化〔義認〕を求めるのがどれほど思い上がったことかがよりよく理解できるだろう。正当化できないものという名称自体、この問題をめぐる思考の揺れを証示している。私たちの思考は、そうした災悪は善悪の判断が依拠する規範を逃れるのでその存在根拠を求めても仕方がないと考えるかと思うと、そこに法則の自然本性からは説明できない逸脱の表れを見てとり不安になる。それゆえ、意識は自らに立ち戻り、自らの過ちの根にある悪を排去することによってのみ正当化〔義認〕を得ようとするかと思えば、他者が為したり被ったりした悪の考察へと向かう。そうして、正当化〔義認〕への接近を許されるのは、本性の堕落によって過度に圧迫されたり、自らの過去によって鎮めえない苦しみに運命づけられたりせず、他の人間への信頼を全面的には失っていない者たちだけだということを、意識は決して忘れようとはしない。自我が再生への途上にあると信じている時にこそ表に現れてくる感情がある。それは単に、憧憬、すなわち所与の自然本性へのとらわれから全く解放された原因性を行使しているると確信させるような存在への欲望に対して、それとは本質的に一致しない自己を所持しているというだけの感情ではない。さらに明確に、一性の始原に一致しない正当化〔義認〕は根底的に不完全なものだという感情である。この始原の真理性は、意識の相互促進によってのみ検証されうるのである。

〔自由と自然の二律背反の彼方へ〕

たしかに、善悪をめぐる私たちの思考の中核では、あるべきものとあってはならないものの対立は、自由と道徳法則に即した形で見出される。そのため、悪やあるべきでないものという観念には、道徳的に善である行為、あるいは善であろうとする行為への対立関係から来ると思われる性格がつねにいくらか含まれている。他方、自然と自由の二律背反を哲学的思考の中心に据えるやいなや、悪を非存在、より少ない存在ないしは存在の度合とみなしたり、存在の所有へと前進する一契機とみなしたりするテーゼは、ただちに困難または不可能になる。自由が当為に背くことで生じさせる事態は、存在への参与を何らかの形で含む存在の欠如とは何の共通点もない。悪がなお欠如とみなされるのは、存在に内在する憧憬や存在の生成が人間の意識に反映したものとして当為をとらえるからである。自由は選択肢を生じさせ、諾と否の間の妥協を排除する。それによって、悪に自由の働き以外の存在根拠を求める試みは全て斥けられる。だが、はたして悪は、意志されるものや意志されたものの外には存在しないのだろうか。悪と呼ばれうるものは、全て主体性の働きに訴えることで境界づけることができ、残りは全て自然本性とその法則に帰属させればよいのか。永遠なる秩序の現存と和解できるような悪の存在根拠をあらためて探究してみても、答えは得られないだろう。むしろ、自由と自然の二律背反を最高度にまで高め、純粋精神性に属するものと世界に属するものの対立が当為と道徳性の見地においてとる形の一つとして、この二律背反をもとらえるべきだろう。自然本性の観念を介して、その手前において、規範によって種別化される全ての抵抗の根に触れられたのと同様に、純粋主体とそれと一体である自由を認知することによって、主体と自由の彼方へと歩を進めるのである。人間精神よりも高いところから来るが、人間精神を通してのみ捉えられ、認識されるような要求がある。(53) 規範とは、そうした要求を満たすために人間精神が踏みこむさまざまな方向性を示すものなのである。

〔悪を「存在忘却」に還元できるか〕

なるほど、主体を主体としか考えない「人間的な、あまりにも人間的な」自由の観念を乗り越えることは、存在観念を深化させることによっても可能である。つまり、実在認識に準じて思い描かれた形而上学的認識がとらえようとしてきた存在と、存在者全体の認識と統覚の根拠となりつつもそれ自身は決して存在者には属さないような存在とを根底的に区別する方向に進むのである。だが、そうすると、悪は存在忘却、すなわち存在者の存在に対する優位へと集約されるように思われる(54)。そして、存在が普遍的でありつつ私たちのごく近くに現存しているという感情を再発見して存在へと立ち戻ることが、絶対的な正当化〔義認〕の代わりをすることになる。はたして事はそれほど簡単であろうか。たしかに、存在の現存の確実性に含まれているオプティミズムは、人間とその力能の神格化に基づくオプティミズムの対極にあるものである。また、存在自体が光であり、この光がまずは人間の真なる在りようを照らすのだといっても、それが光であるのは、あくまで闇を追い払うべきものである限りにおいてである。だが、一体悪はどこにあるのだろうか。もっぱら存在によって実存している人間が、自らを絶対的な実存者として立てることで存在に拒絶を突きつけること、それが悪なのだろうか。こうした反抗が幻想であるのは、存在理解によって暴露されることである。人間がまどろみの中で自足し、存在の呼び声を全く聞かないこと、それが悪なのだろうか。人間をたえず他の実存者たちの水準へと落下させる重みのようなもの、それが悪なのだろうか。ここでは、存在の人間への内在の欠如がより感動的で内面的に描かれているとはいえ、やはり悪はある種の欠如によって規定されている。その場合、もはや無限と有限の間の深淵を埋めるという話ではなくなるのだから、たしかに正当化〔義認〕はより簡単になるように見える。だが、あまりにも簡単すぎはしないだろうか。存在忘却が堕落の等価物とみなされるならば、改心とは根源的な真理の取り戻しだということになり、それを妨げるものは何もないことになる。忘却を引き起こす注意散漫は、二人の実存者の断絶とは全く異なるものである。二人の実存者の場合、どちらかが寛大だというだけでは両者の関係を緊密に結び直すことはできない。存在と私たちの間には修復不可能なものは何もないのであって、罪とは私たちから存在を隠すような盲目化とは別物でありうることが見てとれないのである。だが、私たちを盲目にするのは私たち自身なのか、それとも存在の方が自らを露わにしたり隠したりするのであって、そのため容易に外観に屈してしまう私たちは、存在がある所に存在を見出せず、存在がない所に存在を探さずにはいられなくなるのか、そのどちらなのかを述べるべきではないか。存在とは認識不可能なものであるどころか、最も思考に内密なものであるならば、思考が存在ではないものに誘惑されてしまうことをどう考えればよいのか。その場合、悪は存在への注意の欠如だと考えられるのだろうが、存在が自らを開示し肯定するために選んだこの絶対に特別な実存者〔人間〕の内に、そのような欠如がいかにして容認されるというのか。自由が存在から人間への贈与であるなら、いかにして自由は自らの全力能の源泉となるものに背を向けるのか。存在を自律した理性と取り換え、存在者の総体と存在を混同することによって、理念と自然本性との対立が生まれ、当為が思索される。だが、理性の役目が縮小されて、計算しうる自然に対する私たちの権能の保証というはるかに控え目なものと化すならば、そうした思索になおどんな意味があるというのか。通常そして伝統的に悪に認められている重大さは、存在のみに帰される地位の主体性による横領を表しているのだと結論すべきであろうか。とりわけそれは、主体の観念そのものを絶対者の地位にまで高めることを恐れない人間中心主義の顕われだというのか。

だが、深い過ちと真の苦しみにおいて感じとられる悪を、それほど簡単に処理してしまえるものだろうか。そもそも存在の本質の内に、純粋なものと悪意あるものとの対立に似た根本的両義性のようなものが含まれており、人間の行為の邪悪さは存在の遠く派生的な一様態でしかない、としてしまってよいのか。

〔無力の経験の裏側で悪への〈否〉が始動する〕

たしかに、存在を非実在化しようと努める哲学ならば、最高存在者の理念に含まれる現動態としての完全性に悪を対決させる必要はない。だが、あってはならないものという理念をその厳密な理解とともに保持しようとするならば、自由は罪の責めを負うことができなければならず、自由の有罪性を存在忘却へと還元してしまってはならない。だがその一方で、為すべきことと為してはならないことが厳密には自由によって、また自由に対して初めて意味をもつのだとしても、悪のさまざまな次元を狭い意味の「道徳的悪」へと縮減してしまわないようにすべきである。道徳的悪ならば、意志を立て直すことによって除去できないまでも徐々に減らしてはいけるし、またそうしなければならないものだと考えられる。そうした形の悪は、もっとも自明なものであるがゆえに悪の他の諸側面を覆い隠してしまう。あるいは、それらの側面は全く別の次元に属するものだと信じこませ、まるで悪は何の共通性もないさまざまな種類に分割されるかのように思わせてしまう。だが、悪の諸側面の共通性は、私たちがそれらをあってはならないものとして認めるやいなやそこに到来する性格にこそあるのではないか。この共通する性格を、弱化し責務に違反してしまう自由の働きだけに結びつけてはならない。悪とは可能事の産出と動機の質を介して感知される精神的原因性の不純さであり、あらゆる様態の断絶と敵対を介して感知される意識どうしの孤立である。私たちがこれら全ての悪をあってはならないものだと認定するのは、従わなかった定言命法を参照してのことではない。それらは、自由に対して厳密に規定された当為の否定というよりも、むしろ人間に関わる根本的な矛盾がとる規定、すなわち全面的に精神的であるためにそれ自身に対して透明な作用の理念と、世界と不幸が見せるさまざまな姿と同じ数だけある諸々の抵抗との間の矛盾がとる規定である。善悪の対立というのは、この矛盾のもっとも目立つ姿のひとつではあるが、必ずしももっとも重要なものではない。一つひとつの規定は、精神的な絶対という形式が個別の意識においてどのような強度で自らを把握するかに応じて決まってくる。すなわち、人間的経験の偶然的な境遇のただ中で、精神的な絶対という形式が個別の意識を捉えるその瞬間に、この意識がなしうる当為の水準と質とが定まるのである。意志された悪、被った悪、感じられた悪、参与した悪、いずれの場合でも、悪には必ず私たちの存在の開花が妨げられているという感情が含まれている。悪が意志の働きから生じ、意志の逆倒と一致するように見える場合でも、この妨害は意志よりも遠い所から発している。だが、その裏側では、そこから自らを解放しようとする努力が不透明ながらもつねに働いている。個人が何らかの熱狂にとらえられて自らの存在を妨げる営みへと入り込んでいるように見える時も、その点には変わりはない。自己の素質が苦痛の中に埋没してしまうような場合でも、自らを開放しようとする努力はもっとも原始的で密やかな形をとって働いているのだが、そこには無力の経験と同時に、ひとつの否、ひとつの拒絶が見分けられる。それゆえ、もっとも荒削りな形での悪の感情、あってはならないものの感情は、特定の当為の観念に先行している。それればかりか、当為とその対立項に明確な姿を与えられないままに、この感情が深化され確証されることも多い。たとえば、人々や民族どうしの関係において容赦ならないという感情が生じてきているのに、厳密にはどんな当為に反しているのか誰にも言えないという状況がある。当為はたえずやり直されることで規定されるが、悪の感情はまずは有無をいわさず迫ってくるものであり、それによってどんな当為が挫かれたのかを想像するのは大体において馬鹿げたことである。たしかに、悪の輪郭が道徳性の命法によって定められることを嘆いても仕方があるまい。だが、道徳性の命法に従いさえすれば悪を除去できると信じるのが少々単純素朴であるのは確かである。むしろ、まずは人間の経験の全側面を包むより広い悪の経験があって、その中から意志のみに導かれているように見える悪が規定され、それとともに狭義の道徳的悪を妨げ防ぐための命令が生じてくる、と考えるべきである。だが、悪の経験は、命法のような形で厳密に規定された当為と対置されるのをやめない限り、深化され精錬されることはありえない。人間の意識が構成されるのは悪への反応の質によってである。そして、意識は自らを構成していくにつれて、あってはならないことを語るために最初に参照されるのは、現に働く善でも特定の当為でもないことに気づいていく。悪の深さに対して意識が突きつけるのは、考えられる全ての形の当為を超えたひとつの態度である。もっぱらこの両者の中間において、行為や友愛の勇気を挫くところまではいかない悪の諸側面が描出され、確定されるのである。

〔悪の反省的深化の方法とそれを阻むもの〕

こうした態度の確実性が内属している肯定作用は、その作用の内で自らを肯定する精神的働きから全ての権威を得てくるものである。私たちがこの作用を肯定することをやめれば、あるいはむしろ、この作用が私たちを介して自らを肯定することをやめれば、悪とそのさまざまな形態についての私たちの判断の拠り所は何もなくなってしまう。それゆえ、世界の存在と構造はその秩序や善性を保証する始原〔原理〕から始まったのに、なぜ世界の内に悪が存在し、いかにして悪は可能になるのか、といった問いに対しては、悪を否定する、悪に幸いなる目的性を認める、悪を存在の欠如とみなすといったものから、苦の繰り返しを開始し贖いを求める堕落の観念まで、これまでさまざまな答えが出されてきたが、そもそもそうした問いを発することを断念しなければならない。これとは別の方法がある。それは、悪の範囲を広げその全ての襞を表に出すような判断を通して、感得され、被られ、意志される全ての悪を、歴史と人間の経験に即して確かめてみようというものである。いわゆるペシミストの教説のように、こうした判断の基礎に人間と自然をめぐるある種の存在論を据えるならば、存在の哲学の根本与件からは悪を理解できないという理由から、悪を否定しないまでも神秘と化してしまうような教説への反発でしかなくなってしまう。だが、苦痛や不正へのささやかな防御反応から、私たちの内の私たちによる悪の認知、さらには私たちの外にあるが私たちが参与している悪の認知に至るまで、ただひとつの同じ運動が自己意識の発見および深化と合致しつつ働いているのだとすれば、事情は異なってくる。つまり、精神的働きの否定としての悪を自らに対置させることで自己意識は深化するのであって、それによって意識は対自化し、自らに対立するものの裁き手となるのである。意識の歴史を通して、精神的な注意がさまざまな形で働いている。この注意があるからこそ、当初は運命や自然本性、個々人の乗り越えられない分離、存在の構造に属していると思われた事柄も、われわれの判断に服するのである。悪とは、本質的な悪とは、この精神的注意が弱まることである。というのも、この判断は、あってはならないことを宣告することによって、私たちに自らの内と外にある悪の深さを測らせ、正当化〔義認〕の可能性を簡単に信じすぎないようにさせるからである。

もはや、悪を見かけ上ないしは現実の秩序の乱れのようなものとみなし、それをより深い秩序――権利上であれ事実上であれ――と融和させることが課題となるのではない。そうではなく、悪を悪として判定するための可能性の条件を規定しなければならない。この可能性の条件は、もっぱら反省によって、実際に悪の意識を構成する諸作用から見分けられるものである。この点に無自覚であり、無知である場合には、悪とみなされるものが秩序や善の問いへの既存の答えを参照して解釈されがちになる。そうした答えと関連づけられることによって、悪は問題と化してしまうのである。これは思弁哲学の中だけで推し進められることだと考えてはなるまい。意識はおのずからそうした方向へと傾きがちなのであって、不正を被り、それを悪だと感じると、意識は超越的な正義に訴え、この正義との間で対話や反駁、訴訟を開始するのである。こうした異議申し立ての内にそれを可能ならしめているものを見分けるには、困難で骨の折れる振り返りの営みが必要になる。そうして識別されるのが自己意識の到来であり、これなしにはそもそも不正が不正として体験されることすらなかったであろう。悪の思弁的な解釈が、悪を重くするにせよ軽くするにせよ、あるいは悪から実在性を取り除くにせよ、すでに構成された原理に依拠しているのに対して、悪と同時的であるのみならず、悪の生成と質に区別できない仕方で含まれている経験は、私たちが悪を悪として、すなわちあってはならないがあり続けるものとしてみなす根拠を産み出しかつ保証するものである。意識によって最終的に識別されるもの、それは悪の反省的経験を可能にする精神的な働きである。

〈現動する存在の内に究極的な根拠をもたない〈否〉〉

しかし、実際には、〈あってはならない〉よりも〈あるべし〔当為（devoir-être）〕〉に優先権が与えられ、そこに道徳的な善と悪の種別化された相関関係が結びつくことが多い。それによって、個々の行為、個々の実在様態、および実在それ自体が法に適っていないと判断される際に、何が〈あってはならない〉ものなのかを決定する根本の問いは隠蔽されつづける。〈あるべし〔当為〕〉に包み隠されているのは、存在するもの、あるいは何らかの遅れや二元性があったり非存在が混ざったりしているためにまだ存在していないが、存在するよう呼び求められているものである。それに対して、〈あってはならない〉という形で働く判断は、ある種の出来事が起こる可能性を排除し、それに非存在という性格を刻みつけるだけでない。それは、正当化できないと告げられる事実や状況に対して、あるいは有機体においてすでに始まってしまっている営みに対して反旗を翻すものである。あたかもこの判断には、開始された過程を中断・解体し、実体ある実在に養われた可能性を無と化す能力が伴うかのようである。ところで、存在がそれを思考する諸意識の内で永遠に自らを是認し、それゆえ悪を滑り込ませるような裂け目は全て徹底的に排除するのだとすれば、主体性が自らに認める法外な能力、すなわち存在の表現のあるものに〈否〉という判断を当てる能力を剝奪せねばならなくなる。したがって、わたしたちが〈あってはならない〉と口にする時に用いる判断の形は、現動する存在に究極的な根拠をもつものではない。存在の特性は、ただ存在するものの全体ではないというだけではなく、自閉し、他者と対立し合い、自らの内的感情を狭めるような仕方で自己を愛し自己の本質へと執着するような実存形態に同意しないという拒絶を通して、主体性の内で自らを認識することにある。そうだとすれば、全く事情は異なってくる。すなわち、主体性とはこのように解された存在に類したもの、あるいはそれと同じものであって、だからこそあってはならないことについて語る権利を有するのである。だが、意識の到来によって、私たち一人ひとりの中で自らを肯定する純粋自我を指示するために、無や否定を頼みとする必要はなくなる。私たちの内には鎮められ解かれることを永遠に待機している緊張が現動しているのだということ、このことに気づくたびに、純粋自我はその識別作用の内で自らを肯定するのである。

〔正当化〔義認〕への接近のたえざる途上性〕

それゆえ、悪の本性は私たちに悪を認定させる根拠の内に含まれているというのが真実である。苦しみに抗して自らを立て直す時、正当化できない決断に抗議をする時、ある種の社会的関係を容認できないと述べ、他者を否定したいという誘惑から自分を取り戻す時、意識はその内なる働きによって、反省的に自己を所有し始める。だが、私たちに悪を悪として認めさせる根拠がこうした内的働きの意義の開花を妨げるとしたら、悪はどうなるだろうか。その場合、悪とは諸々の原理〔始原〕に基づいて物質的存在や精神的存在の内に何らかの欠陥を見分けるという比較の問題でしかなくなってしまう。私たちは、悪を対象化して、あたかも悪がそれを存在させ判断させる作用から独立して捉えられる所与であるかのように考えてしまいがちだが、そうした場合に私たちがつねに屈してしまう性向こそが、根元悪の在り処なのではなかろうか。さて、〔悪をめぐる〕判断に含まれる根拠は、あってはならないと意識が告げるどの次元でも、際限なく深められるものである。それゆえ、意識が働き反省的に二重化することによって、それと相関して悪の新たな形態、新たな側面が意識の領野に現れてくる。苦痛や隷属への自然な防御反応と見分けがつかない反抗と、理性的な正義観念による拒絶とは大きく隔たっている。裏切られて心中深く苦しむことと、一なるものの理念に基づいて意識間の分離を経験することとは大きく隔たっている。自分がしてしまった行為に驚いた意識の一瞬のたじろぎと、動機や意志の不純さを丹念に吟味する後悔とは大きく隔たっている。次のように考えることが許されよう。つまり、悪が反省される一方で、惰性化した意識を揺さぶる情動や観念が生まれ出てくると、苦しみや無関心、冷酷さが真の名を得るにいたるのだが、こうした過程は人間の通常の経験に先立っており、最初は意識が気づかないままにさまざまな形の悪が生みだされるのだ、ということである。『道徳と宗教の二源泉』の著者〔ベルクソン〕は「経験的オプティミズム」について語り、それを動かす力は個々人を超えて横切っていく生の躍動から来るのだという(55)。だが、各人が自らの行動を評価し、あえて歴史の善悪を判断し、自らの悪しき経験を深化させて、悪がなくならない理由を見てとる際にどんな情念や観念に基づいているのかをより精密に注目すれば、そうしたオプティミズムは覆されるおそれがある。なぜなら、こうして悪がしつこく残る理由を見てとることによって、私たちはより微妙で隠れた悪を見出すからである。それは、純粋自我と私たち一人ひとりの実存者との間のたえず深まりゆく矛盾である。とはいえ、この矛盾の意識は直接に目指し獲得できるものではなく、さまざまな経験を通して初めて正当に感得されるものである。ここで媒介となる経験とは、そんなことがあってはならないという感情と考えによって方向づけられ、苦痛や不正を遠ざけ誘惑に抵抗するための反抗や努力に結びついた経験である。したがって、個別の自我は正当化〔義認〕への接近においてつねに途上にある。すなわち、自我は自らを個人的な命運を超えた悪に参与させる連帯性を断ちきることもできなければ、自らの行為がひそかな自己満足を免れていると確信することもできず、また自らが悔悛したからといって負債が帳消しになると信じることもできない。自我は自らの存在の根本で起こる働きや選択についての知的直観をもたないのである。

〔反省の目覚めに対する現実の正当化〔義認〕の必然的な遅れ〕

このような見方をとる場合、悪の範囲が過度に拡張されてしまわないだろうか。より正確にいえば、悪を純粋自我と個別の自我との間で緩和されてはまた再生してくる差異と混同してはいるのではないか。たしかに、時には悪が満たされない乗り越えの欲望から区別し難いことがあるのは否定できない。〈あってはならないこと〉という理念を参照すべきであろう。だが、分離の刃は思弁的な思考に逆らうものである。思弁的な思考は厳密な意味での悪を弁証法的否定性の性急さと置きかえてしまう。この否定性からはたえず対立やドラマが生じてくるとしても、最後には全てのドラマは絶対的な思考の自己同意の中で解消される定めにある。弁証法を伴おうが伴うまいが、否定と否定性が存在の内に根をもつ場合や、諸と否が根源的なものではなく、存在を舞台とする葛藤が意識の内に反響したものでしかない場合は、主体性の権威は全く失われてしまう。そうして悪は、諸々の対立が止揚され鎮められることによって、存在が自ら自身に対して透明になるために必要な遅れの契機ということになる。しかしまた、否定が主体の働きから生じ、この働きが全ての所与、全ての存在者に対して超越していることだけを示すような場合も、〈あってはならないこと〉へと移行できるかどうかはやはり疑わしくなる。これは、自らを自己自身へと折り畳み、自らが否定するものを自らの作用へと従属させ、さらには無際限の反省可能性において自ら自身をも対象として捉えうることを確信している意識の否定作用であり、拒絶を内に含む否定作用とは全く別物である。拒絶というのは、全くの選択意思によるものでありながらも何かに支えられ、その支えに基づく決断を表すのでなければ存在しないからである。だが、どのような支えであるのか。それは、あってはならないことを過小にすることを禁じるような支えであり、悪を仮象や欠如へと、あるいは存在に滞留していることとの忘却、すなわち全てが光と化す迎接の地から私たちが追放されたり自ら逃亡したりすることによる忘却へと還元させないような支えである。つまり、もっぱら私たちを覚醒へと呼び起こすものであり、正当化できないもの、分離、不正、罪に対する私たちの拒絶の根底に見出されるような支えにほかならない。それは、こうした全ての拒絶に内在し、個人の意識を超えつつ個人の意識に責務を負わせる精神的働きである。しかし、悪とはそうした拒絶自体を拒絶することなのではないか。それこそが罪なのではないか。たしかにそうである。だが、このような内的対立の感情、個別的自我と純粋自我との対立の感情がなかったら、罪の意識も目覚めないのではなかろうか。そして、罪の意識が目覚めない場合、私たちはなお人間の次元にいるといえるだろうか[56]。

たしかに、私たちの外にある悪を否認し拒絶する働きと、私たちの内なる悪を告白し斥ける働きとは、その基礎にあるものについては同じである。だが、私たちはそうした否認や拒絶によっても解放されず、自ら悪と認め悪と宣告することを行ってしまう。そのようなことがいかにして起こりうるのか。それは、私たちは判断と告白においては自由でも、実質的かつ現実的には自由ではないということではないのか。私たちは真に正当化〔義認〕されるためには何が必要かをきちんと理解しているだろうか。それは、実際に自らの存在を脱ぎ捨てること以外の何ものでもない。私たちは、そうした脱ぎ捨てが可能であり、歴史上にはそれを証言する打ち消し難い事例があるという考えを手放すべきではない。しかし、ここで私たちはなお人間的経験の水準にいるのだろうか。むしろ人間的な経験において現れるのは、それが深化することで自我に正当化〔義認〕の開始と約束をもたらす反省の働きと、自我を自己へと固執させつづける働きとの対立の絶えざる更新ではないのか。自己の脱ぎ捨てを挙行する、というよりもこの脱ぎ捨てと一体化するような改心〔転回〕へと近づくには、自然的な自我は労苦に満ちた行為を繰り返していくしかない。こうして得られる確証は暫定的で不安定なものにすぎないが、自我自身の存在の再生へと直接向かうのではなく、自由の行使によって生じた悪の中の正当化できなさを和らげることにつながるならば、その分確実性を増してくる。このように精神の反省に対して現実の正当化〔義認〕が遅れをとるというのは、これまでの分析でも節目ごとにみられた事態である。この遅れを見誤ると、個々の自我には自らの実際の前進が見えなくなり、そこからあらゆる千年王国運動が生じてくる。この遅れが指し示すのは、全く思弁的な弁証法が成功するための道具と化すことでその非実在性が確かめられるような障害ではない。それが示しているのは、純粋意識に住まう絶対的なものの形式と、どれほどささやかな思考でもこちら側で自らを認識し、検証し、保持していくために従わねばならない条件との間にある還元不可能な矛盾である。これはあらゆる次元で自明の真理となっているが、他のどこよりもそれを認めることが重要な次元、すなわち自我の自ら自身への関係、他者たちへの関係、自らの存在の至高の法則への関係といった次元ではそうなっていない。魂がどれほど高く上昇しようとも、それが断続的に繰り返される努力によるものでしかなければ[57]、反省が見出す結論は同じである。私たちは悪を理解することはないが、自由が自分自身の利益だけを求め、意識が実際に正当化〔義認〕されるために不可欠な条件に背を向けるたびに悪が可能になることは理解しているのである。

〔絶対的に正当化できないものはあるか。他の意識が存在することの意味〕

とはいえ、正当化〔義認〕へと接近する道は、多くの人にとっては閉ざされたままである。粗野でありすぎる意識には反省が目覚めることはなく、悪の起源を見通せない意識はあらゆる悪をなかったことにする。こうして私たちは、またもや正当化できないものへと逆戻りすることになる。規範によって測られる正当化できないものがあることは疑いない。その範囲は規範が前進を遂げるたびに拡大する。制度や社会的関係の内で、規範を介して規範の要求に応じない全てのものが浮かび上がるときこそ、規範はこの上なく繊細なものになる。だが、絶対的な意味において正当化できないものはあるのだろうか。全ての問いはこの問いに集約されるのであり、この問いに答えなければ何も言ったことにはならない。

しかし、この問いに答えるには、やはり思弁的なカテゴリーを斥けることが重要である。思弁的なカテゴリーの下では、正当化できないものは、悟性であれ理性であれ、説明し摂取する思考の能力にとっての残滓や限界とみなされるか、もしくはより上位の目的性への手段へと転じられるような目的性の欠如とみなされるかのいずれかである。ゆえに、思弁的なカテゴリーによっては右の問いに接近することはできない。正当化できないものとは、変わらぬ一貫性をもつ全体とどう折り合わせるかが問われるような不透明な所与とは何の共通点もない。ある意識に対してその意識自身の働きや他人の働きがもたらす影響には、実在の解釈において思考の構成能力がもつ限界と比較できる点は全くないのである。

意識は、ある可能事の源となり、それを選択することの存在根拠になるという形で、自由によって取返しのつかない事柄を作り出す。また、その可能事を通して自らの深い存在を裏切ることで、あるいはただ一つの掟を裏切っただけで、意識は自分自身に敵対する。だがそういったことは、行為をその内容から、道徳法則との連関で評価している限りは、まだ絶対的な意味で正当化できない事柄ではない。その行為が把握不可能なものだということを付け加えても、それを生み出した究明不可能な内面性においては自由なのだということ以外は、何も言っていないに等しい。だが、行為する意識が取返しのつかないことをしてしまう時に、この意識の内的働きにおける数々のためらいや転変の反響を受けとる他の意識が全く存在しないならば、この取返しのつかないものは、絶対的な意味で正当化できないものとなってしまう。そうなると、自我は何をしようとも、泣き叫んで罪を打ち明けても、自らの苦しみの中に閉じこめられてしまうからである。これは、いかなる正義の関係、いかなる償いをもってしても超えられない、永遠の処罰であり分裂である。ある人が不正を受け、罪なき人が何も言わず何も知らないうちに、あるいは皆の暗黙の加担によって有罪となる。ある人が裏切りによって困窮に追いこまれ、またある人が自己の内的可能性の開花のために必要な条件を奪われる。こういった災悪は、その重荷を我が身に引き受ける他の意識の働きによって埋め合わせられなければ、その相対性を失い、絶対的な意味で正当化できないものになってしまう。他の意識が災悪の重荷を引き受けるというのは、悪人であれ不幸な人であれ、あたかもそうすれば彼らが正当化〔義認〕されうるかのように、災悪を個別的な自我には意味を把握できない全体の経験や宇宙の歴史へと組み入れることによってではない。そうではなく、悪人を再生の希望へと、不幸な者を償いの経験へと開くような精神的な平衡を可能なかぎり立て直すことによってである。だが、個々の意識がたがいに対して絶対的な意識の役割を果たし、それぞれ自由に働くことによってのみ、悪の深化が生じると同時に正当化〔義認〕の最終的な条件が露わにされる。実際、悪によって断ち切られた意識どうしの相互性が再び可能になるのは、精神的世界の失われた可能性を立て直すために代償なしに同意された苦しみによってのみである。これは、上の者から下の者への寛大さという含みをもつ赦しとは違い、不幸な者や悪人の側から実際に開かれた信頼である。このような信頼がつねに必ず開かれているわけではないことは否定できないが、そのようなことがありうるというのは、私たちの内で純粋自我が肯定する通りである。だが、純粋自我が保証する一性は、世界の内でたえず取り集めて検証され、世界のあちこちでたえず作り直されるべきものである。つまり、この世界は、贖いを思考可能にするために不可欠な主要条件が欠けてしまえば、絶対的な意味で正当化できないものが存在することが避けられないようなあり方をしている。贖いを思考可能にする条件とは、悪人や不幸な者の意識の内に自分自身の姿を認め、この自由で全面的な承認によって、悪人や不幸な者の再生を可能にするような意識が実際に現存するということである。この承認の営みは、うぬぼれや思い上がりによる〔自他の〕相違だけでなく、道徳性への努力の度合が異なることによる相違をも無化してしまう。どちらの相違も、個々の自我がそのただ中で（それに抵抗しながら）自らの自由を展開してきた内的状況、幸運や不運、宿命のもつ根元的な偶然性と結びついたものだという点では変わりはない。それらは精神的な大望を尺度にすれば無に帰するような相違であって、自由というのもこの大望の道具にすぎない。自我がそうした相違を放棄し、それらに内的判断を施すことによって、他人へと、不幸な者や悪人へと向かう動きが始まり、自他の交流の可能性が立て直される。だが、さらに他人の方がそれに同意し、自己の意識の方もぐっと高まるのでなければならない。はたして以上の条件が自己と他者の双方で揃うかどうか、あるいは特定の困窮を救わねばならないような時にちょうどよいタイミングで揃うかどうか、その点には不安があって当然である。精神の一性は純粋な反省的内面性の内にあるものであり、実際の正当化〔義認〕においては、諸々の意識の還元不可能な分散が、自由の弱体化と災悪の理由なき配分によってさらに深刻化した形でこれに対立する。私たちの内で私たちを通して生起する一性の肯定は、悪の深さを見えなくさせるどころか、私たちに覚醒を命じ、正当化できないものの忘却から私たちを護るものである。他の意識に対して救いの神の役割を受け入れるような特定の意識が存在しないからこそ、尊厳もなく打ち捨てられている状態に絶望する自我の感情があらためて絶対的な意味を帯びてくる。自我は自らの堕落の裁き手となり、自らと和解する可能性をきっぱりと斥けるのである。自我にこうした決定を下す権利を認めず、存在の一性が断ち切られたとか、意識がその全力能の源となる存在から現実に分離されたとかいうのはありえない話だと言い張るのだろうか。自我が自分自身に下す判決を、自我の有限性やその視野の狭さのせいにするのだろうか。しかし、純粋意識はあくまで自我の裁き手であり、純粋意識からはそうした断罪以外には何も期待できない。不幸な者の場合でも、また悪人の場合でも、宥めの源泉、正当化〔義認〕の約束⑸となる他の意識の無償の働きがしかるべき時に到来しなければ、悪は倍加されることになる。意志における悪のみならず、人間が人間に加えるさまざまな災悪における悪でも事情は同じである。

〔反論――意識間の交わりにはやはり絶対的な意識の支えが必要ではないのか〕

しかし、呼びかけに応えてくれることを期待していた特定の意識が存在しなかったというだけでは、正当化できないものに関する断定を十分に権威づけたことにはならないと主張する者もいるのではないか。事実、そうした任務を特定の意識に負わせるとしても、その意識もまた弱体化し無力になりうることを認めないわけにはいかないとすれば、この任務を果たすことができ、また実際に果たすのは、絶対的な意識だけなのではないか。他方で、悪人や不幸な者の欲望について、それが過度の苦しみや赦されない後悔、満たされない願望の反映にすぎないものではなく、その価値を認めなければ正当化〔義認〕の問題が全て無意味になるような要求に対応しているというのは、本当に確かなのだろうか。

最後の論点については、悪人が欲望するのは他の意識が道徳的生の規範に従って下す判断〔裁き〕から逃れることではないことを思い起こすべきである。自我がまず自己自身を裁き、その後で規範による裁きを受け入れるのでないならば、再生し自らと和解したいという自我の欲望は根本的に疑わしいままであろう。規範の権威を認め受け入れることによって保持した後で、規範による裁きを超えて自我の内に現れてくるのが、自らのしたことや成った姿を自分自身と同一視されたくないという欲望である。まるで、自我の真理と存在の源である始原〔原理〕に対する自我自身の関係は、自我を断罪する規範に関係することで消耗し、除去されてしまうとでもいうかのようである。こうして、必ずしも自らの自身の根拠を知っているのではない欲望が説明されることになる。

さて、自我がそうした欲望の内にあることが確証されうるとすれば、それは、自分も自らの存在の始原〔原理〕に対して不幸な者や悪人の場合と同じ関わり方をしていることを知っている、すなわち種々の苦しみも悪人が屈した誘惑も自分とは無縁ではないことを知っている他の自我を介してのみではなかろうか。最初は〔道徳〕法則による裁き手であったのが、内的働きによってそのような自己を投げ捨てて自ら断罪した相手の内に自己自身の姿を認めうるような他の意識が現存するということ、これほど偶然的な事柄が他にありうるだろうか。正当化できないものは、まさにこの〔他の意識の現存の〕偶然性と〔自我の正当化の〕不確定性が交差するところに位置しているのである。

しかし、個別の自我の現存のように暫定的、断続的で脅威にさらされるのではなく、「僕は誰々よりもずっと君の友達だ」と言う友の現存のように恒常的で確実、具体的でありつつも、個々の意識と彼らが共有する始原〔原理〕を媒介するような現存があったとしたらどうだろうか。その場合、右の結論は根底から覆されるのではないか。たしかにその通りである。

だが、一人ひとりの意識において実質も本質も同じ欲望が、決して途切れない対話のような確実性をもつかと思えば、どこまでも応答がないようにみえる呼びかけの源になるというのは、はたしてありうることだろうか。この欲望に一致しうる交わりに含まれる関係の形式がまずは具体的で絶対的な交わりによって私たちに露わにされ、個々の意識の関係はそこから真理性と有効性を得るのでないとしたら、私たちはそうした交わりを理解することも思い描くこともできないのではないか。人間的な経験の順序では個々の意識の方がそうした交わりに先行するとしても、それらの意識は絶対的な関係の保証に与ることによって意味を得るのではないか。権利上は無限の観念が有限の観念の基礎になるのと同じことで、個別の意識どうしの偶然的な関係の可能性は、この絶対的な関係によって基礎づけられているのではないか。だとすれば、意識間の偶然的な関係は、それに真理と価値を付与する次元を奪われれば、つねに提示されているが拒否され、無視され、誤認される空虚な形の交わりでしかなくなるだろう。正当化〔義認〕の可能性の条件を探究しても、この条件と世界とが一致するという保証が得られなければ、探究は無価値になるというわけである。さらに付け加えねばならないのは、この見地をとれば、正当化〔義認〕という観念自体が意識の内に生じてこなくなるはずだということである。その場合は、この観念が意識の内に生じてくるのは、ただ顕在化させればよいだけの自我と始原〔原理〕との現働する関係を表現しているからでしかないことになる。個人にとって、この関係を認知し検証することがどれほど困難でも、もともとある関係を顕在化させるだけでよいという点は変わりがないのである。

〈絶対的なものの〈形式〉がいかなる検証をも超えた形で個別の意識に内在する〉

私たちはこうした疑問や反論に気づかないわけにはいかないだろう。私たちにとって、それらは次のことを思い起こす機会となる。すなわち、個別の意識どうしの関係には必ず絶対的な要求が含まれており、この要求によって、意識どうしの関係は、自然本性から引き離されることなくその性格と価値を根本的に変えるのだということである。人間が人間たるゆえん（humanitas）は、全ての生き物の内で、自分が自らの自然本性を確定できるような所与の存在ではないという確信に目覚める唯一の存在だという点にある。それは、人間を他の全ての存在者ができないことを行える高度な生き物としかみなさない考え方を拒絶し、人間を全ての尺度とする思い上がったヒューマニズムを拒絶することである。現実の自己意識が純粋意識に一致しえないのは、ひとえに絶対的なものの形式が人間の意識に内在しているからであり、正当化〔義認〕をめぐる不安はこの不一致から発してくるのである。だが、経験が乏しいから偽りだということにならないのは、経験の豊富さがその真実性を保証しないのと同じである。自我が他の自我から来るのを待っている救いが来ないこともありうるが、それでも自我の欲望とそれを満たす関係や交わりの絶対的な性格が損なわれることは決してない。たしかに、それぞれの自我によって、正当化〔義認〕の確実性や不確実性が提示される内的な様態は深く異なっている。また、この相違から生じるさまざまな対立に妨げられて、自分とは違った環境で思考し祈願しつつ生きる他の意識の内に自分と似た点を認められないこともある。それでもこうした関係の内には絶対的なものの形式が内在しており、だからこそ、救いの経験は多様な仕方で検証され、その一つひとつが固有の言葉で同一の真理を表現していることが理解できるのである。個別の意識どうしの関係は未完結で断続的なものとして経験され、不可能な成就への郷愁によって貫かれているが、それはこの関係が借り物の真理しかもたず、いつでも現勢化できる絶対的な交わりの代役にはなれないことを示しているのではない。むしろそれは、この関係のもつ真理が、個々の自我の歴史でも人類の歴史でももっぱらきわめて具体的で特異な仕方でしか実現されないにもかかわらず、それ自身としてはいかなる検証をも超えたものであることを証示しているのである。

〔絶対的なものの証人――二つの偶然性の出会いが歴史を転回させる〕

だが、ある時ある場所、ある状況において歴史が転回したのだということを認めてはいけないわけではない。そして、この転回がこれまで乗り越えられたことがなく、また乗り越えることのできないものであることを意識が認め、それを自らの正当化〔義認〕が関わる全ての関係の規則やモデルにするならば、歴史の一契機であるこの転回に絶対的な性格を備えさせることが禁じられているわけではない。歴史の内に絶対的なものを挿入した働きの偶然性には、それによって鼓舞されるイニシアチブの偶然性が呼応する。このような偶然性は、悟性を通してその条件を探究するにしても、また理性を通して永遠の計画を有限な精神に対して開陳する歴史の展開の合目的性を探究するにしても、同じように見誤られてしまう。歴史の所与自身がもつ実質や豊かさを取り除いて変容させ、それを概念に高めようとするならば、偶然性はますます無視される。それとは反対の態度をとれば、歴史の一契機としての事実の内にひとつの働きの表現が、この働きの内に絶対的なものの通過と息吹が見分けられるだろう。生成に意味を与える歴史的なものと絶対的なものとの内なる結合の統覚を表象や知性の副次的形態の次元に貶めさえしなければ、絶対的なものの形式をそれが人間的経験において受けとる諸表現から切り離さないような正当化〔義認〕の哲学には、このような立場をとることが許される。「キリストを概念の十字架の上で磔に」してはならない。〔原注〕(59) 私たちに許されているのは、私たち自身の存在と絶対的なものの証人たちの存在との差異を測ることである。それによって、またそれによってのみ、自己意識と純粋意識との不一致は個別の自我に対してその全ての意味を獲得し、自我の存在の最内奥での命法と一致するのである。

〔人類の道徳・宗教史における主体性の発見とその帰趨〕

まさにこの地点において、悪の問題系の核心部が見出される。個別の意識にとっては、悪の認識根拠になるのは構成された対立組であり、まずはそれが善悪の全体を内包するものとして意識に迫ってくる。だが、意識はこの対立組を作り出す上では何の役にも立たず、それらを選択し、同意し、違反する力能として自らを認識するだけである。対立組の起源にあるのが神の法か、人間の法か、社会的な規則かは大した問題ではない。悪の内容はそれらに対立するものによって規定され、この対立物を選ぶ自由意思に悪しき性格を伝える。善である〔道徳〕法則は自我の深い存在とは異質であり、この法則には個人とその性向から発する抵抗の表象が伴う。そこにはまるで法則に敵対する原理が存在しているかのようである。こうして魂の内に据えつけられた二元論に対応するのが、自らの選択によって自ら自身に打ち消しえない影響を与える自由意思という観念である。

とくに、この二元論が神の法の観念と結びつくときには、主体性の目覚めが促進される。つまり、神の法と自然の本能を対立させることによって、選択がきわめて重要だという感情を引き起こすのである。主体性の発見が人類の道徳・宗教史において、それまでの悪の見方に対して決定的な転回を印したことはよく知られている。悪はそれまで、叡知的なものから規則と範型を得ている魂のあらゆる次元に広がる他性としてイメージされていた。どんな救済論でも、魂が自らの始原〔原理〕と一つになるために踏破すべき階梯を規定しようと思えば、主体性に場所を与えないわけにはいかない。救済論が赦しや執り成しを求める罪という観念からどれほど遠ざかっても、存在の不動の永遠性に保証を見出すのであって

〔原注〕　その注釈者のひとりによれば、これはヘーゲルがしたことである。Haym, *Hegel*, p. 420.〔訳者注：Rudolf Haym, *Hegel und seine Zeit*, Berlin, 1857 のこと〕

も、その点に変わりはない。悪とはもはや単なる不完全性ではないのであり、感性的なものには二つの相貌をもつ。すなわち、それは叡知的なものを曇らせるものであるだけでなく、同時に道徳法則や神の法を妨害するものなのである。

とはいえ、自己意識の深化の道程に主体性が入ってくると、たちまち罪の感情は変貌し始める。罪とはもはや自我を源とはしない規則に違反することではなく、自我が自ら自身につける傷として感得されるものになる。このように悪の観念が変化すると、それに相関して悪を生み出す自由の観念も変動する。道徳法則が内面化されうるのは、ひとえにそれが私たちの存在にとってより内密なものの表現となるからであり、自由が対立物のいずれかを選択する能力でなくなるのは、ひとえにそれが私たちの意志作用の実質と一体化するからである。その場合、罪とは自我がそれ自身の真の存在に対して忠実でないことの証しとなるがゆえに、罪と自己自身への不相等の感情との間に境界線を引くことは自我にとってきわめて難しくなるだろう。

〔私たちの内にはいかなる幻滅や後悔にも抵抗する欲望が内在する〕

さて、私たちは反省が前進するごとに正当化〔義認〕が可能であることを確信するが、現実の生の経験は、私たちから正当化〔義認〕が現実に起こるはずだという確信を奪うものである。これは、純粋意識と個別意識の数的な同一性が、自我の自己自身との関係を全て純粋意識に内在させると同時に、その中で並べられる諸々の働きを質的に異ならせるようなあり方をしているからである。私たちの個々の決断がこの同一性をどれほどはっきりと否認しても、それは決してこの同一性の断絶にはならないし、また他方で、純粋意識が個別の意識に内在していることは、全体存在の内なる亀裂という問題では済まない積極的な否定が悪に含まれることの妨げにはならない。純粋意識が内在していることの最も確かなしるしは、私たちの内にはどんな幻滅や後悔にも抵抗する欲望が現存しているということである。それは、個別の自我を純粋意識と現実的に一致させることによって、自分自身の存在と等しくなりたいという欲望である。この欲望を補佐するものとなるとき、自由はその性格を変える。この欲望の上昇運動と一体化すればするほど、自由は相反する選択肢の間で引き裂かれる代わりに、自身を貫く跳躍と一体化する。仮に純粋意識と具体的自我の意識が一つになりうるとしたら、両者が合致する中で自由は廃棄されることだろう。自由の歴史とはこの欲望の歴史である。自由とは選択することであるならば、自由は悪の誘惑に比例するといわねばならなくなる。自由とは精神的な法則と一体になることだとすれば、私たちの欲望が開花するにつれて自由も増大するといわねばならない。

以上述べたことと対応するのが、意識間の分離における悪は、個別的な意識にのみ関わるように見える悪から抽象によって区別されているにすぎないということである。それが抽象的な区別でしかないというのは、一なるものが多数の意識に対してもつ関係は、純粋意識が個別の自我に対してもつ関係と同じだからである。つまり、いずれも始原〔原理〕は同一だが、始原を裏切る働きと始原に仕える働きとの間に違いがある、という関係なのである。一つひとつの意識全てに、同じように一性の法則が内在しているのであり、それを発見していくのが反省の深化ということなのである。

〔一と多の関係をどう考えてはならないか〕

存在者の多数性が根源的な断裂、つまり始原〔原理〕の分散ないしは散逸に基づけられる場合は、この原初の断絶に刻まれた悪を超えうる悪は決して存在しない、と恐れずに言うべきだということになる。全体と特殊がどれほど内密な関係を保とうが、特殊的なものが自らの規定を守ることにどれほど執心しようが、そうした規定の一つひとつが個別の使命との関係によってどれほどの尊厳を帯びようが、この点に変わりはない。個別の魂が付け加えるように見える悪は全て、この原初の断絶を確認するものでしかなく、それを増大させることはないのである。〔だが、〕根源的な始原〔原理〕の断裂や弱体化の代わりに創造主を愛するべく創造された個々の魂がもちだされ、実際の断絶が起こるのは、もっぱらある地点である瞬間に反抗が生じ、それがいわば全てを解体させることによってのみだとされる場合は、悪へとつねに誘惑し続けるこの反抗の能力こそが、もっとも根源的な悪だということになるのではないか。悪がたえず繰り返される源に原因性がある場合、それらの悪とその習慣は原因性の尊厳によって埋め合わされるだろうか。原因性だけを支えにするのをやめない限り、自我はこの悪の習慣から解放されることを期待できないのではなかろうか。

一と多の関係は、このように悪をめぐる全ての問いの中核に見出される。この関係をどのように考えれば、多を一の外に置く表象や、あるいは全く逆に、多につかの間の仮象としての現実存在しか認めない表象を斥けられるのだろうか。多が何らかの存在論的失墜や全体の瓦解――それらがどうイメージされるにせよ――から生じてくるにもかかわらず、自我が普遍的存在からそれ自身にもたらされる過程が当の自我には取り戻せないものとされる場合は、私たちは自らが参与する前に実現している分裂に面しているこことになる。この状況では、一に対する多の外在性は克服されないままであろう。また、生成の始原〔原理〕と多なるものとがもともと実質を共にしているとされる場合は、いわゆる自我の自立性と結びつく時間的・空間的な規定を斥け乗り越えるやいなや、また、ある様態〔思考〕が自我の現実存在を担保するものとして求める自由が能産的自然を前にして自らの無性を悟るやいなや、自我は見かけの姿を超えて全体の内に消失することになる。その場合は、全体についての知的直観と、その諸様態の対自的な現実存在とを同時に保持するのは難しくなるだろう。また、個別の実存を規定するものが何らかの意味で仮象たることを認めないことの誤りをこのように暴露した後では、悪に何らかの実在性を保持することはさらに難しくなる。悪とは根源的な散逸の帰結であり、その散逸が産み出すのは過ちよりもむしろ誤謬だということになるのである。

〔一と多の関係をどう考えるべきか〕

だが、全く別の見地に立って、私たちが他者を構成する働きと自我が対自的に嫉妬深く自らを定立する働きとが根本的に相関していること、あるいはむしろ同一の働きであることに注意してみよう。そうすると、本当に〈多なるもの〉が〈他なるもの〉よりも先に存在しているのかどうか疑わしくなってくる。多なるものとは、ひそかな分離作用を対象化することによって遂行し、際立たせるものであって、そもそもこの分離作用において、自我は他者の精神的な自我を否定すると同時に自らを対自的に定立するのである。空間と時間とは、内的分離のさまざまな働きを、多なるものを介して外在性の次元に表現したものである。それゆえ、自我は自我自身が生成した過程を反省によってやり直すことができる。それは、もはや他者でしかない他者に自己を対置することで自己を自己自身へと引き戻してしまう〔分離の〕働きを再認するということであり、この再認はつねに自我の射程内にあるのである。その際、自我は自らを派生させた作用を、その終着点から逆戻りするようにして弁証法的に辿り直す必要はない。自我を他者の他者と、他者と数的に区別される者とみなす表象を固めさせた当の働きを、あらためて自らへと取り戻せばよいのである。だが、そのような自己化の営みは、一性の精神的な法則が意識に現存していて初めて可能になることである。これを一なるものへの参与と言い表してはならない。そう言ってしまうと、障害となるのは所与の他性か、あるいは根源的に自我に付着した外在性の要素であるように聞こえてしまう。一なるものへの参与とは言わず、一なるものによる精神的な関係の網目の創造と言うべきである。そうした関係が収縮して中断され、個々の意識が物体のように数えられ出す時に初めて、多性もまた始まるのである。一と多の関係を私たちが表象する際、悟性のカテゴリーが容易に侵入してくるのは、このように意識の内的な運動からの促しを受けているからであろう。すなわち、判明に多であるような他者たちに面した一つの存在者として自らを覚知するやいなや、意識は交わりから退き逃れるのである。人間の魂の中にある願いのうちで、私たちの呼びかけをいつも感受してくれる意識が現存することへの願いほど強く深いものはなく、また同様に、待ち望んでいた応答が拒絶された時ほどに、私たちが直ちに多という表象へと連れ行かれることはない。一なるものの否定とは、全体のただ中で起こる一つの規定ではなく、内的な働きによって決せられ、他者に精神的な死をもたらすものである。多なるものの起源にあるのは、弱まり分割され、空間に出会ったり空間を産み出したりするような力ではなく、さまざまな形の外在性と結託して、精神的な結びつきを解体していく働きである。

〔私に由来するのではないが私の内にある精神的な法則への注意を取り戻すこと〕

一性の根源的な始原〔原理〕であり、内的に根拠づけられている精神的な法則に接近するためには、私は断絶や失墜の痕跡を消す必要はない。この法則は、私に由来するのではないが私の内にあるものであって、それを全き姿で在らしめるためには、注意力を取り戻すだけで十分である。とはいえ、どんな行為もこの法則を絶対的に証しているとは言えないが、この法則を絶対的に反証する行為ならば無数にあることを私は知っている。自己意識における絶えざる動揺は、個が被る偶然的な規定ではなく、同一と対立とのこうした二重の関係の内に存在根拠をもっている。この動揺が、自己を直接に所有しているという確信によって鎮められることは決してない。

だとすれば、これはしばしば断罪されるあの悪しき無限なのだろうか。だが、精神的な法則は、その検証の場となる生成から正当化〔義認〕を期待したり受けとったりすることもなければ、この法則が存在を個別的な意識の内に屈入させたものだとした場合、その元々の存在から正当化〔義認〕を期待したり受けとったりすることもない。もし存在がこの法則において、またこの法則を通して自らを反省し、そうしてこの法則が、存在が自らを所有する上でも自我が存在を所有する上でも必要な媒介になるとしたら、この根源的な確信がある方向に前進しつつ豊かになっていくことは認められようが、本来の意味での悪は決して存在しなかったことになるだろう。たしかにさまざまな段階や程度があり、目的性の表象を介する必要は出てくるものの、悪人が転落する深淵は存在しないことになるだろう。

他方では、一なるものの個々の意識への関係には存在者間の調和への命法が含まれていることを考えると、この関係は、意志から直接出てくる悪だけでなく、間接的な正当化できない悪が生じうる場所にもなる。間接的な悪とは、自由によって遂行された諸行為の多少とも遠い帰結が見てとられる悪や、個人の短期的な諸目的がぶつかり合う中で起こりうる悪のことである。それらの個人的目的は、たえずたがいに衝突、対立し、干渉しては結びつき、ときには協同して働くが、精神的な促しの一性へと貢献し、世界の一貫性やより広く普遍的な目的性の指標を把握させることはないのである。

しかし、こうした悪や災悪は全体としては無視できるものであって、人間の天才が発揮される領域で精神が産み出すものによって埋め合わされるのだとか、そうした悪はある意味で不可避的な代償であって、個人の死や苦しみを代価としてこそ歴史は前進するのだとか、そのように判断する者もいるかもしれない。また、悪に注意が向かうのは、一般には快楽主義的な見方を優位に置いているからか、細心なる良心のせいかのいずれかだが、前者は論証するまでもなく偏った立場だし、後者は全体の利益を考慮することで抑えられるし、また行為によってあらゆる形の文化の具体的進展に関われば消えてしまうようなものだと断ずる者もいるだろう。たしかにこうした見方には幾分かの真理がある。だが次のように問うべきである。人間の活動がもたらしたこの上なく輝かしい成功が、本来目的の国の到来を目指すものでありながら、自然本性の下劣さと自由の弱さをいっそう鋭敏に感知させることはないだろうか。そうした成功から悲劇的なものや正当化できないものの新たな源泉が湧出し、それでも救いへの気づかいが幻想として暴露されるどころか、むしろ一性の内なる促進と不可分な正当化〔義認〕の欲望の力が増進されることはないだろうか、と。

〔メタ道徳的経験と宗教的経験──両者の親縁性と両者を分かつもの〕

道徳性の全般的な前進を含めて、今述べたような進展が全て実現することは、道徳性が進展してもどうにもならない悪を認知することで、厳密な意味での道徳的経験とそれとは別次元の経験とがはっきりと区別できるようにするためには良いことであり、必要なことである。この別次元の経験は、道徳的経験を補完すると同時にそれに対立するものである。これを宗教的経験とは呼びたくないが、この経験は宗教的経験に近い面ももっている。実際、この経験の中軸となる正当化〔義認〕の欲望は救いの不安と本質的に別物だとはいえず、ゆえにこの経験は、宗教的経験と無関係であるどころか、宗教的経験の性質を帯びている。また他方で、正当化できないものについて、形而上学が固有のカテゴリーを巧みに用いて行うような存在理由の探究を避けるという点でも、この二つの経験は合致する面をもっている。欠如や有限性、部分の全体に対する関係、存在の様々な程度、弁証法的総合、その他どんな方法を用いるとしても、形而上学というのは、ただ悪を廃棄するためだけに、あるいは悪を普遍的な理解可能性の体系に組み入れるためだけに悪を保持するのである。

しかし、宗教的経験には揺るぎない確信が含まれている。そこで確信されているのは、救いが可能だということだけではない。正当化〔義認〕できないように見え、人間がそう判断するどんなものについても、正当化できないというのが実存の最後の言葉ではないこと、実存が純粋であればあるほど、思弁の保証がなくても実存自身の実質と内的働きから救いの確証を引き出せるということである。メタ道徳的経験はそのような経験のこちら側にとどまっている。(60) この経験が私たちに感知させるのは、道徳性、芸術、知の命法がどれほど満足されようとも、命運の偶然性、分離や裏切りにおいて、あるいは意志する意志の中核において正当化されないであり続けるもの全てである。この経験は、正当化〔義認〕の欲望をたえず幻滅させられるものとして保持する。たえず幻滅させられるというのは、悪の重荷を解かれた実存という理念と実際に世界の内にある私たちの実存の間にはたえず差異が生まれるからである。この経験は、あらかじめ与えられ確定された始原〔原理〕を参照することはない。始原〔原理〕はこの経験が自らを照らし、自らを理解しようとする際の働きそれ自体から湧出してくるのである。たしかに、この始原〔原理〕を純粋自我や一なるものの純粋意識と呼ぶことで言おうとしているのは、それは実存者たる限りでの実存者に、世界の内で働いている意志に連なるものには決して属していないということであるが、とはいえそれは、始原〔原理〕を世界から切り離しうるとか、世界を超えた実存へと接近できるとかいうようなことではない。純粋意識は世界に対立する働きにおいてのみ把握されるのであり、対立の質料がなければ自らと疎遠になり、自らを知ることもできない。正当化〔義認〕の条件を反省することによって、次のような考えへと導かれる。それは、純粋意識は、悪、多なるもの、正当化できないものといった姿で、自我と世界の存在への無条件の同意から背を向けるには十分な質料を見出すのだ、という考えである。

〔ペシミズムかオプティミズムかという二者択一の拒絶〕

だが、自らの名をあえて告げることなくつねに更新されるライプニッツ主義、全く違った土台の上に一新された姿であらわれるオプティミズムがある。たとえば、ベルクソンのような人は、創造的な過程をさまざまな手探りの試行にその残滓となり犠牲となるものが伴う過程として描くが、そこで残滓となり犠牲となるものは、進化していく全体のさまざまな必然性へとたえず組み込まれていくとする。あるいは、歴史哲学が論理的なオプティミズムに結びつけられて、個人の悪も地域や国家の悲劇も全体を包括する経験において必ず埋め合わせられ正当化されると考えられることもある。しかし、こうしたオプティミズムに反対してペシミズムをもち出すというのは、後者が振りかざすことのできるさまざまな根拠が全てまやかしであり、権威をもたない感情的な反応でしかないとは言わないとしても、適切なことではない。ペシミズムやオプティミズムといったカテゴリーや思考方法を放棄し、そこから生じる二者択一を拒絶することは、哲学にとって大きな利益となる。ペシミズムとオプティミズムの双方にかかる疑いは、まさに快や幸福という視点だけから現実存在を評価しているのではないか、ということである。さて、快の本性そのものによって人生の収支表がつねにマイナスになるというのが本当だとしても、ペシミズムはそこから何の証拠を受けとることもあるまい。また、仮に収支表がプラスだとしても、オプティミズムがそこに支えを求めようとするならば自らの脆さを露呈するだけである。結局のところ、ペシミズムもオプティミズムも、その妨げとなるものよりもその根拠となるように見えるものを取り込むことをずっと不得手とするのである。なぜなら、オプティミズムは〔通常は〕控え目な相対性にとどまり、正当化〔義認〕の不安が一瞬留保されて、人間の意識が観想や友愛、行為において自らの真理と存在への一致のようなものを経験するような瞬間にまで高まることはないし、またペシミズムは、ある種の悪の経験に触れて、それを自己化できるほどに深くなることは決してないからである。

訳注

（1）「正当化できないもの（l'injustifiable）」とは、この著作のキーワードの一つであり、あらゆる悪経験の下地となる原初的、基礎的な感情を生じさせる事態を指す。語の成り立ちからして、これは justifier できないものということであるが、justifier という動詞には、理論的に「根拠・理由を与える」という意味と、実践的に「正当化する」という意味の二側面がある。実際、ある事柄をしかるべき秩序の内に位置づけてその存在理由を確定することは、同時にその事柄に何らかの正当性を与えることになるであろう。l'injustifiable という語によってナベールが言い表したいのは、この二重の意味でどうしても justifier できない何かに触れたという感じが、あらゆる形の悪の経験を下支えする共通の素地になっているという事実である（ちなみにフランス語で"C'est injustifiable!"と言うと、「そんなことは許せない」とか「あってはならない」といった意味になる）。こうした見方は、悪を高次の善のための手段として意味づける神義論的な立場に反旗を翻すだけではない。本章で繰り返し論じられるように、ナベールによれば、悪を何らかの規範や道徳法則の侵犯として捉える立場でさえも、規範や法則との相関性において悪を位置づける限りにおいて、悪をある秩序の内で理解可能なものへと還元するという意味で justifier していると言わねばならない。また、志半ばでの死やいわれなき苦しみというような、通常の見方では必ずしも悪の範疇に入ってこない事象もまた、あらゆる justification を撥ねつけるその否定の強度において、injustifiable という感情を喚起するものの中に数え入れられる。こうして本書の悪論は、その出発点において、さまざまな質の事柄を視野に入れたきわめて多面的な相貌を呈することになる。ただ、その多面性の全てをカバーするような訳語を injustifiable という術語に対して与えることはほぼ不可能であるので、ここでは分かりやすさを優先して「正当化できないもの」という訳語を採用することにした。

（2） 規範の侵犯によって判定される悪の「彼方」を指し示し、正当化できないという感情を鮮明に突きつけてくる事態の例として、まず第一に戦争がもち出されているのは偶然ではない。人間的自由の脆さを当の人間に告知する否定的経験が哲学的反省を起動させる原点になるという着想は、『自由の内的経験』（一九二四）、「意識は自己を理解しうるか」（一九三四年執筆、死後刊行の草稿）、『倫理のための要綱』（一九四三）といったそれまでのナベールの思索をも貫流しているが、ナベールの個人的経歴においてその原点の一つであると思われるのは、第一次大戦において出征し負傷した経験である。しかし、一九五五年に刊行された本書においてより直接的に踏まえられているのは第二次大戦であろう。規範の侵犯を決定的な尺度にすることができず、ただいかにしても正当化できないという尺度なき感情のみを掘り下げることによって進められるナベールの悪論は、「存在することの悪」を語るレヴィナスや「悪の凡庸さ」を語るアーレントの洞察と数々の点において通じ合っている。こうした点については、本訳書巻末の「解説」で詳しく論じているので参照されたい。ちなみに、第一次大戦と第二次大戦の質的差異と、それが哲学者たちの思索にどのように反映しているかという点については、レヴィナスの高弟であるステファン・モーゼスによる次の著作が啓発的である。Stéphane Mosès, *Au-delà de la guerre. Trois études sur Emmanuel Lévinas*, Paris, Eclat, 2004.

（3） justification とは、「正当化」という通常の文脈での意味に加えて、キリスト教神学の文脈では、人が神によって義とされるという「義認（justificatio）」をも意味する術語である。しかし、たとえばカントの『宗教論』（『単なる理性の限界内における宗教』）では、この神学的意味を踏まえ、それに強く触発されながらも、この語（ドイツ語では Rechtfertigung）をあくまで「理性の限界内」で位置づけ使用しようとしている。すなわち、第一篇で「根元悪」の概念が導入されるとともに、こうした悪についての思索の掘り下げと連動して

「心術の革命」の常なる可能性が語られるのであるが、第二編では、この内なる革命の道程が、神の子の誕生というイメージをも援用しつつ、Rechtfertigung の名の下で描出されるのである。ナベールのいう justification は、直接的には、神学的言説と批判哲学的言説の境界線に位置するこのカント的な Rechtfertigung を踏まえてもち出された概念であると思われる。それゆえ、本訳稿では、やや煩雑ではあるが、「正当化〔義認〕」と表記することにした。ただし、それに加えて、ナベールのこの概念が、彼のいう「正当化できないもの（l'injustifiable）」の感情と対照関係をなすものであることを忘れてはならない。カントの根元悪概念を囲い込む理性主義的枠組みを破るこの感情を起点とする本書の考察は、当然ながら、道徳法則を支えとするカント的な心術の革命からは引き出せないような「正当化〔義認〕」を志向するものとなる（訳注5を参照のこと）。

（4）正当化できないという感情が存在するということは、規範の侵犯によって測ることもできなければ規範の遵守によって克服することもできない「根元的矛盾」の存在を告げ知らせる事柄であり、ナベールの悪論の趣旨は、漠たる感情からこの根元的矛盾へと私たちを導く「悪の経験の反省的深化」の道筋を描き出すことにある。だが、ナベール的反省にはさらにその先がある。つまり、このような根元的矛盾を反省的に自覚にもたらしうること自体が、矛盾を矛盾として告発することを可能にするさらに内なる働きを証しているのであり、その働きこそが、規範をいかに誠実に遵守しても満たすことのできない無際限の要求（「正当化（justification）の要求」）の源泉となるのである。この逆説的転換による「根源的肯定」の発見こそが、ナベールの反省哲学全体の内なる光源となる。

（5）フランス語の le mal が「犯す悪」と「被る悪」の両方を含んだ「悪」一般を指すのに対して、その複数形である les maux は、通常は自然災害などの「災厄」を表す。この二つは、たとえばドイツ語では Böse（悪）と Übel（禍）として区別されるものである。だが、ナベールが「正当化できないもの」という名称の下で浮き彫りにしようとするのは、まさしくこの二つの局面が絡み合い、その区分が本質的に不分明になるような事態である。そのことを勘案して、les maux についても、悪と切り離して単なる災いと解するのではなく、悪との不可分性を際立たせるために、あえて「災悪」というぎこちない訳語を採用することにした。

(6) ここでナベールが念頭に置いているのは、カントの『判断力批判』における崇高論であると思われる。ただし、崇高の感情に関するカントの叙述を内容的に踏まえているというだけではなく、この著作の中心概念のひとつである「反省的判断力」との連関がとくに重要であると思われる。この術語によってカントが際立たせるのは、与えられた普遍に特殊を包摂する通常の「規定的判断力」とは逆に、特殊のみが与えられている状況でそれを包摂する普遍を追求するという形の判断である。カントにとって、美的判断とはそのような仕方でなされるものなのであるが、この特徴を強く解釈すれば、それは規範や尺度があらかじめ与えられていない地点において、規範や尺度による規定を超えた判断を創造する営みとみなすこともできる。この点を際立たせるための有力な材料になるのが、この著作における崇高論にほかならない。二十世紀後半のフランス思想においては、リオタールやナンシーなどがこの点に注目した独創的なカント読解を展開しているが、ナベールは全く別の道筋から同じ問題系に触れているともいえる。ナベールが崇高と犠牲を並べて論じているのも興味深い点である。

(7) 言うまでもなく、これはライプニッツが『神義論』(『弁神論』とも訳される)でもち出す三種類の悪の区別(「物理的悪(mal physique)」「道徳的/精神的悪(mal moral)」「形而上的悪(mal métaphysique)」)を念頭に置いた言い方である。「悪は形而上的、物理的、道徳的にとらえられる。形而上的悪は単なる不完全性の内に、物理的悪は苦しみの内に、道徳的悪は罪の内に存する」(Gottfried Wilhelm Leibniz, *Essais de Théodicée. Sur la bonté de Dieu, la liberté de l'homme, et l'origine du mal.* Première partie, §21)

(8) ここでは、「正当化できない」という感情を目覚めさせる二つの経路が示唆されている。一つは、義務を遵守するか否かという規範の尺度では測れないが、それがわれわれにもたらす衝撃の強度ゆえに自然法則に委ねて済ませるわけにはいかないような「ある種の災悪」であり、もう一つは、規範を侵犯したという事実だけでは窺い知れない「(自我の)悪しき原因性」である。いいかえれば、この感情を構成する「正当化不可能性」は、「被る悪」の極限的な形態と「犯す悪」の根底とが共有するある種の過剰性を指し示しているのである。

（9）これは、カントにおける根元悪の規定である意志の「逆倒性（Verkehrtheit）」を念頭に置いた表現である。カント『単なる理性の限界内における宗教』の第一篇を参照のこと（Immanuel Kant, *Die Religion innerhalb der Grenzen der bloßen Vernunft*. Hanburg, Felix Meiner Verlag, Philosophische Bibliothek Bd.45）。

（10）規範を介して人間精神が徐々に自らの理知性を見出していくというのは、ブランシュヴィックの哲学を念頭に置いた表現であると思われる。主著のひとつである『西洋哲学における意識の進歩』（Léon Brunschvicg, *Le progrès de la connaissance dans la philosophie occidentale*, 2 vols, Paris, Alcan, 1927.）で明示されたように、彼は人間精神を科学的な規範や規則を更新してくことで内的に前進していく過程とみなすことによって、実証科学の進歩と軌を一にして自らを刷新していける柔軟な合理主義をうち立てようとした。だが、ナベールから見れば、そのような合理性はなお意識自身が自らの内に組み入れた目的性によって方向づけられており、その限りにおいて、「正当化できないもの」を暗黙のうちに排除してしまっているのである。なおナベールは、若い時にブランシュヴィックのこの著作について長大な書評論文を発表している。（Jean Nabert, «Etude critique de Léon Brunschvicg, «Le progrès de la connaissance dans la philosophie occidentale», in *Revue de métaphysique et de morale*, 1928, p. 219-275.）

（11）規範とその侵犯との対立、合理と非合理の対立の手前へと分け入っていくナベールの道程において、特権的な意味をもつのは倫理的な文脈であり、「正当化しえないもの」はそうした問題場面でもち出されているのであるが、この道程は倫理的な文脈のみに限定されるのではない。倫理的な意味での否定的経験（過ち・挫折・孤独）を起点とする『倫理のための要綱』（一九四三）の考察でも、倫理的な文脈でしか反省は生起しないと言うのではなく、反省の「源泉（foyer）」の複数性が強調されていた。本書でもその点に変わりはなく、理論的場面における否定性（「誤謬」）や美学的局面における否定性（「醜さ」）を起点としても、道徳的規範の侵犯を起点とするのと同様の反省が生じうることが語られている。そのような趣旨に沿って、この後の論述では、誤謬から醜さ、そして不道徳性へと、同様の主題が変奏されていくことになる。

(12) ここで言及されている「親縁性」については訳注8を参照のこと。

(13) この段落でナベールが批判の矛先を向けているのは、私たちの内なる道徳法則の意識をもって自由の認識根拠とし、道徳法則に自らを従わせる自律の能力を自由の基本とするカントの立場である。この立場をとる限り、自由と自然本性の二元論が保持され、不道徳性は自由の事柄（有罪性）であり、災悪は自然の事柄（有限性）ということになろう。だが、自由の全き自律性が突き崩され、そうした二元論が維持できなくなるやいなや、不道徳性と災悪との間にある種の類縁性が浮かび上がってくる。ナベールの悪論が見据えているのはそのような問題領域である。

(14) すべきことをしなかったという規範への背反というレベルだけで悪を規定する見方は、結局のところ善悪をある種の「収支計算（balance des comptes）」とみなす立場へと行き着く。つまり、悪を犯しても、それによって引き起こされた損害を埋め合わせさえすれば、あるいは、損害に応じて自らに負わされる責任を自覚し、それを引き受けさえすれば、行為者は自由な存在として一から新たに生き始めることができる、というわけである。こうした見地は、とくに犯罪の重さと処罰の厳しさの釣り合いが求められる司法的な次元で前面に出てくるが、基本的には、私たちが社会生活において共有している常識的な立場であるといえる。だが、私たちの悪の経験をより慎重に振り返るならば、こうした収支計算的合理性をはみ出る側面が見えてくるのではないか。悪を犯した者が、自分のしたことはどのように償っても「済まない」ことだと悔やむことはないだろうか。あるいは、被った悪に苦しむ他者を前にした時、その悪が自分が責めを負うべきものではなく、そこを立ち去っても罪に問われない場合でも、手を差し伸べねば自らの罪になるかのように感じることはないだろうか。本書におけるナベールの考察を突き動かしているのは、悪という事象が内蔵するそうした過剰性である。

悪がそれを経験する者の存在から切り離され、対象化された形で扱われるやいなや、悪は「善の欠如（privatio boni）」へと縮減され、善悪は「収支計算」の論理に従わせられる。そういった趣旨の指摘は、ハイデガーの『存在と時間』にも見出される。ハイデガーに言わせれば、通常悪として問題になる「責め（Schuld）」は、立て直すべき善を対象化した（ハイデガーの術語で言えば「目前的な（vorhanden）」）形で前提した上で語られる欠如的な現象でしかない。こうした体制の下では、問題はただあれこれの責めの重大さを見定め、それを償うためにすべきことを見出すこと、要するに「計算する」ことだけである。そこでは、「あたかも現存在はひとつの「家計」のようなものであり、この家計の負債をきちんと清算しさえすれば、自己は無関係な傍観者としてこの体験経過の「傍らに」立てるかのように」考えられているのである（Martin Heidegger. *Sein und Zeit*. Tübingen. Max Niemeyer. 1984. p. 293）。

しかし、このような洞察を起点として、ハイデガーは悪の経験にまつわる「責め」をいわば脱道徳化し、「死への存在」であるという現存在の根源的有限性に根差した存在論的な「責め在ること（Schuldigsein）」へとそれを還元していく方向に進む。このような行き方もまた、ナベールから見れば、悪の経験に固有の過剰性を切り捨てるものとして批判の対象となるであろう。実際、本書の最終章には、それと名指しはしていないが、明らかにハイデガーを念頭に置いた批判的言辞が見出される。

（15）「罪（péché）」については本書の第三章で考察の主題となる。注意しておきたいのは、ナベールがこの術語をもち出すのは、あくまで彼自身の反省哲学の中心概念としてであり、キリスト教神学の原罪概念を強く意識しつつも、それを単純に前提しているわけではないのはもちろんのこと、原罪の哲学的解釈学を展開したいわけでもない、ということである。その点では、ナベールの罪概念は、原罪論との緊張的連関において根元悪論を彫琢したカントの路線を引き継ぎながらも、カント以上に原罪論を内面化し、その原型がほとんど見えなくなるほど自らの思索空間にとりこんだ考察になっていると言える。詳しくは第三章を参照されたい。

(16) 言うまでもなく、これはカントの道徳哲学における最高善の概念を念頭においた言い方である。カントは幸福を条件として道徳性を考えることをきびしく斥けたが、その上で、道徳性の遵守は「幸福に値すること」であり、そのような形で道徳性と幸福との究極的な一致を理念とすることが実践理性の本性に根ざした要請であるとする（『実践理性批判』弁証論）。

(17) 「排出されようとする異物のように、私たちに属することなく私たちの中にある」というこの表現は、苦痛の現象学的記述として見ても卓越したものである。ここでのナベールの記述はもっぱら物理的な苦痛に限定されたものと思われるが、さらに広範囲な苦の現象を念頭に置いたレヴィナスの受苦論やシモーヌ・ヴェイユの不幸論とも重なる面を多くもっている。レヴィナスにとって、受苦とはどこまでも自己化不可能な、それゆえもはや「私の意識」とすらいえない意識形態であるという意味で「意識の反転（inversion de la conscience）」であり、ヴェイユにとって、不幸とは単に内的な心理状態ではなく、人間が人格を剝ぎ取られて一個の「もの」と化し、「世界の中心に釘づけられる」という存在論的様態であった（CF. Emmanuel Lévinas, « La souffrance inutile », in *Entre nous. Essais sur le penser-à-l'autre*, Paris, Grasset（合田正人訳『われわれのあいだで』法政大学出版局）: Simone Weil, « L'amour de Dieu et le malheur », in *Attente de Dieu*, Paris, La Colombe, 1950（田辺保他訳『神を待ちのぞむ』勁草書房））。

(18) これが『倫理のための要綱』以来、ナベールが「根源的肯定（affirmation originaire）」と呼んでいる働きである。否定的経験の反省を通して見出されるこの働きは、否定から肯定への飛躍を強いるものではなく、第一義的には、決して縮減できない否定性（目下の文脈では「正当化できないもの」の否定性）をそれとして受けとめさせる判断の営みを意味する。その点を明確にするために、ここでは affirmation を「断定〔肯定〕」というように説明的に訳しておいた。

(19) 訳注7を参照のこと。

(20) 『道徳と宗教の二源泉』の第一章で、ベルクソンは閉じた道徳から開かれた道徳への移行を次のように説明している。「スピノザの表現をそのもとの意味から逸脱して用いれば、私たちが所産的自然から離脱するのは能産的自然へと回帰するためである」（Henri Bergson, *Les Deux sources de la morale et de la religion*, p. 56）

（21） この段落での「知的意識」ないしは「反省する主体」の「知的作用」をめぐるナベールの考察は、いうまでもなくカントの『純粋理性批判』を下敷きにしている。ただし、多様なものを受容する感性とそれらを束ね統一する悟性というカントの二分法が、ここでは悟性の自発性として自らを把握する知的意識の反省性に力点を置いて受け取り直されていることに注目すべきである。しかも、この反省作用は、知的意識がカテゴリーの内的必然性によって「自らのイニシアチブに含まれる偶然性を矯正し修正する」力動的な自己形成の営みとして特徴づけられている。この点には、フランス反省哲学におけるデカルトやビランの伝統を介した独特のカント受容が反映していると思われる。とりわけ直接参照されているのは、おそらくブランシュヴィックのような立場であろう。詳しくはナベールの以下の論文を参照のこと。Jean Nabert, «La raison et la religion selon Léon Brunschvicg» (1939), in *L'expérience intérieure de la liberté et d'autres essais de philosophie morale*, Paris, PUF, 1994, p. 369-396.

（22） 以下の三つの段落では、今度はカントの『実践理性批判』を下敷きにして、道徳的意識における意志の働きへと重心を移しながら反省的意識のあり方をさらに追究していく。カント的な立場では、思考主体の反省が自らの偶然性を矯正し「思考をそれ自身に対して透明にすること」を目指しうるのと同様に、意志の主体もまた、感性の抵抗に由来する諸々の偏向を修正し、道徳法則のみによって自らを規定する純粋意志たらんと努めることができるということ、それがナベールの主張の要諦である。ただし、ナベールによるカントの理論理性と実践理性の反省哲学的解釈は、単に同次元の事柄として並列されているのではない。思考作用にとって感性的多様は単なる外的制限であるのに対して、意志作用にとって、感性的傾向性は道徳法則の意識にもかかわらず意志にそれを選択させるところのものである。それゆえ、後者の方が意識により根源的な反省を迫らずにはいない。この点を掘り下げることによって、ナベールは本章の主題である「自我の原因性そのものの不純」へと歩を進めていくことになる。

(23) この段落から、いよいよ本章の主題である「不純な原因性」へと入っていく。その導入口となるのは、道徳法則を知りながら感性的傾向性を優先させた選択を行う意志はすでに「不純」なのではないか、という問いである。これは、カントで言えば、その思索を道徳哲学から根元悪論へと転じさせる地点に置きうる問いであり、ナベールもそのことを十分承知した上でこの問いをもち出している。ただし、カントの根元悪論において、「汝なすべし」という道徳法則の意識は最後まで無傷であり、それが根元悪にもかかわらず「心術の革命」を希望しうる理由となるのに対して、ナベールはまさしくこのカント的道徳性の根拠にまで「不純性」を読みとろうとすることによって、カントの思考枠組みを内側から転倒させていく。このような形でのカントの批判的受け取り直しが、本章と第三章の論述を貫く見えざる軸となっていることに留意しておきたい。そして、ナベールのこうした歩みの動力源となっているのは、第一章で提示された「正当化できないという感情」をめぐる洞察である。実際、この段落の最後では、「道徳法則に違反したからといって自らを最終的に断罪することもできなければ、あるいは道徳法則に忠実だったからといって自らを是認し、責めを免れているとみなすわけにもいかないのではないか」という問いかけがもち出されている。これは、第一章の第二段落の最後で言及される「規範に違反しただけでは挫くことはできないが、規範を遵守しているだけでは満足させられないような要求」との相関において理解すべきものであろう。

(24) ナベールのいう「精神的な原因性（causalité spirituelle）」の含意については少々説明が必要である。彼は実践理性の自律に基礎を置くカント的な「自由の原因性」はどこまでも不純性を免れえないと考えるが、単なる他律的・自然的な原因性に戻るのではなく、カント的自律とは別次元の原因性を追究していく。そして、そうした原因性のあり方を「精神的」と形容するのだが、そこで「精神」とは何を指すのかを直接的に規定し叙述することは決してでない。「正当化できないという感情」の内的深化のみを反省哲学が展開する唯一の場とし、徹底して「否定の道」を歩むナベールは、ここでもまた、カント的な自律的自由の不純性をその内側から反省的に析出する営みを通して間接的に自らを告げるものとしてのみ、「精神的」働きについて言及する。この点において、ナベールはいわゆるフランス・スピリチュアリスム系統の思想家たちや、同世代のラヴェルやル・センヌなどの「精神の哲学（philosophie de l'esprit）」とは、微妙だが本質的な所で袂を分かつことになる。このナベール独自の「否定の道」については、その初発形態を詳細に伝える一九三四年の草稿が公刊されているので、参照されたい（Jean Nabert, «La conscience peut-elle se comprendre ?», in Le désir de Dieu suivi d'un inédit «La conscience peut-elle se comprendre ?», Paris, Cerf, 1996, p. 405-448）。とくに草稿番号32のテクストには、自らが「意識に対して批判的に適用された一種の否定神学の方法」（p. 424）を用いているという説明が見られる。この方法論の最初の果実が、一九四三年の第一の主著『倫理のための要綱』（Jean Nabert, *Eléments pour une éthique*, Paris, PUF, 1943.）における次のような言明である。「実際、〈我在り（je suis）〉というのは、主体の自律的な定立ではない。それどころか、自らが自ら自身によって存在しているのではないことを見出す瞬間に自己意識となるような意識の働きによって自らを肯定する絶対的な肯定こそが、〈我在り〉なのである」（p. 70）。『悪についての試論』でいわれる「精神性」もまた、「根源的肯定」をめぐるこのような洞察の延長上で考えられていることを理解しておくべきであろう。この点については、訳注15も参照のこと。

（25）後悔の経験が証しているように、たった一つの外見上は取るに足らない過ちが、それを引き起こした自我の原因性を全面的に問いただすことがありうるというのは、『倫理のための要綱』において、過ちの経験の反省的分析という文脈ですでに論じられていたことである。この洞察は、「自己の自己自身に対する不相等」という反省的自己の構造的様態を照らし出す上で特権的な意味をもつものであった。ここではこの洞察がさらに先鋭化され、ただ一つの過ちによって、私たちが「つねにあらゆる状況で」過ちを犯さざるをえない存在であることが暴露されるのだといわれる。いいかえれば、私たちは悪を犯して初めて悪人になるのではなく、私たちが為しうる諸事（「可能事（les possibles）」）が形をとるのと相関して私たちの自我が輪郭を得るその瞬間からつねにすでに悪人なのであり、すぐ後でいわれるように、そのことに「無際限の責任（responsabilité illimitée）」を負っているのである。もちろんこれは「客観的」に描写される事柄ではなく、悪の経験の反省的深化に即して余儀なくされる哲学的誇張表現である。このように、独特の倫理的文脈において無限責任を語り、哲学的な裏づけをもつ誇張法に訴える点で、ナベールの思索は、その立場の違いにもかかわらずレヴィナスのそれと深く通底する面をもっている。これについては、リクールの諸論文が行き届いた考察を展開している（Paul Ricœur, «Emmanuel Lévinas, penseur du témoignage» (1989), in *Lectures 3. Aux frontières de la philosophie*, Paris, Seuil, 1994, p. 83-105 : «Jean Nabert : une relecture», in Philippe Capelle (éd.), *Jean Nabert et la question du divin*, Paris, Cerf, 2003, p. 141-153）。また、訳者の次の論考も参照されたい（杉村靖彦「倫理的主体性をめぐって――レヴィナスとナベール」『哲學研究』第五六五号、京都哲学会、一九九八年）。

（26）カントの Gesinnung〔心術・心根〕は、フランス語訳ではしばしば intention〔意図〕とされる。ここでナベールが intention という語を用いているのは、明らかにそのようなカント的文脈を踏まえてのことであると思われる。

（27）「自由それ自体の内に究め尽くせない（insondable）ものがある」という表現は、カントの根元悪論における「悪への性向の理性起源はあくまで究めがたい（unerforschlich）ものである」という洞察を直接念頭に置いたものである（Immanuel Kant, *Die Religion innerhalb der Grenzen der bloßen Vernunft*, Kant's Gesammelte Schriften, Bd.VI, p. 43 :『カント全集10　たんなる理性の限界内の宗教』北岡武司訳、岩波書店、五七頁）。実際、カントのテクストの仏訳では、unerforschlich はたいていの場合 insondable と訳されている。カントは「悪への性向」を、人間の自由が「選択意志（Willkür）」として発動するその第一の根拠において、それゆえ時間内に起源をもつ経験的な行いではなく、「理性起源」における「叡知的」な行いとして位置づけるのであるが、ナベールからすれば、そこでは自らが悪へと傾けられることに同意を与える自由のイニシアチブは無傷のままであり、その点において、なお悪の根元性が究められていないということになるのである。

(28) 純粋な原因性があるとしたら、という仮定の下で展開されているここでの考察は、ナベールの言い回しもひときわ晦渋であり、彼のいいたいことを細部に至るまで正確に把握することはなかなか難しい。ただ、少なくとも明確にうち出されているのは、純粋な原因性から直接生きられている存在があるとしたら、拒絶すべき可能事などそもそもなく、意識される全ての可能事が当の原因性を全き姿で証するような全面的に透明な働きとなるはずであり、もはや一個の「自我」でさえなくなるはずだ、という見解である。したがって、自我の原因性は必然的に不純でなければならない。そこでは諸可能事の意味はどこまでも不透明であり、動機と決断の間に躊躇が差し挟まれることは避けられないのである。とはいえ、ナベールがいいたいのは、純粋な原因性など非現実的な絵空事にすぎない、ということではない。反省的経験に即するならば、むしろ不純な精神的原因性と純粋な精神的原因性は、二重性もしくは二極性の相の下で理解されるべきだというのが、この段落全体から読みとれるナベールの立場である。要するに、不純な原因性が不純な原因性として自らを反省することを可能にする働きとして、そのような資格においてのみ、私たちは自らの存在の根底において純粋な原因性に触れているのである。それゆえ、純粋な精神的原因性という理念は、私たちのあり方を根底から転換させ「再生」を促すものとして、すなわち、第一章で「正当化〔義認〕の要求」といわれたものの出所としてのみ実質的な意味をもつことになる。

(29) ここでナベールが念頭に置いているのは、ベルクソンの思索がたどってきた歩みである。ベルクソンは、『意識に直接与えられたものについての試論』における「持続」の発見を拡大深化していくことによって、『物質と記憶』から『創造的進化』にかけて、フランス・スピリチュアリスムの伝統を独自の仕方で引きつぎ展開する壮大な生の形而上学を作り上げた。だが、最後の主著たる『道徳と宗教の二源泉』では、『創造的進化』で示された生の二方向のうち、生みだされた生がその場に停滞し旋回するという方向性に由来する重圧が大きく際立たせられる。そして、大多数の人間がそうした生の圧力の下で「閉じた社会」を形成しているのに対して、前方へと跳躍し全く新たなものを創造するという生の「開かれた」有りようを体現するのは、神秘家などの例外的で稀な人格のみであるという。ベルクソン哲学における晩年のこうした思索展開は、これまでさまざまな仕方で評価・解釈されてきたが、ナベールもこの問題には大きな関心を寄せ、幾度か立ち入った考察を行っている。『二源泉』を主題的に扱った論文としては、以下の二つがある。Jean Nabert, «Les instincts virtuels et l'intelligence dans Les deux sources de la morale et de la religion» (1934) : «L'intuition bergsonienne et la conscience de Dieu» (1941), in *L'expérience intérieure de la liberté et autres essais de philosophie morale*, Paris : PUF, 1994.

(30) ここでナベールが念頭に置いている「罪の感情」とは、典型的には原始社会におけるタブーなどに関連したものであろう。ナベールの守備範囲から考えて、デュルケムに始まるフランス社会学派やその仕事を批判的に摂取したベルクソンの『二源泉』の叙述、あるいはフロイトの精神分析理論などを踏まえて言っているのだと思われる。

(31) 非合理的な信念に基づく罪の感情が原始社会のタブーなどに典型的にみられるものであるのに対して、超合理的な信念に基づく罪の感情とは、キリスト教のドグマにおける「原罪」をその典型とするものである。カントの根元悪がキリスト教的原罪の理性的再解釈でありつつ原罪思想へのラディカルな批判を含んでいたのと同様に、ナベールの罪概念もキリスト教の原罪思想に対して緊張をはらんだ深いつながりを有している。ただし、カントにおいては理性の自律が彼の根元悪概念とキリスト教の原罪とを区別する基軸になるのに対して、カント的自律を内側から突き崩そうとするナベールの場合は、そうした仕方で得られる区別に依拠することができない。にもかかわらず、カントとは違って「罪」という語を自らの反省哲学の術語として用いようとするのだから、ナベールが抱え込む困難はきわめて大きなものとなる。もう少し先で、罪はつねに悪へと傾けられる自由の「根源的選択」としてではなく、そうした選択に先立って自我がいつもすでにそうあってしまっている「根源的事実」として位置づけられることになるが、そこでこの困難は極点に達することになるだろう。

(32) ここで、ナベールのいう罪とは、あくまで自由による選択の事柄であり続ける実践理性のカテゴリーによってはとらえられず、その手前において、そもそも自我自身を構成する「根源的事実」を指すことが明言される。それは一切の可能な意識の根であるがゆえに反省的意識によって直接把握することはできず、その意味で、意識の根底にありながら意識をはねかえす「事実」であるといえる。しかし、これはあくまで「反省的」な事実であって、人間存在の有限性や制限性のゆえに外から課せられる「形而上的悪」へと還元されてはならない。ゆえに、自我が自我であるという罪は、それ自体は実践理性のカテゴリーに包摂されないとしても、自由な選択や道徳法則の侵犯といった実践的カテゴリーを用済みにすることはできず、そうしたカテゴリーを介してどこまでも間接的に自覚されるべきものだということになる。この点において、メーヌ・ド・ビランが（少なくとも中期において）自らの哲学の原点に据えた「意識の事実」、ないしは「内奥感の原初的事実」との系譜関係を指摘することもできるだろう。というのも、そこでは、意識の原点に私たちの自由にはならない「感情」によって告知される事実性が見てとられる一方で、この事実性はあくまで意志作用の「努力感」と有機的身体の「抵抗感」の緊張をはらんだ二極性によって構成されており、単純な直接的把握を許さないものだからである。

(33) この段落でのナベールの文章は仄めかしが多く、何を言おうとしているのかが必ずしも明確でない箇所もあるが、おそらく、ここでいう「堕落」とは聖書的な意味でのそれに限られず、プロティノスの発出論から喚起されるような堕落イメージが語られているものと思われる。

(34) ナベールがここで「存在忘却」に言及するのは、もちろんハイデガーを意識してのことである。本書の第五章でも、それと名指すことなく後期ハイデガーの立場をかなり詳しく批判した箇所がある。訳注12も参照のこと。

(35)「正当化できない」という感情の反省的深化の果てに、いつもすでに自我であるという「根源的事実」を「罪」として自覚することとの相関においてのみ、自我の「脱ぎ捨て(dépouillement)」を求める絶対的要求が同時に自覚される。このように、ナベールの反省哲学においては、悪の経験から立ち上がる反省の遂行を通して初めて、それをそもそも突き動かしていた根源的欲望が形を得てくるのである。なお、自我の「脱ぎ捨て」(文脈によっては「自己脱去」とも訳した)というのは、ナベールが好んで用いる表現のひとつであり、se dépouiller(自らを脱ぎ去る)という再帰動詞形でもしばしば登場する。「自己放棄(abandon de soi)」や「自己断念(renoncement à soi)」などとほぼ同義であり、悪などの否定的経験の極点にその否定性と一体であるような絶対的働きを識別するナベール的反省において、決定的な意味をもつ契機となるものである。

(36)冒頭からここまでの論述で、「意識間の分離(sécession)」と題された本章の狙いが明示されている。それは、自我の原因性への反省的遡行を通して自らの内面性の根底をなす「罪」に逢着する過程を辿った第二章と第三章の考察に加えて、「他人に苦しみを与えてその実質自体を傷つける」という他者関係的な別種の悪を新たに取り上げようとするものではない。前章の最後で「絶対悪」と呼ばれた後者の見地から前者の成果をとらえ直すならば、自我をその諸可能事の湧出とともに自我として立ち上げる「根源的事実」が、内面性の極致における罪であるのみならず、同時に他者を他者として成立させ排除する「(意識間の)根源的分離」の働きでもあることが見えてくる。それが本章を通してナベールが明示しようとすることである。この作業によって、前章までの論述がなお一面的で抽象的なものであったことが見えてくるとともに、それまで「絶対的な内的働き」としてとらえられていた反省哲学の「始原〔原理〕」が、あらためて「一なるもの(l'un)」の名の下で描き直されることになる。このような考察の進展によって、ナベール的反省は、通常の反省哲学が墨守するような内面性をその内側からこじ開けて他者関係の問題へと進み出るのであり、そうして初めて、本書の起点に置かれた「〈正当化できない〉という感情」のもつ広がりの全体を取り戻すことになるのである。ちなみに、このようなナベールの考察は、「(自己が)犯す悪」と「(他者が)被る悪」との根源的な交錯関係を力説する晩年のリクールの思索において、形を変えて受けつがれている(Paul Ricœur, *Soi-même comme un autre*, Paris, Seuil, 1990〔久米博訳『他者のような自己自身』法政大学出版局〕)。また、他者との対面における「汝殺すことなかれ」という告発を含んだ呼びかけと「無限責任の主体」としての自己を連動させるレヴィナスの哲学とも、想像以上に多くの点で問題を共有しうるものである。その点については、訳者の次の論考を参照されたい(杉村靖彦「倫理的主体性をめぐって——レヴィナスとナベール」『哲學研究』第五六五号、京都哲学会、一九九八年)。

(37) ここでナベールが「もっぱら孤立した意識の視点でなされた精神的原因性および根元悪の研究を修正し補完」するというのは、本章の論述の前章までの考察に対する関係を述べていると同時に、カントの根元悪論を「修正し補完する」というナベールの狙いを告げるものでもある。ただし、カントの『宗教論』の全体を読むならば、本章でナベールが扱うような問題系が全く見当たらないわけではないことも見えてくるように思われる。とくに注目に値するのは、『宗教論』の第三篇の冒頭で、「人間が人間たちの中にいるとただちにその自足的な本性を襲う」悪、すなわち人間と人間の関係そのものから生じる悪が語られていることである(A93-94)。リオタールやデリダの影響を受けた独特のカント論で知られるJ・ロゴザンスキーは、ここに「もうひとつの根元悪」を認めさえしている(Jacob Rogozinski, *Le don de la Loi. Kant et l'énigme de l'éthique*, Paris, PUF, 1999)。

(38) 以下の二つの段落では、自我ないしは自己意識の成立を意識間の「自然発生的な相互性(réciprocité spontanée)」から引き出すかのような叙述が展開されている。その内容だけを見れば、メルロ゠ポンティにも通じるような相互主観性の発生的現象学が手掛けられているような印象を与えうるが、ナベールの行っているのは現象学的記述ではなく、あくまで意識間の「断絶」の反省的自覚との相即における原初的相互性のあるべき姿の探索であると解するべきであろう。なお、「意識間の相互性」という言葉遣いからして、ここでのナベールの考察には、同時代のM・ネドンセル（Maurice Nédoncelle, 1905–1976）からの影響を見ることができる（Maurice Nédoncelle, *La réciprocité des consciences*, Paris, Aubier, 1942）。

（39）周知のように、『宗教論』において、カントは根元悪とはあくまで格率の位階の転倒であり、道徳法則（の意識）は無傷でありつづけるという考えから、道徳法則そのものへの反抗を動機とするような「悪意ある理性（boshafte Vernunft）」の可能性を人間を悪魔的存在者に化すものだとして退けた（A35）。だが、そこにナベールは「オプティミズムの残滓」を見る。自我を自我たらしめる「根源的事実」としての罪が、その内奥の働きに対するたえざる裏切りであるだけでなく、他者を他者として立てることで自らとの生きた関わりから除外する分離の営みでもあるとすれば、私たちはその存在論的体制からして、道徳法則の意識を無意味化するような「悪魔的な悪徳」と無縁であると言い切ることはできない。ナベールはそのように考えるのである。

（40）まさにこの一文に、本章全体を貫く基本テーゼが集約されている。「意識の内密性において罪であるもの」が「意識間の相互関係における分離」と同一のものであることが理解されることによって、それまで「精神的原因性」や「純粋自我」という名で語られていたナベール反省哲学の「始原〔原理〕」が、あらためて「一なるもの（l'un）」ないしは「一性（unité）」として語り直されることになる。ナベールはこうした表現をその死に至るまで保持しつづけるが（遺稿集『神の欲望』を参照）、同時にそれがプロティノス的な「一者」やヤスパースの「包越者」とは違って、あくまで反省的にしか触れられない「絶対的働き」の事柄であることを倦むことなく繰り返している。ここで確認すべきことは、この絶対的働きから自我に突きつけられる「自己脱去」の要求が、今や他なる意識への絶対的な自己開放の要求として立ち現れるということである。

（41）ここでいわれる「一において二でありたいという欲望（désir de deux en un）」と「一を通して二でありたいという欲望（désir de deux par l'un）」は、文言の上ではきわめて微妙な相違であるが、ナベールにとっては本質的な区別を言い表している。「一において二でありたい」とは、直前の文で語られる「孤独な存在を逃れて単独なる一者へと向かう」という方向性であり、たがいの共通の始原たる一者へと立ち戻りそこで落ち着き所を得ることを切望する二者のあり方である。そこでは、反省の営みは全ての源である一者に飲み込まれてしまわざるをえない。それに対して、「一を通して二でありたい」という場合は、「一」は二者が共有する存在論的な始原ではなく、むしろ両者にそれ自身を脱して他へと自らを開くことを促す働きそれ自体の一性を指すことになる。ナベールが希求するのは後者の方向性であり、そこでは「一なるものの欲望(désir de l'un)」は直ちに「他なるものの欲望(désir de l'autre)」となるのである。

(42) ここで自我の(不純な)精神的原因性が「不意打ち」を受け、「驚かされる」といわれているのは、第三章の罪をめぐる考察で、「意識は自分で自分を悪しき者として断罪しつつ、自らに驚く」とか、「自らの行為を前にして悪人が感じるのは、ある種の茫然自失である」といわれていたのと基本的に同一の事柄である。自我の自由が消失する点にまで内的に遡行していく反省的掘り下げの道程においては、つねに自らの始原〔原理〕を裏切り分離を導入してしまう自ら自身の姿に面することは、何よりも先ず「驚き」をもたらす出来事であり、「茫然自失(stupeur)」を根本的情動とする事態なのである。

(43) 「自我自身を称揚する媒体となる〈私たち〉(le nous par quoi s'exalte le moi propre)」と「自我を自己自身から解き放つ媒体となる〈私たち〉(le nous par quoi le moi se délivre de soi)」という対比は、ベルクソンの『二源泉』における「閉じた社会」と「開いた社会」の対比を想起させる。ただし、ベルクソンの「開いた社会」が生の源泉から湧出する躍動に直接動かされているのに対して、ナベールの場合は、後者の〈私たち〉においても不正と悪は乗りこえられない形で存続しており、そのことを気づかせるという間接的な仕方でのみ「一性の始原〔原理〕」の働きに触れるだけである。この点を自覚せず、後者の〈私たち〉を一性の始原〔原理〕の直接的表現とみなしていると、すぐ後でいわれているように、解放のためであるはずの〈私たち〉の形成によって「より深い悪」が隠蔽されつつ産み出されるということが起こりうるのである。

（44）悪を「制限」とみなすというのはライプニッツ、「神秘」とみなすというのはマルセルの立場を想定していると思われる。

（45）この表題にある「アプローチ（approches）」とは、正当化〔義認〕への明確で普遍的な接近法を意味するものではなく、むしろ「être aux approches de...（……への接近の途上にある）」というフランス語表現にみられるような途上性の含意を反映している。実際、本章の中には、「個別の自我はつねに正当化〔義認〕への接近の途上にある（« un moi singulier en est toujours aux approches de la justification）」という表現がある。この途上性は、いつかは正当化〔義認〕へとたどりつけるという仮初めのものではなく、この「アプローチ」の本質的な未完結性を示している。それは、前章で繰り返し強調されたように、ナベールのいう「一性の始原〔原理〕」というのは決して実体化・存在論化することのできない反省的原理であり、自己の自己自身に対する不相等の自覚と表裏してのみ触れられる働きであることと連関している。「アプローチ」が単一のものではありえず、つねに複数形で表記されねばならないのも、このことと深く関係している。

（46）これが、本書を締めくくるこの章の全体を導き、繰り返し形を変えて現れる問いである。前章までの考察では、悪の経験の反省的な深化を極点にまで進めた結果、自我を自我と化する根源的な働きが、その内奥の始原へのたえざる裏切り（罪）であると同時に他者を他者として排除する根源的な分離の営みであるという洞察に到達し、それによって、第一章で描かれたような「正当化できないという感情」が自我に直接責任を問いうる範囲を大きく超えてのしかかってくる所以が示された。では、そうした中で、このような反省を根底で動かす絶対的な内なる働きによってかきたてられる「正当化〔義認〕の欲望」に、この反しの本質的契機となる悪の問いを投げ捨てることなく（「過ちの重荷を降ろさずに」）、何らかの通路をつけることができるのか。これがナベールの反省哲学の命運を決する本質的な問いとなる。本章では、この困難な問いをめぐって、息苦しいまでの自問自答が繰り返されることになる。

（47）「創造的持続の上昇運動」と「この運動の停止、開始した進行の中断」という対比は、ベルクソンの『創造的進化』において描かれる「生の二重の方向」〔生の跳躍と生の停滞・旋回〕を念頭に置いたものである。

(48) これは第一章の終盤で「救いとなる矛盾」〔四〇頁〕といわれていたのと同じ事柄である。

(49) 根元悪に面した人間は、その心術においては「革命」を、自己の再創造ともいうべき「再生」を必要とするが、それが実際に証しされるのは「無際限の前進」によってのみだというのがカントの基本的な考えである。『宗教論』第一篇の「一般的注解」を参照のこと（A47–48）。

(50) カントの場合、行為の動機は自ら直接確認できないどこまでも不分明なものであるが、私たちにおいて純粋なものであり続ける「道徳法則の意識」が私たちの自由を証しするとともに、この世界がそうした理性的自由を有意味たらしめるように創られていることを正当に要請せしめる限りにおいて、私たちは自らの再生（「心術の革命」）を希望することができる。この希望に支えられて、人間は「無際限の前進」を志向することができるのである。だが、「道徳法則の意識」が人間の自由の究極的条件であるというカントの基本思想を批判的に掘り崩すナベールにとっては、「実践理性の事実」から「希望」の事柄としての最高善へとつなげるこの連関は意味を失い、その結果、彼の反省作業を突き動かす「正当化〔義認〕の要求」は、その時々の行為の絶対性によってしか証しされえない張りつめたものとなる。だが、そうなると、一つひとつの行為はそのつど全く新たになされねばならないものである以上、かりにある者が自己再生の深い欲望から「絶対的」な行為をなしえたとしても、そのことが彼の次なる行為の絶対性を保証することは決してないといわねばならない。「私たちが正当化〔義認〕の希望の支えとするべき内的作用自体が根元的に不連続である」とナベールがいうのはそのような意味においてである。

(51) 先の段落では、根元悪からの「再生」の希望を拠り所とするカントの立場に対して、再生を担う内的働き自体の根本的な不連続性に基づいた批判が突きつけられたが、これはカント的「心術の革命」に対するナベールの批判の第一段階でしかない。さらにこの段落からは、そもそも「内的存在の改良」を「二次的な問題」と化すような次元へと考察が進められる。それは、「私たち自身の行為と過ちの結果、他者たちが被る悪」と関わる。かりに何らかの手段によってある者の内的存在の再生が完全に確証できたとしても、その者の悪しき行為が起点となって世界に刻みつけられた悪、他者が被ることになった悪の正当化不可能性を打ち消すことはできない。この見地においては、「私は本当に心の奥底から生まれ変われただろうか」という悪人の問いは、せいぜい副次的な意味しかもたないことになる。本書全体の構成との関係でいえば、内的働きの不連続性に基づく第一段階のカント批判は第三章の「罪」論に、第二段階の批判は第四章の「意識間の断絶」論にその根拠をもっているといえよう。

(52) この犯す悪と被る悪の「交差」の有りさまを深く繊細に浮かび上がらせたことが、ナベールの悪論の独創的な成果のひとつであることはいうまでもない。そしてそれは、第一章における「正当化できないという感情」に定位した反省的思索からすでに、ナベールの視野に入っていた課題である。訳注11も参照のこと。

(53) 「人間精神」との関係においていわば「内在における超越」というあり方をとるこの「要求」が、ナベールの反省哲学が析出する「絶対的なもの」にほかならない。『神の欲望』とは別にポール・ルヴェールが刊行した遺稿の中で、「内在のただ中に超越を立て直す」とか、「超越が絶対的であるためには内在が全面的でなければならない」といわれているのはそのような意味である(Jean Nabert, «Inédits», in Paul Levert, *Jean Nabert ou l'exigence absolue. Avec un choix de textes comprenant des INEDITS, une biographie et une bibliographie*, Paris, Editions Seghers, 1971, p. 150)。これは、第一章の末尾で「全く人間的な欲望の挫折と見なされうるような状況で、まさしく人間的な欲望以上の欲望が姿を現す」(三九頁)といわれた際の「人間的な欲望以上の欲望(désir plus qu'humain)」と同じことである。こうした一連の表現の内に、パスカルの『パンセ』の一節「人間は人間を無限に超えるものである」(Brunschvicg 版 434, Lafuma 版 131)の反響を聴き取ることもできよう。ただし、パスカルのような「キリスト教護教論」の立場は、ナベールの反省哲学とはどこまでも相容れないものである。本章の最後で触れられるように、ナベール的超越は、あくまで宗教的経験の「手前」にとどまり、あえて「メタ道徳的」という不安定で不定形な次元をその場所とすることになる。

(54)「存在忘却」や「存在と存在者との根底的な区別」といった表現から分かるように、この長い段落では、一度もそれと名指すことなく、ハイデガーの立場が批判の俎上に載せられている。「悪とは人間が存在の呼び声を聞かないでよいように、微睡みの内で自足することなのだろうか」といった表現からして、ナベールが念頭においているのが、現存在に対する存在の覆蔵性(Verborgenheit)が存在にまつわる歴史的運命性の事柄とみなされるようになる後期ハイデガーの立場であることは明白である。はたして、悪は存在忘却、さらにはハイデガー的な意味での「存在史」的な命運に還元されるのか。悪をそのように還元する思索それ自体の「不正」が問われねばならないのではないか。このような問題意識において、ナベールのハイデガー批判はレヴィナスのそれと大きく重なり合っている。訳注12、訳注31をも参照のこと。

(55)『道徳と宗教の二源泉』第二章の「悪の問題」と題された節で、ベルクソンは、ライプニッツ流の予定調和に基づくオプティミズムに抗して、苦が生の領域においてもつ現実性を際立たせた上で(「子を亡くしたばかりの母親を前にしたとき、そのような哲学者はどう考えるだろうか」という問い)、それでも彼自身の立場から「経験的オプティミズム」を説く。それは、(1)「人類は生に愛着しているからには生を全体としては善いものだと判断していること」、(2)神秘家が例証するような「快苦を超えた混じり気のない歓びが存在すること」という二つの「事実」によって自ずから生じてくるオプティミズムのことである(Henri Bergson, *Les Deux sources de la morale et de la religion*, Paris, PUF, édition critique soul la direction de Frédéric Worms, 2008, p. 277.)

(56) この問いは、人間である限りは罪の意識が目覚めないことなどありえないということを強調するための修辞疑問と解されてはならない。罪の意識を反省的に深化していくことで「人間的な欲望以上の欲望」が立ち上がることがありうるように、人間が罪の意識に目覚める機縁すら奪われていわば「人間以下」の次元にとどまることもつねにありうるというのが、ナベールの哲学的立場からの必然的な帰結であると思われる。というのも、ナベールにとっては、この「目覚め」を保証するような目的性や事実性はありえず、その存立自体がもっぱら一回的で非連続的な「働き」ないしは「行為」の偶然性に依っているはずだからである。「正当化できないもの」をそのように感じ、そこから発して自らが直接間接に加担している悪の自覚をもつこと、そういった営み自体がナベールの見地では偶然的なものなのであり、それが生じなかったとしても不思議ではないのである。このような根元的な偶然性に拮抗するべく、ナベール的反省は過度で誇張的な表現を必要とするのだといえよう。

(57) ここは原文では《quand ne ne serait qu'en raison des reprises discontinues de son effort》となっているが、文意が通らないので、最初の《ne》を《ce》と訂正して訳した。

(58) 悪の重荷を降ろすことなくいかにして「正当化〔義認〕の欲望」に何らかの通路をつけることができるかという本章全体を貫く問題に対して、ここでようやくひとつの方向性が示される。自我の自己再生の努力も、絶対的な行為もこの欲望を現実世界へとつなげえない中で、悪の反省的意識に目覚めた自我が「しかるべき時に」出会う「他の意識の無償の働き」だけが突破口となりうる、というのがナベールの基本的な発想である。しかし、このように他者が自らを全面的に問いただす自我へ自身を低めて触れてくるという交わりが生起すること自体、すぐ後でいわれるように、自我の反省的目覚めの偶然性よりもなお偶然的な事柄である。ナベールがそこに「一性の始原〔原理〕」の証しを見ようとするこの「絶対的な交わり」は、この意味で二重の偶然性を刻みつけられているのである。

(59) 先に「他の意識の無償の働き」と呼ばれた事柄は、ここであらためて「絶対的なものの証人たち（témoins de l'absolu）」の名のもとに位置づけ直される。本書ではこの表現が登場するのは一回限りであるが、この主題が、『神の欲望』の第三章に配置された一連の遺稿で集中的に論じられる「証言の形而上学」ないしは「絶対的なものの解釈学」へと展開するものであることを指摘しておきたい。悪の反省的意識における絶対的な働きへの目覚めの偶然性と他者の無償の働きの偶然性との遭遇において「絶対的なものの通過と息吹」を見分けようとするナベールの歩みは、「証言」ないしは「証人」という問題系を通してさらに追求されていくのである。

(60)「正当化〔義認〕の欲望」に通路をつける手立てを探る本章の考察は、端的にいえば「悪からの救い」の探求であり、その点において「宗教」の課題に限りなく近づく。また、ナベールにおいてはこの探求はどこまでも悪の反省的経験の深化として遂行されるのだから、そこで視野に入ってくる「救い」は「宗教的経験」と区別がつかなくなってくるように見える。こうした点は、一つ前の段落でナベール自身が認めていることである。だがナベールは、正当化〔義認〕への通路を開く絶対的な交わりの経験は、道徳性の次元を踏み越えつつもあくまで宗教的経験の「こちら側」にとどまる「メタ道徳的経験（expérience métamorale）」であるという。ナベールの反省哲学が、根本的な願いを宗教と共有しながらも宗教的経験に対してこのようなスタンスをとるのは、宗教的経験によって「救いの揺るぎない確信」に到達したと考えるやいなや、悪の「正当化不可能性」が最後のところで相対化され、それに内属する真剣さを失ってしまうことを恐れるからである。この問題は、正当化〔義認〕の欲望が「神の欲望」として位置づけ直される遺稿集『神の欲望』において、さらに本格的に考察されることになる。

訳者解説

本訳書は、ジャン・ナベール（Jean Nabert, 1881-1960）の主著と目される著作『悪についての試論』(*Essai sur le mal*) の全訳である。この著作の初版は一九五五年にパリの Aubier 社から刊行されたが、長らく絶版になっていた後、一九九七年に Cerf 社から復刊された。翻訳は Cerf 社の復刊版にもとづいて行ったが、この版は頁付も含めて Aubier 社の版を忠実に再現したものである。なお、原書にはナベールの弟子の一人であるポール・ルヴェールによる序論と、「カントにおける悪の観念についての覚書」と題されたナベール自身の小論が収録されているが、これらは訳書からは割愛した。

本訳書はナベールの著作の最初の日本語訳である。本書はその奥に非常に独創的で哲学的にも興味深い思索を隠し持っているが、屈折をきわめた独特のスタイルで書かれているために、この無名の哲学者が何をどのように思索しようとしてきたかについての予備的な理解なしには、その論展開についていくことすら難しい。日本語でもごく少数ながらナベールについての優れた研究は存在するが、読者が専門の哲学研究者である場合でも、本訳書の有意義な受容のための環境が整っているとはとてもいえない。

もちろん、本文を可能な限り読みやすい日本語に移すための工夫は尽くしたつもりであるし、訳注も充実させたつもりではあるが、それでも本文と訳注だけで、この難解な著作に無造作に埋め込まれた数々の論点が伝わりうるものかどうかは心許ない。そこで、いろいろと思案した末、本書を解読するために必要であると訳者が考える全ての事柄を組み込んだ解説文を記すことにした。訳者解説としては異例の長さの文章になるが、ご理解いただければ幸いである。

1　ナベールとは誰か？

ナベールは一八八一年にフランスのローヌ・アルプ地方のイゾーで生まれた。一九一〇年に哲学の教授資格（アグレガシオン）を取得し、地方の高校の哲学級で教え始めるが、第一次大戦開始後まもなく動員されて負傷し、終戦までスイスで傷病兵として収容される。一九二四年に博士論文『自由の内的経験』（*L'expérience intérieure de la liberté*, Paris, PUF）を刊行（副論文は「カントにおける内的経験」）。一九三一年から四一年までアンリ四世高校の高等師範学校準備級（カーニュ）にて教える。一九四三年に『倫理のための要綱』（*Eléments pour une éthique*, Paris, Aubier）を刊行。一九四四年に哲学の視学総監となり、その後ヴィクトール・クーザン文庫の長を務めた。一九六〇年に死去するが、その時に進行中であった著述に関わる大量の原稿が残された。この原稿は整理されて、一九六六年に『神の欲望』（*Le désir de Dieu*, Paris, Aubier）と題され刊行された。

以上の経歴と著作歴からさしあたり見えてくるのは、取り立てて目を引くところのない地味な哲学者の生涯である。実際、ナベールが生前に発表したのは、書評などを除けば、お世辞にも大著とはいえない三冊の著作と、二〇篇にも満たない論文だけであった。[*1]そして、それらの著述も、ごく少数の弟子や理解者たちを除いては、ほぼ黙殺されたといってよい。その理由は、ナベールの著述を実際に読んでみれば見当がつく。新たな領域を照らす広大な視野、問題設定の独自性、それらを担いうる革新的な概念や叙述様式。時代を画する哲学著作の条件をいささか平板に記せばそのようなものになるだろうが、少なくとも一読したかぎりでは、この哲学者の書くものはそうした美質には全く無縁であるように見える。きらびやかな修辞には一切頼らず、問いかけに問いかけを重ねながら内旋と屈曲を繰り返していくナベールの思索は、極度に見通しの悪いつづら折りにも似た異常に濃密な文章を積み重ねていく。少なくとも訳者は、これまで数多くの哲学者の文章を読んできた中で、これほど意味理解のレベルで手間のかかる文章に出会ったことはない。「フランス反省哲学」――この思想潮流については後に説明する――の末流に自らを置くこの哲学者は、あたかも反省的な自問自答を通して揺れ動き自己修正を繰り返しながら変転していく思索をそのつどの文章に凝結させることが哲学の唯一の営みであるかのように、序論も結論もない（ように見える）論述を倦むことなく紡いでいく。途方もなく真剣だが、途方もなく不器用でコミュニケーション・スキルに乏しく、何を言いたいのかつかめないほど伝わりにくい文章を書く。初めてナベールを読んだ人が抱く印象は、大体そのようなところであろう。

こうしたタイプの哲学者は、たいていは死とともに忘れ去られていくものである。だが、ナベールの名はかろうじて踏みとどまり、その著作は少数だが熱意にあふれた理解者たちによって読み継がれて現在に至っている。なぜそのようなことが起こりえたのか。背景的な事情として、以下の二点を挙げることができよう。
　第一には、二十世紀後半のフランス哲学を代表する一人であるポール・リクールが、事あるごとにこのマイナーな哲学者を讃嘆を込めて紹介し、自らの思想の源流の一つとして位置づけていることである。[*2]訳者自身もそうだが、ナベールの読者には、もともとリクールの紹介によって興味を引かれてその書を手にとってみたという人が多い。少なくともナベールという名前は、その著作を読むところまではいかなくても、現代フランス哲学に関心をもつ一定数の人たちに知られている。これはひとえにリクールの努力のたまものである。リクールは、自らの解釈学的哲学と関連づけてナベール哲学の意義を掘り起こすだけではなく、ハイデガーやレヴィナスなど二十世紀の哲学の巨匠たちとナベールとを突き合わせて論じられるような見取図を描くべく努めてもきた。実際、この見取図を導きとしてナベールの現代哲学におけるプレゼンスを探り直してみると、想像以上に多くの事柄が目に入ってくる。たとえば、レヴィナスは第二の主著『存在の彼方へ』で、一度だけナベールの名を挙げて正面対決を試みている。[*3]またミシェル・アンリは、対談の中で、若い時にナベールのカント解釈に強く引かれて熟読したことを述懐しており、その痕跡は『精神分析の系譜』の中のカント論などにみられる。[*4]さらに、これは伝聞の域を出ないが、ナベールの「カントにおける内的経験」を読んだハイデガーが、フランスにおけるもっとも深い『純粋理性批判』の解釈だと評したという話もある。[*5]
　だが、リクールの手で描き直されて現代思想の舞台に導き入れられたナベール哲学は、その実像よりもはるかに明快で消化しやすいものに変貌している。リクールの紹介に導かれてナベールの著作に関心をもった者は、実際に読むとそのあまりの晦渋さに驚き、本当にこれがリクールの語っていたナベールなのか、と訝らざるをえない。とはいえ、この落差はナベールの個人的資質や力量不足にのみ帰されるべきものではないと思われる。ナベールの思索の晦渋さは、その背後に、注目されることは少ないがきわめて独自な哲学的伝統をもっている。ナベールが自らの哲学的態度とする「反省」は、そもそもメーヌ・ド・ビランが開発し、その後「フランス反省哲学」と呼ばれる思潮によって展開された反省の作法を受けついだものである。このような哲学史的文脈からの関心が、ナベールの名を忘却から護ってきた第二の要因である。[*6]

ビランは「内奥感の原初的事実」としての直接的統覚を基礎に据えて、きわめてユニークな哲学知のあり方を構想した。これは「事実」といっても所与の事象を意味するのではなく、自らの身体を動かそうとする意志が身体の抵抗感を相関項として直接感知する努力感において、意志を発動させるたびに反省的に確証されるべき事実性である。このように、ビランはデカルトの cogito（我考ウ）を volo（我意志ス）の直知として受けとり直すことによって、デカルト的我をより実質的かつ非形而上学的な仕方で再規定しようとしたのである。ここでは、哲学知の基礎となる「内奥感」は、それをさらに下支えする実体的存在を呼び出すことを許さず、身体の重量を感じつつ自らの意志の働きを発動させているというささやかな内的感情へと繰り返し反省的に立ち返るかぎりでのみ確証できるものである。この場合、哲学知の基礎を確立したら、後はそれによって保証される明証性を頼りに安心して哲学体系の構築に邁進するというわけにはいかない。明証性の根拠を確認するためにたえずその〈手前〉に立ち返るような、シジフォスの営みにも似た反省作用の反復を余儀なくされることになる。このような営為を言葉にすれば、自分自身への問いかけと確認を細心に繰り返しながら無際限に続くような晦渋な言述にならざるをえないだろう。実際、ビランの残したテクストは、同じ問題を論じてはまた語り直す未完結草稿の膨大な集積という様相を呈しているのである。

このビラン的反省の困難なあり方をその尖鋭さを失うことなく引き継いだのが、ナベール自身がその継承者たることを標榜する「フランス反省哲学」の潮流である。ラシュリエやラニョーを核として十九世紀後半に形成されたこの潮流は、当時さまざまなルートからフランスに移入され影響力を増しつつあったカント哲学を重要な参照軸としており、表面的には同時代の新カント派と区別がつかないようにみえる。だが、カントの超越論的反省をビラン的反省が生起する土壌へと移植し、カント的な超越論的統覚の〈手前〉にビラン的な直接的統覚を位置づけることによって、彼らは区別と限界設定の哲学者であるカントから学んだものをビラン的な晦渋の道へと引き込んでいった。[*7] たとえばラニョーは、カントが純粋悟性概念を見出す手引きとした「判断」の営みを彼の反省哲学の核心に置くが、判断とは単に感性の多様を悟性によって結びつけることではなく、そうして形成された認識への自由な同意によってその明証性に保証を与えることこそが判断の生命線だと見る。判断の根底で働くこの自由な同意への反省は、明証性の〈手前〉に位置するがゆえに晦渋にならざるをえない次元へとたえず思考を立ち戻らせ、「晦渋なものを通して明晰なものを（clarum per obscurius）」[*8] 説明するように促す。

こうした思考法が、見通しのよい哲学体系の構築とは本質的に逆の方向性をもつことは明らかであろう。事実、ラシュリエもラニョーも極度に凝縮された短い論述をいくつか残しただけで、もっぱら高校の哲学級や準備級での教育活動を通して若者たちに深い影響を与えたのだった。だが、彼らの残した影響の大きさから、フランス反省哲学のもつ潜勢力は十分推し量ることができる。ラニョーを「私の出会ったただ一人の偉人」と評したアランは[9]、師の哲学様式をその飛躍に満ちた論法によって引き継ぎつつも、それを盛る器としての「プロポ」（コラム風の哲学小論）を磨き上げることで膨大な数の作品を残した。また、アランがもっとも愛した弟子の一人であるシモーヌ・ヴェイユは、人間的現実の苛酷さへの異常に鋭敏な意識の中でなお感得されうる反省的自由の姿を追求し続け、破格の政治思想、宗教思想へと結実させた。世代的に言えば、ナベールはアランとヴェイユの中間に位置する。だが、思想表現のスタイルや、外面上はきわめて地味であった生涯からすれば、むしろナベールこそがラシュリエやラニョーの直系だともいえる（リクールはつねにこの三人の名によって「フランス反省哲学」を代表させている）。そうした意味で、ナベールの残した著述は、そのとっつきにくさにもかかわらず、フランス反省哲学の二十世紀的展開の可能性の一つを告げる資料として、この思潮に共感と関心を寄せる者たちを強く引きつけるのである。

以上、その驚くほど地味で晦渋なスタイルにもかかわらず、ナベールの名がかろうじて忘却を免れ、その著作が読み継がれてきた理由を説明してきた。だが、これだけではまだナベールの思想自体の独自性には触れられていない。リクールの哲学の一つの源泉として、あるいはフランス反省哲学の潜勢力を理解するための一つの資料として、この思想がわれわれの興味を引きうる理由が述べられただけである。しかし訳者としては、そうした外面的な連関を超えて、ナベールの著作はそれに固有の意義と魅力をもち、起爆力の大きいユニークな問題提起と思索展開をその懐に隠しもっていると考えている。だからこそ、その主著にあたる書を日本語で読めるようにしたいと考えたわけである。

では、ナベール自身の独自性はどこに存しているのか。そのヒントはこの主著の題名の中に含まれている。すなわち、「悪の問い」である。『悪についての試論』という題名は、できあがった哲学思想を悪という特殊な問題に応用するような企てを想像させるかもしれないが、そうではない。この著作を貫いているのは、むしろ悪の問いとの不可避的な出会いを起点とし、この問いを内在的に深化させることによって引き出される洞察を極限まで追究していく思索こそが、真の意味での「反省哲学」であるはずだという立場である。ビラン的反省が有機的身体に対する抵抗感との相関において意志作用の直接的統覚を見出したのに対して、ナベール的反省は、悪の経験の本質的な構成要素たる悪への抵抗感——ナベール自身の術語では「〈正当化できない〉という感情」——をセンサーとして、反省を起動し推進する内奥の働き——構成された自我よりもさらに内なる働き——へとわれわれを目覚めさせていくのである。それゆえ、以下においては、本書で繰り広げられる思索の概要を紹介・解説するにあたって、悪の問いと反省哲学との間にナベールが見出したこの独特の連関を導きの糸としたい。本書の意義が単にフランス反省哲学を刷新し新たな展開をもたらしたというだけのことであるならば、それがどれほど画期的な展開でも、所詮ローカルな話にすぎないということになろう。だが、悪の問いと哲学との緊張をはらんだ関係自体に対してナベールの思索が何をもたらしうるのかを問うならば、話は大きく変わってくる。ナベール哲学に内包される際立った意義と可能性が浮かび上がるのは、まさしくそうした局面においてであると思われるのである。ただし、そのような切り口をとるならば、やや俯瞰的な立ち位置からの前置きが必要になる。ナベールがこの書の考察を手がけていた時期において、悪の問いをめぐる哲学的状況はどのような地点にまで至っており、またそこにはこの問いをめぐる哲学史的な変遷がどのような仕方で畳み込まれているのか。そういった点について最小限の事柄を踏まえておくことが求められるのである。ひたすら反省へと沈潜していくナベール自身の論述では、そうしたレベルの論点は時たま仄めかしのような形で触れられるだけであり、彼自身にまとまった説明を期待することはできない。きわめて図式的な話になるが、訳者の責任において必要な論点を略述しておこう。

2 悪の問いと哲学——その歴史的変遷[*10]

西洋の思想的営為は、きわめて大づかみにいえば、ギリシャ的・哲学的文脈とヘブライ的・聖書的文脈との緊張的連関の中で育まれてきたといえようが、悪の問いにおいてもこの事情に違いはない。そして、二つの文脈の重なり合いの中で、長らく悪の問いは「なぜ悪があるのか」という形で提示されてきた。その前提にあるのは、プラトンのようにイデアのイデアを「善のイデア」とみなすにせよ、聖書のように全ての被造物を神によって「善し」とされたものとするにせよ、存在〈存在すること〉ないしは〈存在するもの〉は根本的に善だとみなす立場である。

古代ギリシャ由来の伝統では、たとえば病気が健康の欠如であるように、悪はもっぱら善の「欠如(stērēsis, privatio)」、あるいは存在に対する「非存在(mē on)」としてとらえられてきた。この場合、真の存在を明確に認識しさえすれば、悪の問いは人間や人間世界の有限性や不完全性の投影にすぎないことが分かり、問いそのものが解消されてしまうはずだということになる。これは、「被る悪」としての苦しみだけでなく、意志的に「犯す悪」としての過ちや罪についても同じである。「知って悪を犯すものはいない」というソクラテスの言葉は、こうした立場をもっとも直截に表しているといえよう。

これに対して、ユダヤ・キリスト教的文脈では、神への背反としての罪が深刻に受けとめられる中で、悪を悪と知りつつ犯してしまう人間の「意志の逆倒（perversitas voluntatis）」（アウグスティヌス）がとくに問題とされる。「被る悪」については何らかの不完全性に基づく消極的なものでしかないといえたとしても、「犯す悪」に伴うこの意志の自己分裂の根には、悪を犯しうる自由の謎めいた実在性を認めざるをえない。そこには、悪を非存在や善の欠如として認識する知をどれほど鍛え上げても追い払えない根本的な昏さがある。だが、人間には窺い知れない高みに立つ神から全てを見るという視点が確保される限りは、人間のこうした不可解な自由も躓きを通して神の恵みに触れさせる契機だということになり、「幸いなる罪（felix culpa）」として高次の善に従属させられてしまう。悪しき自由はこのような枠組みに収まる限りで許容されているだけであり、結局は、被る悪であれ犯す悪であれ、究極の善たる神との関係においては「善の欠如」でしかありえないのである。

近世の形而上学において、以上のような発想を物理的悪（痛みや苦しみ）から道徳的悪（過ち）を経て形而上的悪（有限性や不完全性）に至るまで宇宙論的な規模で展開し、神（哲学者の神であれ聖書の神であれ）が悪を「許容」していることの意味を解明したと主張したのが、ライプニッツの「神義論（théodicée）」である。それを支えていたのは、いかなる種類の悪であれ、それだけを切り離して判断せずに存在「全体」の中に置き直すならば、しかるべき位置を与えられて「許容」される、という洞察であった。しかし、このようなパラダイムは、すぐ後のリスボン大地震（一七五五年）を象徴的な転回点として急速に効力を失っていく。この時ヴォルテールは「リスボン大災害についての詩」を発表し、「『全ては善である』という公理はこの災害の証人たちには少々奇異に見える」と述べてライプニッツを痛烈に批判した。これは、大災害への直接的な反応にとどまらず、神義論的枠組みを支えきれなくなった時代の精神的状況の反映でもあるといえよう。以後、「物理的悪」は自然法則に服する価値中立的な事象として遇されるようになっていき、「形而上的悪」は独断的な思弁として遠ざけられていく。そうして悪の問いは、人間がその自由によって犯す過ちへと集約され、世界の構造でも神の意志でもなくもっぱら人間の意志と行為に責めを負わせる「道徳的悪」へと問いの全重量がかけられていく。一言でいえば、「なぜ悪があるのか」から「なぜ私は悪を犯してしまうのか」へと問いの重心が移動したのである。

悪の問いのこのような再編成は、問いの領域を狭く限定することと引きかえに、この問いを人間の自由の根底へと深く掘り下げ、その底知れなさを垣間見させるものとなった。この方向へと決定的な一歩を印したのがカントである。カントは理論的次元で独断的な形而上学をラディカルに批判した上で、道徳法則の意識によって開示される実践理性の自律を基礎にした批判的な形而上学を作り上げていった。そこでは、旧来の形而上学における存在の善性は、個々の人間のもつ理性が自らに対して道徳法則を立てる「善意志」によって取って代わられる。それゆえ、存在の善性を前提としてきた悪の問いは、たえず自分で自分を立てることを求められる善意志との関係において立て直されねばならない。こうして晩年のカントが行き着いたのが「根元悪（das radikale Böse）」の概念であった。カントは、かつてアウグスティヌスがキリスト教の神との関係で「意志の逆倒」と表現した事柄を、人間が自らの自由を発動する際の「主観的根拠」としての「人間本性」の問題として掘り下げていく。悪しき行為の奥には悪しき「格率」を動機として採用するということがあり、さらにその底には、理性的存在者として道徳法則を意識しているはずの自由な人間が、その自由を行使しようとするやいなや作動する悪しき「性向(Hang)」がある。カントが根元悪の名の下でとらえるのは、普遍的な道徳法則よりも特殊的な他の諸動機を優先させるというこの「格率の転倒(Umkehrung)」であり、いかなる知によっても「究明できない」がゆえに「根絶不可能」な自由の自己背反であった。

このように道徳的悪に特化して先鋭化された悪の有りようが、もはや「善の欠如」という消極的な規定には収まらないことは明らかである。とはいえこれは、理性を破壊する「悪魔的」な悪を意味するのではない。根元悪を根元悪として知らしめるのはあくまで道徳法則の意識であり、それを人間から取り去ることはできない以上、むしろ根元悪との対照によって理性の命令が一層際立つことになる。すなわち、自らの自由の根底で「根絶不可能」な悪が作動しているという反省は、同時に心を向けかえて善き人間へと再生しようと努めるように迫る内なる命令と一体であって、その意味で悪は「克服可能」でなければならない。このことは、悪の根がどれほど深くとも、犯した悪の責任は自由な主体に負わされるべきであることを示している。こうしてカントの根元悪論は、理性的・自律的存在者たる人間の自由を根底から脅かすと同時に、どこまでも人間の自由の試金石として悪の問いを位置づけることで、啓蒙の世紀以後の悪理解を大きく決定づけるものとなった。たしかに、すでに十九世紀においても、その理性主義的な枠付け自体は繰り返し問いに付されている。たとえば、シェリングは根元悪のさらに根底に「神の内なる自然」を見るという思弁へと進み、キェルケゴールは「単独者」としての実存を舞台に、独特な仕方で捉え直された神関係の下で悪の問いを位置づけ直した。しかし、そうした場合でも、悪の問いを自らが「犯す悪」へと限局し、悪の根拠を人間的自由の根底へと掘り下げて問うていくという方向性は保持されていたのである。

しかし、世紀の変わり目からナベールが本書を著した一九五五年までの半世紀余りの期間において、悪の問いをめぐる状況は大きく変わっていった。この時期において、自律的主体を礎とした近代的な原理がさまざまな角度からラディカルに問い質され、いわゆる現代思想の源流となる斬新な思索が続々と登場してきたことは周知の通りである。そうした中で、悪を犯しうる自由を有しその責めを負う主体へと悪の問いを集約させる行き方がそのままでは維持されえないことは想像に難くない。精神分析による無意識の発見は、自らが悪を犯しているという主体の意識自体に不信の目を向けることを教えるだろうし、後の構造主義につながる原始社会の社会学的・人類学的考察は、善悪の基準や道徳の機能について、犯す悪の主体を相対化するような集団形成的メカニズムとの関連を際立たせるだろう。だが、こうした指摘は、近代的主体性の問い直しという大きな流れから天下り的に引き出してきたものでしかないともいえる。現実に悪が問題にならざるをえない状況にもう少し引き寄せて考えれば、この時期に悪の問いが被った重大な変化が当の問いに即した形で浮かび上がってくる。とくに参照しなければならないのは、二度の世界大戦が投ずる影であり、そこで文字通り「世界」を巻きこんで進行する歴史的状況の大変動であろう。この観点から見る時、次の二つの事柄が浮き彫りになる。

第一には、悪を「犯す」者から悪を「被る」者へと、悪を考察する際の重心が確実に移動してきたことである。悪しき行為（action）は行為者自身の悪しき有り方を暴露しその責めを負わせるだけでなく、その行為を被り苦しむ（passion）他者が必ず存在するはずである。悪しき行為の底で働く根元悪が「究明不可能」であるならば、自己の悪行が他者や世界へと及ぼすこの「被る悪」の方も無際限で「予見不可能」なものにならざるをえない。考えてみれば当たり前の話である。だが、カント的なタイプの根元悪論は、「犯す悪」と「被る悪」のこのような連動・交錯に対応することができない。悪人が自らの自由の根底で働く悪を鋭く反省することによって文字通り心を入れかえたとしても、そのこと自体が他者に被らせた悪の埋め合わせになるわけではないからである。

二十世紀前半を通して、自己が犯す悪とそれが他者に被らせる悪のこうした非対称性が徐々に顕在化し、悪の問いの前景を占めるようになってきた。実際、二度の世界大戦を通して、戦争の悪の語られ方がこの方向へと変移してきているのが目につく。すなわち、戦争を推進し決定を下す者たちの「犯す悪」の輪郭がとらえ難くなっていくのと呼応するかのように、無数の名もなき「犠牲者（victime）」たちの「被る悪」が前面に出てきたのである。その背後には、世界大戦と根深く絡み合いながら、加速度的に進展する科学技術の成果を軍事や産業に取り込みつつ文字通り「総動員」体制として形成されていく世界システムがある。そこでは国民国家を結節点として取り集められた有形無形の力がぶつかり合い、戦闘員と非戦闘員の区別すらなし崩しにしていく形で戦いが進んでいく。そうして産み出される悪の重大さは、もはや悪を犯す主体の背後にある悪意の大きさによって測りうるものではない。「犯す悪」はそれとは全く不釣合いな仕方で「被る悪」を際限なく招来せざるをえないからである。誰もその全貌を視野に収めることのできないこの悪の動性は、「犠牲者」へと縮減された他者たちによって証言されるしかない。これが第二次大戦後の悪の問いを導く主調音の一つであることは間違いあるまい。その典型例として思い浮かぶのは、たとえばレヴィナスのような立場である。「存在することの悪」を語り、「全体性」の暴力を説き、われわれがそうした悪や暴力の一齣と化していることを知らしめる通路を他者の剥き出しの「顔」に見てとるレヴィナスの哲学は、まさに今述べたような悪の問いの変容と軌を一にしているといえよう。[*11]

だがこれは、悪の問いの主軸を悪人から犠牲者たちへと移せばよいというだけの話ではない。この重心移動の背後にあるのは、今述べたように、世界形成のシステム自体と一体化しているがゆえに誰にも全貌を見渡せないような悪である。この悪の測り知れない重量は、われわれが日々面する他者の顔に無力な犠牲者としての相貌を見てとり、この他者に対する無限の責任へと目覚めさせられることによって感知されるというのが、レヴィナスの切り開いた道であった。そこには、「アウシュヴィッツ以後」になおいかにして悪の問いを問いうるか、という課題への真摯な応答がある。しかし、犠牲者がこうした類の悪の証人となりうるというのは、はたしてそれほど確かなことなのか。単純に犠牲者の数の大きさや物理的被害の甚大さを指標にできないのは当然としても、犠牲者とは誰であり、その有り方が何を表しているのかを改めて問うてみると、普通の意味では何も確かなことはいえないことに思い至らされる。アウシュヴィッツの生き残りが「証言不可能性の証人」と呼ばれ、レヴィナスのいう他者の顔が「現象を解体する現象」と形容されるのも、この極度の困難と無縁ではあるまい。この点を考えれば、二つの大戦を通して突きつけられる悪の問いの性格として、それへと接近する手がかりすらも与えない「思考不可能」な何かという面が同時に強調されねばならない。これが第二のポイントである。

この点を鋭く浮かび上がらせる考察として、「悪の凡庸さ（banality of evil）」を鍵語とするアーレントの悪論が挙げられよう。[*12] アイヒマン裁判の傍聴を通して、彼女はナチズムの悪の本質を、怪物的な邪悪さではなく、悪を悪として自覚させる「根」そのものを引き抜く「思考欠如（thoughtlessness）」のシステムの内に見てとるに至った。この悪は根をもたないがゆえに何によっても押しとどめられず、悪の自覚すら奪われた「凡庸」な担い手たちを介して「バクテリア」のように増殖し、地表を覆いつくしていく。悪の極大化と悪を「思考」させる問い自体の溶融とが手を携えて進む光景を、アーレントはそのようにイメージするのである。

おそらくこれは、ナチスのユダヤ人絶滅という「例外的」な悪に限られる話ではなく、二十一世紀を迎えた現在においても、悪が問題にされるたびに想起されるべき基底条件であろう。何らかの出来事を悪として語るとき、われわれはなお歴史を通して見出されてきたさまざまなアプローチを併用しつづけている。すなわち、なお悪を高次の善のための試練として意味づけようとし、悪の責めを負うべき者を探し、犠牲者たちの姿を通して悪の大きさを推し量ろうとしている。だが同時にわれわれは、こうした営み自体が、そのように悪を「思考」する可能性自体をわれわれから剝奪するほどに極大化した悪——それゆえいかなる資格でなおそれを「悪」と呼べるのかということすら定かではない——によって脅かされているのを感じないわけにはいかない。古来悪の問いは、各時代の哲学が作り出した意味体系を脅かす躓きの石であり続けてきたが、哲学と悪の問いとのそのような関係は、現代においてそれとは質を異にした新たな段階に達しているといえよう。そのような歴史的経緯をも踏まえて読むとき、レヴィナスやアーレントの思索とほぼ同時期に著されたナベールの『悪についての試論』からどのような洞察を引き出してくることができるだろうか。この問いを携えて、いよいよ本書の内容へと進むことにしたい。

3 『悪についての試論』の概要

(1)「正当化できないという感情」からの出発

1で述べたように、ナベールは自らを「フランス反省哲学」の系譜上に位置づけている。そして、この思潮の根幹をなす反省概念が、カント的な超越論的反省をデカルトやビランのフランス的な土壌に移植し、それに独特の内面化を施すことによって形成されたものであることはすでに説明した通りである。この姿勢は、本書の悪の問いへのアプローチにおいても全く変わらない。本書は全編にわたって、フランス反省哲学の哲学的資源を最大限に活用したカントの根元悪論の批判的乗り越えの試みとして読むことができる。ナベールは他の哲学者から学んだものを典拠の形で一々示すことはほとんどなく、全て自らの思索の中にとりこんでしまうので、独特のカント読解、カント批判、ナベール自身の思索の三者が渾然一体となった形で論述が進められていく。その限りにおいて、2で略述した悪の問いの歴史的変遷の中に位置づけるならば、本書の悪論は、カントの根元悪論によって切り開かれた近代的なアプローチの一変種として特徴づけられるであろう。

しかし他方で、本書にはそうした特徴づけを大きくはみ出る側面がある。それは、「正当化できないもの」と題された第一章においてすでに際立っている。「正当化できないという感情」を自らの反省の出立点に置くとき、ナベールによる悪の問いの受けとめ方は、むしろ先に紹介したレヴィナスやアーレントのそれと深く通じあう所がある。実際、本章の冒頭には、「戦争」をめぐる次のような一節がある。

どれほど冷静に考えて予見していたとしても、シニカルに政治的な計算を行っていたとしても、また〔戦争に事欠かぬ〕歴史に通暁していたとしても、戦争の勃発が私たちの内に呼び覚ます感情を抑えることはできない。それは、またしても人類の運命が意志の庇護から逃れてしまった、という感情である。私たちがそのように感じ判断するのは、道徳的生の規範や国家間の正しい関係をめぐる規範に照らしてのことであろうか。ある種の残忍な行為、ある人々が被る屈従とその生存条件の極端な不平等を前にして私たちが抗議をするような場合、その抗議に含まれる理由は、そうした事柄は道徳的規則に合致していない、という思いだけに尽きるのであろうか。

（EM, 21-22[*13]、本訳書二一頁）

レヴィナスやアーレントの思索が「アウシュヴィッツ以後」という時代性を深く刻みつけていたのと同様に、ここで引き合いに出される「戦争の勃発」には、第二次大戦の記憶が色濃く背負わされていることは間違いない。たしかにアーレントらに比べると、ナベールには戦争というものを構造論的・存在論的に考察するような視点はほとんどなく、この引用を読んでも、彼の言葉は単なる仄めかしや主観的な述懐にしか聞こえないかもしれない。だが、ここでナベールは戦争論を展開しようというのではない。彼の狙いは、戦争が「私たちの内に呼び覚ます感情」へと注意を促すことによって、悪の問いへのアプローチの起点に置かれるべき「正当化できないという感情」の独特の有りようを浮き彫りにすることである。そして、ナベールがこの感情を特徴づける仕方を見れば、たしかに彼がレヴィナスやアーレントの同時代人であることが納得されるのである。

戦争が「正当化できない」という感情を呼び覚ますというと、無反省で直接的な反応が問題になっているような印象を与える恐れがある。実際、injustifiable というフランス語は、「正当化できない」と訳すと大仰に聞こえるが、通常は「そんなことは許せない（C'est injustifiable）」といった、文字通り「感情的な」反応を表わすことが多い。理性主義的な立場からすれば、そうした直接的なレベルにとどまっていてはならず、反省によってこの反応が暗に参照している「規範」を析出しなければならないということになろう。そこで前提されているのは、「正当化できない」という判断には、必ず何が「正当」であるかを示す一般化可能な基準が含まれているはずだという考えである。だが、ナベールが「正当化できないという感情」という言い方で浮き彫りにしたいのは、そのようないわば「規範以下」のレベルの感情ではない。むしろそれは、これこれの規範を侵したから不当であるというような仕方で説明し根拠づける（justifier）こと自体を不可能にするような何事かに出会ってしまったという思いを、自らの成立要件としているような感情である。戦争が勃発し、「またしても人類の運命が意志の庇護から逃れてしまったという感情」が湧き上がるが、この思いを根拠づけてくれる規範を探してもどこにも見当たらない。この場合、基準となる規範がないということは、単なる欠如を意味するどころか、むしろ規範による説明を全て突き崩す過剰性の指標である。「不当である（injustifiable）」という強い思いと、いかにしても「説明できない（injustifiable）」という制御不能性とが不可分であるような地点。「正当化できないという感情」という名の下で、ナベールは悪の問いをそのような地点にまで引き戻すのである。

これによって、悪の問いは「道徳的悪」に集約されることで得られた確固たる輪郭を失わざるをえなくなる。それは、とりもなおさずカント的な枠組みには収まらなくなるということである。カントの規範倫理学の根底には理性自身が自らに対して立てる道徳法則があり、根元悪が人間の自由の主観的根拠に刻み込まれているというのも、この道徳法則の意識によって自覚させられることであった。そこでは、根元悪といっても、その悪としての性格はなお道徳法則を基準として意味づけられている。だが、ナベールの意味での「正当化できないもの」を指標とするならば、こうした見方ではカバーできない悪の問いの広がりが浮かび上がってくる。何ごとかが「あってはならないもの（ce qui ne doit pas être）」と感じられるのは、必ずしも道徳法則への背反によるのではない。実際、ナベールは死や苦痛をもそこに数え入れている。「ひとりの人生が死によってあまりに早く断ち切られた場合」や、「意識に無理やり自分自身の声を聞かせる」かのような身体的な苦痛にさらされるときにも、われわれは「そんなことはあってはならない」と感じてしまうのである。なるほど、これらの「災悪（les maux）」（とナベールは呼ぶ）を厳密な意味で「悪」と認定させるような確たる基準はどこにもない。しかし、だからといって、それらを善悪無記なる自然法則に委ねてしまってよいものであろうか。

こうして、「正当化できないという感情」を正面から受けとめる時、悪は「拡散した性格」を帯び始め、道徳的な悪と諸々の災悪を裁然と区分しているかに見えた境界線がにわかに流動化し始める。そこで感知されるのは、道徳法則に忠実なだけでは克服できないような、不定形で無際限な悪の有りようである。このような見地から捉え直す時、カントの根元悪も、もはや「意志の事柄ではなく、むしろ災悪と呼ばれるような精神的生の制限と縁続き」のものとして立ち現れてくる。こうして「犯す悪」と「被る悪」は根底において交錯し、悪はその輪郭を不分明にしながら際限なく拡大していく。この光景は、まさに**2**で描いた二十世紀前半における悪の問いの変貌と一致するものといえよう。

(2)「反転された」反省哲学

以上、「正当化できないという感情」を出発点にして悪の問いへと接近するというナベールのアプローチが、悪のいかなる有りようと相即するものであるかを述べた。ナベールの眼差しは、規範の侵犯によって測られる悪を超えて、悪を測る尺度自体を破壊するような悪へと向けられている。だとすれば、レヴィナスやアーレントがしばしばそうしたように、「存在すること自体の悪」や「絶対悪」といった突き詰めた表現をもちだしてもよさそうなものである。だが、ナベールはぎりぎりのところで「反省」というカント的な思考態度に踏みとどまる。彼が出発点に置く「感情」に忠実であるためには、そこから一気に極限的なテーゼを導出するのではなく、その感情の「内」へと向かってそれを「深化」するような反省の筋道を切り開かねばならないと考えるからである。なぜそのように考えるのか。

この問いに答えるためには、「正当化できないという感情」と「規範」との関係をもう少し立ち入って理解しておく必要がある。この感情が規範による判断を超えたものであることはすでに述べた通りであるが、肝心なのは、だからといって、この感情は規範を飛び越えて直接感得できるものではないことである。われわれが現実に世界と関わりながら生きていく時には、必ずさまざまな種類の規範を介して価値判断を行っている。それゆえ、規範を裏切ったという経験を抜きにして規範の次元を超えた悪自体を語っても、空虚で独断的な主張にしかならない。この点ではナベールは徹底してカント的である。だが、悪に関する限り、その否定性の核心部は、規範による判断によって直接とらえられるのではなく、規範をいわば否定的媒介としてのみ接近できるものである。規範に照らして悪をとらえようとする営みが挫折するところで、その挫折を介してのみ感知されるどこまでも媒介的な感情。ナベールのいう「正当化できないという感情」とはそのようなものなのである。

したがって、規範による判断を超えた「正当化できないもの」が問題になるからといって、ただちに「絶対悪」のようなものの実在を言い立てるテーゼへと移行することは許されない。「正当化できないもの」とは、あくまで「正当化できないと感じる者」において進行する、規範を否定的媒介とした営みとの相関においてのみ現れるものだからである。この営みから切り離して悪を超越化するならば、悪は個々の人間とは無関係なものとなり、悪の「問い」自体が場所を失ってしまう。それゆえ、正当化できないという感情から決して離れず、その促しを受けてこの感情自体を内へとたどるような思索を作り上げていかねばならない。本書の全体において進められるのは、そのような意味での「反省的深化」の道程なのである。

だが、正当化できない悪が外在的に絶対化されてはならないのと同様、正当化できないという感情を内へとたどるといっても、その「内」をアプリオリに確保された内在性とみなしてはならない。「人間の意識が構成されるのは悪への反応の質によってである」(EM, 156、本訳書一五五頁)とナベールはいう。つまり、「内」とは始めからあるものではなく、正当化できないという感情を構成している(正当化できないものへの)「反応(réaction)」ないしは「抵抗(résistance)」とともに生起するものなのである。こうして悪の問いと反省哲学がその端緒において独特の結びつきを得ることになる。遺稿集『神の欲望』に収められたある草稿での表現を借りれば、この結びつきは「方法の反転(renversement de la méthode)」という姿をとるであろう。ナベールは次のように記している。

方法の反転。私は秩序の原理が何かを問い、その後に無秩序を説明しようとするのではない。それとは逆に、私はまず正当化できないものと悪について判断を下し、何がその判断を権威づけているのかを問うことによって、この判断および私の反応の根にあるものを見出そうとするのである。(DD, 70)[*14]

正当化できないという感情をその「内」へと掘り下げていくことが、不分明で無際限な悪をその事象性を裏切ることなく問うていくための唯一の道だとすれば、その道を切り開く思索は「反転」された反省哲学を措いて他にありえない。これが悪の問いと哲学の関係をめぐるナベール独自の主張である。参照すべき規範や秩序すら定かならぬものにする悪の「正当化不可能性」は、通常の反省哲学にとっては躓きの石でしかない。それによって、方法的な反省によって自らの内に「秩序の原理」を確認した上でそれを脅かすものを意味づけるという手順自体が、まさに「反転」を余儀なくされるからである。そうした手順が反省という思考の営みの「方法」性を支えているとすれば、「方法の反転」とは、単に逆向きの方法をとることではなく、制御可能な方法としての反省が成り立たなくなる次元に踏みこむことだということになろう。ナベールは「正当化できないもの」の一つとしての苦痛を「意識に無理やり自分の声を聞かせる」ものとして特徴づけていたが、「反転された」反省哲学とは、自らを方法的に立てる可能性を最初から封じられた中で、ただ「正当化できないという感情」に強いられてその「内」へと引き込まれ、いわばこの感情の声を聞かされることで自己へと目覚めていくプロセスだといってもよい。

このような形の「反省」は、方法的に制御された通常の哲学的反省を基準にするならば、その奇形的な変容態にしかみえないかもしれない。だがナベールにとって、自己を自己自身へと引き戻すことで切り開かれていく「内」のみに立脚するという点で、これこそが反省哲学のあるべき姿である。自己が自己を方法的に定立することが許される限りは、定立する自己とされる自己の間にはなお間隙があり、自己が自己へと引き戻され自己に直接するという意味での「反省」は生じえない。そもそもメーヌ・ド・ビランの重要な教えは、反省とは空虚における「自己定立（auto-position）」ではなく、意志が自ら動かそうとする身体の抵抗と相関して否応なく感受させられる自らの作用の直覚に根ざすものだということであった。だからこそ、ビラン哲学のこの側面を徹底化したミシェル・アンリは、〈我在リ〉が全現象の「顕現の本質」を開示するような仕方で自らを与える固有の現出様態を「自己触発（auto-affection）」としてとらえたのである。[*15] ナベールも本書で、一度だけではあるが、正当化できないという感情から立ち上がる反省的内在性の有りようを「自己を触発する（s'affecter）」と言い表している。尺度なき不分明な感情以外に手がかりがないからこそ、自己は尺度の普遍性に頼ることで自己から逃れることはできず、この感情の自己触発においていわば自己自身を否応なく「被ら」ないわけにはいかない。ここにこそナベールは真の反省の出発点をみてとるのである。

だが、ナベール的反省を導くこの「自己触発」には、アンリのいう自己触発とは大きく異なる点がある。アンリの場合、自己が自らを一切の隔たり抜きで感受するというのは現象が現象することの「実質」を成す事態であり、彼の生の現象学にとってそれ以上深められない究極の根底である。それに対して、ナベール的な「自己触発」は、反省の起点となりつつどこまでも「深化」されることを求めるものである。このことは、正当化できないという感情が、先に述べたように、規範の挫折を介してのみ感知されるどこまでも否定的な性格のものであることと連関している。そこから生じる反省によって見出される「自己」には、尺度なき悪に面して引き起こされる「問いかけ」以外のいかなる「実質」もない。そして、この問いかけは外に「答え」を求めることがもはや意味をなさないような状況から生じてくる以上、われわれに残された道は、この問いかけを成立させている根拠を当の問いかけの内へと問い尋ねていくことしかない。だが、ナベールの反省哲学の秘密はこの反転のプロセスの内にある。すなわち、それによってこそ、正当化できないという感情の底に、尺度なき悪の否定性に拮抗する根源的な「欲望(désir)」ないしは「願望(vœux)」が垣間見られるのである。規範の侵犯には収まらない悪が感じとられるということは、規範を遵守しただけでは得られないような「正当化の欲望(désir de la justification)」がわれわれを突き動かしていることの証しである(なお、この文脈では、justification という語が規範による「正当化」ではなく、「自らが義とされること(義認)」という究極的・救済論的な含意を帯びることに注意すべきであろう。その点を勘案して、本訳書では「正当化〔義認〕の欲望」と訳した)。この点を自覚させることが、「反転された」反省哲学の第一のステップとなるのである。

(3) 反省的深化の道程

以上、「正当化できないという感情」を起点として、ナベールの「反転された反省哲学」がいかにして起動するのかを辿ってきた。一切の尺度を超える「過剰」な悪を感じ、この感情の内に沈潜し、その底でやはり一切の尺度を超えた「正当化(義認)の欲望」が働いているのに気づく。重要なのは、必ずそうなるように予めプログラムされているのではなく、このようなことが起こるかどうかはある種の偶然性を免れえないということである。だからこそ、「反省」を立ち上げられるか否かは人間の自由の成否に関わる事柄となる。ナベールは、ただ「正当化できない」と告げる不定形な感情に耳を傾け、そこにこうした反省への暗黙の促しを聞き取り、それを自らの哲学的思索によって引き継ごうとするのである。

悪の問いとの関係でいえば、このような姿勢はいかにも後ろ向きのものと映るかもしれない。正当化できないという感情をかきたてる欲望を自らの内に確認したとしても、正当化できない状況が変わらない限りはこの欲望は成就されえないのだから、不満を嵩じさせるだけではないのか。いみじくもナベールを師と仰ぐリクールがいうように、「悪とはそれに対して闘うべきもの」[16]であって、悪の全容がどれほど不分明であろうとも、可能な限り状況を理解し、それと対決し、乗り越えようと努めることが肝要ではないのか。

実践的生においてそうであることは、おそらくナベールも認めるであろう。だが、悪の問いをそれを思考する可能性自体を脅かすものとして受けとめる場合、悪を直接理解し乗り越えようとするような「前向き」な思考は、その「正当化不可能性」を取り逃がし、それによって悪の問い自体を無自覚に忌避してしまうといわねばならない。むしろ、あえて後ろ向きに進み、正当化できないという感情の内に見て取った究極的な欲望を経由することで、件の「正当化不可能性」の自覚を一層尖鋭化していかねばならない。そして、この尖鋭化の道程からの反照によって、その道程自体をも動かす根底的な「欲望」がいかなる姿をとり、どこへ向かおうとするものかを見分けていかねばならない。ナベールのいう「反省的深化」とはこのようなプロセスの全体を意味するものである。以上のことを確認した上で、本書の第二章以降で踏破されるこの行程について、以下、それを五つの段階に分け、各々について可能な限り包括的な説明を施していきたい。

①後悔の感情と「自我の原因性」の不純

第一章では、「正当化できないもの」の名の下で、犯す悪のみならず被る悪、さらには死や自然災害に近いものまでさまざまな事象が引き合いに出されていた。このような仕方で悪の問いに着手することの意味は、ここまで繰り返し述べてきた通りである。それに対して、第二章では一転して、論述は悪しき行為の底に働く悪しき意志へと絞り込まれる。そして、全編にわたってカントを下敷きにした考察が展開され、カントの根元悪に相当する事態が、自我の「不純な原因性（causalité impure）」というやはりカント的な用語でとり出されるのである。だが、もちろんナベールは第一章での準備的考察を忘れたわけではない。「悪しき意志」と「災悪」という正当化できないものの二つの側面のうち、悪を犯す「自己」の有りようが問われる前者の方が、「反省的深化」という営みに直接接続しやすいのは明らかである。それゆえ、あえて後者の面を括弧に入れて、カントの根元悪論の焼き直しに見えかねない考察から始めるのである。

したがって、当然のことながら、ナベールの論述はカントそのままというわけにはいかない。カントに大きく依拠しながら、ここぞというところでカント的枠組みを自覚的にはみ出し、カントの立脚点を掘り崩していく。それを導くのは、やはり「正当化できないという感情」を起点としたナベール独自の反省哲学である。その独自性は、とくに「後悔（remords）」の経験をめぐる考察において際立たせられる。

考えてみれば、後悔とは理屈に合わない感情である。過ちが規範の侵犯によって測られ、それに見合う分を償うことで済ませられるならば、後悔など生じる余地はあるまい。われわれが自分のしたことの責任をとるという場合、普通はそのような枠組みで考えているはずである。にもかかわらず、後悔という感情が抑え難く湧き起こることがある。それは「別の仕方で振る舞うこともできた」のに「なぜそんなことをしてしまったのか」という思いであるが、この問いかけには、われわれに悪しき行為の動機を振り返らせ、さらにはそうした動機へと自ら傾いてしまう自我そのものを問いただせるという趨勢が秘められている。ただ一つの過ちから、究極的には私を私たらしめる「原因性」自体が全面的に問いに付されうるということ、これほど強力な「反省」の契機はあるまい。後悔という経験は、まさにわれわれの自我に刻みこまれたこのような反省可能性を体現しているのである。こうした事情を端的に表現する本書の一節を引用しておこう。

私たちが自分の力を取っておくために後悔を押さえこんではならないとすれば、後悔の奥底には次の事実が見出されるであろう。それは、一度ある時に義務に違反せざるをえなかったならば、私たちは必ず同時に、自分がつねにあらゆる状況で、外的な行為によらずとも少なくとも行為を引き起こした動機において義務に違反していたことに気づく、という事実である。〔…〕〈つねにあらゆる状況で〉ということ、これこそが、私たちにとって、細分化した諸々の責任を超えて働く原因性

を表現できる唯一の仕方である。（EM, 69, 本訳書五五頁）

レヴィナスの「他者への無限責任」を彷彿させるような、文字通りとれば誇張的としか言いようのない表現である。だが、これはたしかに後悔という経験において生きられうる誇張である。そして、このような経路を通って、カントが人間の自由の根底に見てとった根元悪が、いっそうリアルで切実なものとして立ち現れてくることになる。それに接近するためにこの章でナベールがもち出してくるのが、「(自我の) 原因性の不純」という感情にほかならない。

「不純さ (Unlauterkeit)」というのは、もとはカントが『宗教論』(『単なる理性の限界内における宗教』)で悪への性向を分析するためにもち出した概念であり、「不道徳な動機と道徳的な動機を混合する性向」[*17]を指す。それは、義務にかなう行為を道徳的でない動機から行う者の心の不純さのことである。この種の自己欺瞞に対してカントがどれほど鋭敏な意識をもっていたかはよく知られている。だが、カントの場合、このような動機の不純さを不純と判断させる基準は、あくまで道徳法則の意識の純粋さにある。この「純粋理性の事実」の次元において、意志が自らを道徳法則に従わせうる十全な原因性をもつことは決して疑われない。

これに対して、ナベールはこの原因性自体の不純性を語るところまで進む。すなわち、道徳法則であれ非道徳的な動因であれ、自我の原因性がそれを導く「可能事 (les possibles)」を得て原因性として発動するその最初の瞬間から、すでに不純であらざるをえないというのである。ナベールの考えでは、後悔の経験が指し示す「自分がつねにあらゆる状況で義務に違反していたことに気づく」という洞察を反省的に突き詰めれば、そこまで行き着かざるをえない。こんこんと湧き出る水の源泉自体が濁っている場合と同じように、私がなしうる「可能事」の性質にかかわらず、私が私自身となる瞬間にすでに不純である。この不純性を測る基準はない。そこから見れば、カントは根元悪の「究明しえなさ」に肉薄しながらも、「純粋理性の事実」を決して手放さない限りにおいて、結局はそれを規範の侵犯によって測られる悪の枠内に収めてしまっていることが分かる。ナベールはこの「究明しえなさ」を剝ぎ出しにすることによって、犯す悪の根底に彼のいう意味での「正当化不可能性」を見出したのだといえよう。「私は悪いことをした」という誰もが抱きうる後悔の思いには、反省的深化の進み行き次第によっては、このような次元にまでわれわれを連れ行く趨勢が秘められていたのである。

②「根源的事実」としての罪

第二章で展開された洞察は、次の第三章では、カントとの訣別をより決定的に示す術語を旗印にしてさらに徹底化されていく。前章で自我の「原因性の不純」と表現されていた感情は、この章では直截に「罪（péché）」の感情として捉え直されるのである。おそらく罪という術語を前にして、当惑を感じる読者も多いだろう。そもそもカントの根元悪論は、キリスト教の教義において原罪と呼ばれた見解を批判的に再解釈する企てであった。カントは原罪の教説から理性哲学の妨げになる要素を徹底的に振り払いつつも、それが表現していた悪の謎に可能な限り肉薄しようとしたのである。根元悪を「罪」と言いかえてしまえば、カントのこうした努力は水泡に帰し、宗教的な原罪観へと逆戻りすることになるのではないか。

もちろん、キリスト教の立場から、原罪の教説はカントの根元悪論で汲み尽せるものではないという反論が出てくるのは十分理解できる話である。だが、ナベールは、自らの思索がいかなる意味でも宗教的立場を前提するものではないことを事あるごとに強調している。それは、哲学的言説と宗教的言説との峻別を遵守しているというだけの話ではない。悪の正当化不可能性という事象に忠実であろうとするならば、それを高次の見地から説明する哲学的思弁を斥けねばならないのと同様に、人間の罪深さとそこからの救済を語る宗教的教義に依拠するのを断念せねばならない。これがナベールにとっての最重要ポイントである。ナベールはとある遺稿で自らの哲学を「宗教的と呼べば裏切りになってしまうような一つの立場」と形容しているが、これはそのような意味で解するべき事柄であろう。

したがって、罪の概念が導入されるのは、あくまでナベールの反省哲学からの内的要請によってである。「正当化できないもの」という哲学の制御できない事象から強いられるようにして生起してきた哲学的反省が、「犯す悪」についてのよく考え抜かれた哲学的考察の根底において剔き出しの「正当化できないもの」に逢着し、それを「罪」という非‐哲学的な呼称で捉えるに至る。この一連のプロセスは、悪の問いと哲学との張り詰めた関係を体現するものとしてきわめて興味深い。だが、なぜ罪と呼ばねばならないのか。罪と呼ぶことで何が見えてくるのか。その点が問題にならざるをえない。

ここで重要な意味をもってくるのが、「根源的選択(option originaire)」と「根源的事実(fait originaire)」という対概念である。ナベールにいわせれば、カントの根元悪論の不徹底性は「根源的選択」という枠組みにとらわれていることにある。根元悪が道徳法則よりも非道徳的格率を優先させる「心情の逆倒」として定式化される場合、われわれの内におけるこの逆倒への傾きの「究明しえなさ」がどれほど強調されるとしても、この逆倒の働き自体は、「善（道徳法則）を知りながら悪を選ぶ」という自由な「選択」でありつづける。この「善を知りながら」が、2で述べたように、われわれが根元悪の「根絶不可能」性を意識しつつもそれが「克服可能」であることを信じる根拠となるのであった。だが、こうした「選択」の可能性が確保されている限りは、悪はまだ十分に「根元的」ではないのではないか。ナベールが執拗に拘るのはこの点である。彼は次のような問いを突きつける。

〔カントによれば、〕悪人とは、性向――といっても自由が全く奪われているわけではない――によって、道徳法則が目覚めさせる純粋関心よりも自分自身の関心を優先させるような人物だということになるが、そのように考えることで、はたして悪人の魂の内へと十分に入りこめるだろうか。〔…〕こうした一種の計算と結びついた逆倒の内に、悪人は自己自身の姿を認めるだろうか。

（EM, 100、本訳書九一頁）

「根源的選択」が前提されている限り、悪人とは、自己愛に駆られた利益計算によって悪へと向かうが、自ら善へと立ち返る可能性をつねに保持する存在だということになる。その場合、根元悪と呼ばれる「逆倒」とは、道徳法則が引き起こす純粋関心と自己自身の利益関心とを比較考量した「計算」の結果にすぎないことになる。だが、「悪人の魂の内」で生じているのは本当にその程度のことなのか。それがナベールの問いたいことである。もちろん答えは「否」である。そのような「計算」が可能だとすれば、「根源的選択」がどれほど強く悪に引きつけられようとも、この選択を生じさせる原因性自体は無傷かつ無垢のままだということになろう。だが、「原因性の不純」という前章の洞察は、われわれの心の奥底をどこまで掘り下げてもそのような無垢な原因性の居場所はないことを告げるものであった。選択が可能になる以前に、そもそも選択しうる私が私となる度に、私を私たらしめる原因性自体が不純である。このことが反省されるやいなや、根元悪は、「根源的選択」という枠を突き破って、私が私であるという「根源的事実」の問題として立ち現れてこざるをえない。

なぜ根源的「事実」といわねばならないのか。それは、ここで問題になっているのが、「一切の可能な意識の根に位置するがゆえに反省的意識の把握を逃れる」(EM, 95、本訳書八六頁) ものであり、その意味で私の意のままにならないものだからである。しかし、これは外的事実が自由に変更できないものであるのとは訳が違う。この「事実」は、私が意識し、意志し、行為するたびに、反省的な把握を許さない暗き根底から作動し、私に自らが「正当化できない」あり方をしているという感じを抱かせる。それは、概念的な理解によって手中に収めることも、確たる尺度に基づいて価値評価することもできず、私の悪しき行為の余白において感じとり、被り苦しむことでしかできないものである。おそらくそのようなどうしようもなさを表現することのできるものとして、ナベールは、彼に親しい宗教的伝統から「罪」という語を自らの思索空間にもちこんだのであろう。このような「根源的事実」としての「罪の感情」は、われわれの内からわれわれ自身をはみ出していく「過剰」として、ナベールのいう反省的深化をかきたてていく。興味深いのは、この感情がわれわれに引き起こす最初の情動が「驚愕 (stupeur)」として描かれていることである。「意識は自らを悪しき者として断罪しつつ、自らに驚く」(EM, 97、本訳書八八頁) とナベールはいう。悪人の魂の奥底まで入りこむことができたならば、そこに見てとれるのは種々の利益関心の間での「計算」などではない。それは、「私とはこのような者であったのか」という驚愕であり、私が私であるというどうしようもない事実の「正当化不可能性」に触れた者の驚愕なのである。

以上、ナベールが辿る反省的深化の行程が、その前半部においてカントの根元悪論を内から踏み越えるような仕方で進み、「犯す悪」の根底に潜む「正当化できないもの」を「罪」と名指すに至るところまでを見てきた。だが、先に述べたように、ナベールの反省哲学において、「正当化不可能性」の自覚をひたすら尖鋭化していくこの行程は、その進行とともに、この反省的深化を突き動かしている乗り越えの「欲望」の姿を照らし返すはずのものであった。正当化できないという感情の深化との対照において一層際立たせられるこの欲望は、いかなる姿をとることになるのか。

この点については、ここまでの段階ではごくわずかのことしかいえない。たとえば、「自我の排去(éviction du moi)」や「自己の脱ぎ捨て(dépouillement de soi)」といった言い回しが散見する。「私が私であることの罪」の感情を掘り起こしていく反省の深化が、その私自身を脱ぎ捨てたいという欲望の顕在化と連動するというのは当然といえば当然であろう。だが、「自己を脱ぎ捨てる」とはどのようなことをいうのか。神秘家の「忘我(extase)」の経験でももち出さない限り、この欲望をリアルに思い描くことは難しい(事実、「脱ぎ捨て(dépouillement)」というのはそうした文脈で用いられる言葉でもある)。そもそも、反省のプロセスが上の意味での罪の感情を鋭く際立たせるほど、この欲望は内容も展望も欠いた不可能な夢とならざるをえないのではないか。これ以上さらにどのような「反省的深化」がありうるというのか。

だが、第二章と第三章の道程は、本書の起点に置かれた「正当化できないという感情」の半面のみにあえて的を絞ることで描きとられたものであることを思い起こさねばならない。意図して括弧に入れていたもう半面をあらためて導入することによって、袋小路に追い込まれたかに見えたナベールの反省は、その姿勢をいささかも変更することなしに、思いもよらない展開を遂げていく。それが第四章と第五章で繰り広げられる考察である。

③「意識間の分離」としての悪

一個の意識が、たとえば後悔の感情に促されて、自らが犯した悪を機縁として起動する自己審問をひたすら反省的に掘り下げていき、自己が自己であることの罪という意識化できない「根源的事実」にまで至る。以上見てきたこの行程は、基本的には、単独の意識における内面のドラマである。それによって、たしかに「悪しき意志」の根底における「正当化できないもの」の所在は鋭く照らし出されたといえよう。だが、ナベールのいう「正当化できないという感情」は、突然の死やいわれなき苦痛といった「災悪」にも及んでいたはずである。たとえば理由なく不幸に見舞われる他者を前にして湧き起こる感情は、以上のように描かれた内面のドラマには入ってこないのではないか。「被る悪」はやはり「犯す悪」から切り離され、宙に浮いたままになるのではないか。

だが、第四章の冒頭で、これまでの分析を導いてきた視点に加えて「第二の視点」を導入しなければならないこと、そうしなければ考察は抽象的なものにとどまることが突如として宣言される。そうして導入されるのが「意識間の分離（sécession des consciences）」という視点である。「意識の内密性において罪であるものは、意識間の相互関係における分離と同一のものである」(EM. 118、本訳書一一三頁)。この新たな洞察を軸として、ナベール的反省の舞台は大きな場面転換を遂げるのである。しかし、この場面転換はそう簡単に受け入れられるものではあるまい。意識間の分離という視点は、二つ(以上)の意識の存在を前提する限りにおいて、ナベールが固執する反省的内在性とは矛盾を来たすのではないか。つまり、反省する意識とは別にもう一つの意識を導入するならば、反省哲学というアプローチを放棄せざるをえないのではないか。

だが、ナベールの「反転された」反省哲学が、通常の意味での「内」か「外」かという二分法に収まらないことは明らかである。それは、あらかじめ開かれた「内」なる領野を前提とするものではない。ここまで辿ってきたのは、正当化できないという感情の「内」へと引き込まれるところから始まり、それを反省的に深化していった果てに、その「内」を成立させている根底的な条件が「私が私であることの罪」として問い出されるに至る道程であった。それゆえ、「意識の内密性において罪であるもの」は、「根源的事実」と呼ばれるからといって、所与の事実のように扱われてはならない。それは「私」を生起させるたえざる自己閉鎖の働きであり、私にはどうしようもできなくても、私が「罪」として責任を感じざるをえない働きである。反省がこの次元まで深化された時、反省を進行させてきた内在的領野から一歩も離れずして、この領野を成立させる自己閉鎖の働きを、私を他者から引き離す「分離」の営みとして受け取り直す道が開けてくる。これは、反省的内在性の外部にある他者を密輸入するということではない。「内」を内として成立させる閉鎖の働きは、同時に内と無関係なものとして「外」を生起させ、内と外の「分離」自体を成立させる働きとして理解されるはずだ、ということである。だとすれば、私が私であるという「罪」に対して感じられる責任は、私が他者を自分自身から切り離し「他者でしかない」者とする「分離」への責任としても感じられるはずである。このような経路を通って、ナベールは罪と意識間の分離を「同一のもの」とみなす視座を獲得するのである。

こうして、意識間の分離という第二の視点を導入して、「もっぱら孤立した意識の視点からなされた精神的原因性および根元悪の研究を修正し補完する」(EM, 112、本訳書一〇六頁) ことが可能になる。このことの意味はきわめて大きい。それによって初めて、行為主の「悪しき意志」に直接関わるのではなく、むしろ他者が被る「災悪」とみなされるものについても、われわれが「正当化できない」と感じてしまう所以が浮き彫りにされるからである。理由なく不幸に見舞われる他者を前にして湧き起こる感情は、もはや悪を犯したものを罪の自覚へと導く内面のドラマと無縁だとはいえない。これが同情や憐憫の問題ならば、可能な援助を全て行えば気持ちは収まるだろう。不正への怒りの問題ならば、正義を回復するための行為に邁進するであろう。だが、何をしたとしても「正当化できない」という思いを消せないのは、その根底に働いているのが、他者を他者として自己から分離し独り苦しみを被らせていることへの責めの感情であり、それは自己が自己であることの正当化できなさと一続きの事柄だからである。たとえば、道端で苦しむ見知らぬ人のそばをうつむいて足早に通りすぎる時に私が感じる重苦しさの意味は、そのような見地からのみ十全な仕方で照らし出されるであろう。

反省が以上のように拡大深化された時、「犯す悪」に定位して進められた第三章までの反省も、当然新たな光の下で捉え返されないわけにはいかない。とくに重要なのは、第五章で集中的に論じられているように、「私たち自身の行為と過ちの帰結として他者たちが被る悪」(EM, 146、本訳書一四五頁) である。第二章では自らの犯しただ一つの過ちへの後悔が自我の原因性自体の不純の告発にまで進展しうることが示され、この洞察が第三章の罪概念へと引き継がれていったのであるが、そこでは悪しき行為を引き起こした悪しき自己への自覚が鋭く研ぎ澄まされていくのと裏腹に、その行為の帰結として他者が被る悪への注意は組織的に欠落していた。だが、「意識間の分離」という視点が導入されるやいなや、こうした欠落を放置しておくことはできなくなる。行為主がどれほど深く自らの罪深さを悔いたとしても、その行為が他者に被らせた害悪の埋め合わせになるわけではない。このことは、その「罪深さ」が同時に自己を他者から「分離」して成立させる原運動でもあることが反省される時、抜き差しならない問題となってくる。先に悪の問いの歴史的変遷を概括した際、二十世紀前半において悪を「犯す」者から悪を「被る」者へと問いの重心が移動していったことを指摘したが、ナベールのこうした考察が、この趨勢に掉差しそれへの独自な貢献となっていることは疑いあるまい。ただし、ナベールの切り開いた反省が貴重であるのは、これがたんに「悪人」から「犠牲者」へと注意を向けかえれば済む問題ではないことを鋭く浮かび上がらせるからである。重要なのは、「悪人」が自らの奥底に感受する「正当化できないもの」と、「犠牲者」が被る苦について感じられる「正当化できない」という性格とがたがいに照応しあい、究極的には同じ一つの事柄を指し示していることである。この一つの事柄こそが、ここまで述べてきた意味での「分離」である。この分離の実相を一息に言い表した一節を引いておこう。

悪が何より正当化できないと断じられるのは、ある意識が自由な意志によって下した決断が人間が人間に負うものを攻撃し、他の意識に悪を被らせるような場合、しかも、苦しみや引き裂きとしてその影響を被る者には、この決断はどこまでも無名のものであり続け、その意味を解読しようとしても無駄だと思われるような場合である。

（EM, 147、本訳書一四五―一四六頁）

正当化できないという感情の反省的深化の道程は、最終的には、この感情のあらゆる形態の根底に、このような意味での分離のたえざる生成を識別するに至るのである。

④ 始原の一性へ――「一を通して二であろうとする欲望」

さて、このように悪の経験の反省的深化の道程が「罪」から「分離」へと歩を進めるとき、悪の正当化不可能性に抵抗しつつこの反省の行程を照らし動かしている「欲望」は、どのような姿をとって現れてくるだろうか。第三章では、自我が自我であることの罪という感情との対照において、この欲望は自我の「排去」や「脱ぎ捨て」として表現されていた。正当化できないという感情を反省的に掘り下げていけば、自我の底に自我であることの「断念（renoncement）」を促す欲望が識別されてくる。これ自体は、本書全体を貫くナベール反省哲学の根本的な動性であるといえる。実際この洞察は、すでに第一章において、次のようなごく形式的な形で告げられていた。

自らが何であるかを見出すことを断念する自我は、この断念自体に含まれる絶対的な働きを自己の根底で捉え直すことによって、この絶対的な働きを通して、またこの働きとして存在し、それを自己の実存の支えにしようとする。

（EM, 57、本訳書四二頁）

だが、第四章に至って「意識間の分離」との対照において捉え返されるとき、この「断念自体に含まれる絶対的な働き」は、単に「自己を捨てる」というだけでは収まらない新たな意味合いを帯びてくる。すなわち、自我の排去の欲望は、「一なるもの（l'un）」を願い求める欲望として規定し直されるのである。自他の分離を分離として自覚させ問いただされるのは、分離を超えた「一」を志向する働きでなければならない。こうしてナベールは、自らの反省哲学が「一性（l'unité）」を始原（原理 principe）とし、「一なるものの欲望」を動力源とすることを明確化するに至るのである。

ただし、「一」にまつわるこうした術語は、細心の注意をもって取り扱わねばならない。こうした語彙が真っ先に想起させるのは、プロティノス的な発出論、すなわち、「一」から「多」の生成をある種の堕落のイメージで捉え、それとの対比で始原の一性への還帰を描くような思弁であろう。だが、ナベールは、自らの語る「一」をプロティノス的な「一」と混同しないよう繰り返し警告している。ナベールにおいては、「分離」がそうであったのと同じく、「一」もまた悪の反省的深化のプロセスから決して切り離せず、あくまでこのプロセスのただ中で識別される反省的概念でなければならない。これを実体的な原理として出発点に置き、そこからたがいに分離された「多」なる諸存在を導出するような思考法をとるならば、表面的にはナベールの用語法に対応しているように見えても、その趣旨を根本から裏切ることになるだろう。そこでは、自他の分離というのはわれわれに外から課せられた存在論的な制限性の問題でしかなくなり、それを自らが責めを負うべき事柄として内から感じとるというのは道理に合わない話になる。また、分離された「多」の存在が始原の「一」からの堕落としてどれほど悲痛な調子で語られようとも、そもそも「一」が全ての源泉として実在している限りは、多から一への還帰の可能性は保証されていることになる。いずれにせよ、発出論的な枠組みでは、分離についても一なるものについても存在論的な説明が用意されていることになり、正当化できないという感情も、その反省的深化も、この深化による根底的な欲望への目覚めも、全てその切実さを失わざるをえないのである。

では、ナベールのいう「一」とは何であるのか。他者を自我から引き離しつつ自我を自我として成立させる分離の悪の痛切な自覚の中で目覚める「一なるものの欲望」とは、一体どこへ向かうものなのか。今プロティノスとの対比で述べたことからして、たんに派生態である「多」の次元から離脱して、自他の区別などない本来的な「一」へと還帰することを指すのでないことは明らかである。悪の正当化しえなさの究極の根を分離の原運動に見出すところまで反省が深められた時、自らの邪悪さについての全く内面的な懊悩であれ、見知らぬ他者が被る不当な苦しみであれ、悪は全て自他関係に招来された断絶を根底に置いていることが露わにされる。「一なるものの欲望」とは、自我にこの断絶を自覚させ、その責めを負わせることによって、それを乗り越えたいという願いを自我の奥底にかきたてるものである。だとすれば、この断絶の現場を離れて自他の別なき根源の「一」へと還るような行き方は、この欲望とは方向性を異にしているといわねばならない。関係の断絶に由来する傷は、他ならぬその関係の内で、その関係自体を質的に転換することによってしか乗り越えられない。それは、分離の枢軸としての自我を他者への絶対的な開放性の座と化すような転換である。ナベールのいう「一」とは、自他がたがいに対して何の遮蔽物もなしに全面的に開かれているという「相互性の純粋形態」にほかならない。それゆえ、「一が一になることを欲望するのではなく、一を通して二であることを欲望する」（EM. 124、本訳書一二〇頁）のだといわれる。「一」とはそこから万物が発出する源のことではなく、透明化した交わりのことである。正当化できないという感情を反省的に深化していけば、その極点において、われわれは自らの奥底にこのような欲望が働いていることに気づく。逆からいえば、自らの気づかぬうちにこのような欲望によって動かされていたからこそ、尺度なき悪についても正当化できないと感じることができたのだということに気づくのである。

⑤ 絶対的なものの証人――二つの偶然性の出会い

以上、第四章から導入された転換によって、悪の問いに突き動かされて進むナベールの哲学的反省が、孤独な内省にはとどまらず、独特の仕方で相互主観的ともいうべき次元の欲望を掘り起こしていく過程をたどってきた。それによって、われわれが種々の事象に面してナベールのいう意味で「正当化できない」と感じてしまう時、心の奥底でどのような願いを養い育てているのかが鋭く浮かび上がらされた。だが、たんに自我の脱ぎ捨てや断念と言い表すのに比べれば欲望の有りようは格段に明確になったとはいえ、それが現実とどのような接点をもつのかは依然として見えないままである。もちろん、この欲望が「正当化できない」という否定的経験を通してその裏側に読みとられたものである以上、この経験に忠実であればあるほど当の欲望の非現実性が際立つのは致し方あるまい。だが、悪を感受する心の奥底にこのような欲望が湧出しているのを見届ける時、少なくともそのことによって、現実に対するわれわれの関わり方に何らかの変化があるはずではないか。そうでなければ、反省的深化の行程は全く無意味になってしまうだろう。最後の第五章が「正当化〔義認〕へのアプローチ（les approches de la justification)」と題されているのはそのためであると思われる。

だが、第五章の叙述を読めば、ナベールの思索は反省を動かす欲望と現実との接点を見出すことがほとんど不可能に思われる地点に行き着いてしまったように思えてくる。その最大の要因は、悪の正当化しえなさが自己を他者から区別する分離のたえざる働きにまで掘り下げられたことで、この欲望が願い求める「正当化〔義認〕」が「単一の自我をはみ出す」（EM. 149）事柄となったことにある。『宗教論』のカントは、根元悪を自覚した者の「心術の革命」とは直接自らの心の底を覗きこんで確認できるようなものではなく、理性的存在者としての人間に許容される「希望」の事柄でしかないことを強調していた。第三章までのナベールの考察は、このカント的な根元悪をさらに突き詰めることによって、そうした形で悪しき自己の「再生」を希望すること自体の絶望的な困難さを浮き彫りにしたといえる。だが、今や問われているのは、仮にこの意味での自己の「再生」が完全に成し遂げられたとしても克服されえないような正当化不可能性である。他者が他者として独り災悪に委ねられていること自体が、他者を分離することで自己となる私が責めを負うべき正当化不可能性である場合、「自己の」再生を追求することにどんな意味があるというのか。そこでは、「私は自らの罪深い有り方を十分に転換できただろうか」という問い自体が、苦しむ他者を置き去りにした空虚で不遜なものとなりかねないのではないか。だとすれば、私は正当化できないという感情にただ触発されるだけであって、正当化できない現実に対しては全く無力であるように思われる。ここでナベールの語調は最も切迫した調子を帯びてくる。「私たちは判断と告白においては自由でも、実質的かつ現実的には自由でないのではないか」（EM. 162、本訳書一六三頁）という嘆きにも似た問いが発せられる。悪の正当化不可能性は文字通り「絶対的」であって、われわれがどう感じようがどう反省を深めようが一切関係ないのではないか、というわけである。この究極的な問いかけを前にして、本書が踏破してきた道程はついに決定的な行き止まりに至るのではないか。これを突破する「アプローチ」などどこにもありえないのではないか。

この最後の局面において、ナベールの筆致はますます分かりにくく錯綜したものとなる。彼の思索はどこへ向かおうとしているのか、他のどの箇所にも増して理解するのが難しい。だが、少しずつ言い方を変えながら手探りで進むその論述を丁寧に追っていくと、逆説的で不可思議ともいうべき転換が像を結んでくる。あえてその核心部を端的にまとめるならば、現実的な無力さの徹底的な自覚をベースとした「他者との出会い」の可能性、とでもいえばよいだろう。私が他者との断絶の責めをわが身に感じ、自分ひとりでは決して実現できない「一なるものの欲望」を抱え込む時、この無力の自覚を通してとらえ返された他者との「断絶」は、「正当化できないもの」を被る他者たちへと私を否応なく曝し出す開けとなる。私は反省を通して沈潜した「内」から出ないままに、いわば内からめくり返されるような仕方で外へと開かれる。これは「自己の」改心や再生だけで話が済んでいたらありえないことである。なるほどこの転換は、それだけではまだ自己の側からの一方向的なものである。だが少なくとも、それは「一なるものの欲望」に呼応するような仕方で私に到来する他者との特別な出会いへと向けて、私の内なる注意を開いておくという意味をもつ。ナベールは次のように述べている。

行為する意識が取返しのつかないことをしてしまう時に、この意識の内的働きにおける数々のためらいや転変の反響を受けとる他の意識が全く存在しないならば、この取返しのつかないものは、絶対的な意味で正当化できないものとなってしまう。そうなると、自我は何をしようとも、泣き叫んで罪を打ち明けても、自らの苦しみの中に閉じこめられてしまうからである。〔…〕純粋意識はあくまで自我の裁き手であり、純粋意識からはそうした断罪以外には何も期待できない。不幸な者の場合でも、また悪人の場合でも、宥めの源泉、正当化〔義認〕の約束となる他の意識の無償の働きがしかるべき時に到来しなければ、悪は倍加されることになる。意志における悪のみならず、人間が人間に加えるさまざまな災悪における悪でも事情は同じである。

（EM, 164-166、本訳書一六五―一六八頁）

先に述べた「内なる注意」に応えうるような出会いがあるとしたら、「この意識の内的働きにおける数々のためらいや転変の反響を受けとる他の意識」との出会い、そのような「他の意識の無償の働き」との出会いを措いてほかにありえない。それがナベールのいいたいことである。この働きの無償性は、別の箇所では、「災悪の重荷をわが身に引き受けること」や「代償なしに同意された苦しみ」とも表現されている。このことは、背後に何か特別な存在者が想定されているような印象を与えるかもしれない。実際、「他の意識」のこのような描写はキリストを想起させないわけにはいかず、第三章の罪の概念の場合と同じく、キリスト教的な色合いを濃厚に感じさせる箇所であることはたしかである。

だが、このように描かれた他者との出会いの絶対性は、いかなる意味でも特別な超越的存在者の絶対性によって担保されたものではない。むしろ繰り返し強調されるのは、この絶対的な出会いがどこまでも「偶然」の出来事であり、ついに起こらないままで終わることもありうることである。考えてみれば、ここまで辿ってきた反省の行程自体、あくまで反省的意識の有りように相関したものであり、そのように展開しないこともありえた偶然的なものであった。反省の深化の偶然性と他者の到来の偶然性がたまたま出会うところで生起する交わりの絶対性、それがここで問われていることである。悪の重量を引き受ける他者の無償の働きというのも、あくまで私に感得されるこの交わりの「質（あり方）」の問題として受けとめねばならない。それは結局どのような「あり方」になるのか。

一言でいえば、他者が私に対して「告発しない」という仕方で関わってくることだ、といえるだろう。私が他者との分離の責めまでも自らに負うところまで反省的意識が先鋭化される時、他者はもっぱら私を告発する者として私に関わってくるように見える。その中で目覚めさせられる「一なるものの欲望」は行き場をもたず、私は無力感を募らせつつも他者の責めから逃れることはできない。だが、私の側からはどうしようもできないというこの無力感が突き詰められたからこそ、悪を被る他者の無力性が、私の正当化しえなさを突きつける峻厳な告発という相貌をはみ出て、何か親しく近しいものとして私に触れてくるということがあるのではないか。無力な他者のある行為、ある佇まいが、あたかも無私のふるまいとして、あたかも自らを低めて私に寄り添うものとして受けとめられるということがあるのではないか。この時、私の内なる「一なるものの欲望」は行き所を得る。反省を通して全面的に「正当化できない」とみなされたかに見えたこの世界を、こうして「絶対的なものの通過と息吹」（EM, 170、本訳書一七二頁）が横切る。この時他者は私にとって「絶対的なものの証人」（EM, 170、本訳書一七二頁）となり、それに鼓舞されることで私の内なる「絶対的なもの」は現実との接点を得るのである。

本書が最終的に垣間見させるのは、自他のこのような交わりの可能性である。そこにナベールは「歴史の転回」（EM, 170、本訳書一七一―一七二頁）を見さえする。もちろんそれは、世界が一挙に変革され、悪が克服されるというような意味ではない。ナベールのいう「証人」とは、世界を劇的に変える英雄的な存在ではなく、むしろ無力に徹することで自らを開き、私に呼びかけてくる「目立たぬ者たち（gens humbles）」である[*18]。このような交わりが生起したとしても、おそらく表面的には何も変わらないだろう。ただ、こうして開かれた目に見えぬ回路を通って初めて、悪の正当化不可能性に対していささかも妥協せずに「世界へと意味を返す」ための道筋が開けてくる。結局のところ、本書を通して描き出された反省の道程は、このような「転回」へと向けてわれわれを目覚めさせておくためのものだったのである。

4　本書が問いかける事柄

以上、かなりの紙数を費やして、本書の全体像をできる限り詳細に描き出してみた。通常の書物の解説ならば、要旨を簡単にまとめ、特徴的な主張や概念を指摘して、読者が本文とじっくり付きあうための手がかりを提供すれば、それで用は足りるだろう。だが、屈折に屈折を重ね迷宮のような文章で表現されるナベールの思考世界に入っていくためには、それではほとんど役に立たない。そのように考えて、ナベールの思考展開の一つ一つと丁寧に付きあいながら、本書全体を訳者自身の手で語り直すようなつもりで概要をまとめてみた。訳者自身がかなり踏みこんでナベールの思考過程を再現した分、ナベールが必ずしも明言していない事柄までも組み入れた解釈になっているかもしれない。しかし、少なくとも、本書の息詰まるような濃密な論述に筋道を与え、できる限り明確な言葉に置き直して説明したつもりである。

だが、本書のこのような思索を一体どう受けとめればよいのだろうか。おそらく多くの読者は、反省的内在の領野から一歩も出ずに自問自答を繰り返すナベールの思索の真剣さと徹底性には強い印象を受けても、その思索の狭さと偏りに驚き、半ば辟易させられるのではなかろうか。

実際、本書が切り開いた悪の問いへのアプローチは徹頭徹尾「狭い」道であって、そこからはあまりにも多くのものが排除されているように思える。「正当化できないという感情」の反省的深化に徹するというが、そうなると、そもそもナベールがそう名づける感情にとらえられた経験のない者には、最初から縁のない話だということになりかねない。また、ナベールの思索世界に引き入れられた者でも、彼の描いた反省の道程を最後まで踏破できるかどうかは保証の限りではない。この道程は、ヘーゲルの描く絶対精神の自己展開のようなものとは違い、あくまで反省する個々人の境位に相即した非決定的なものだからである。さらにいえば、一般には悪を考究するための視点は他にもさまざまなものが考えられるが、反省的深化の立場に固執するナベールは、そうした多様な視点を頑ななまでに排除している。この世界における悪の存在の意味を論じる哲学的思弁や、悪からの救いを最終的に保証する宗教的立場がナベール的反省とは相容れないものであること、悪を規範や法則の違反としてのみ語る道徳的見地がこの反省の前段階にすぎないことは、ナベール自身が繰り返し説明している通りである。だが、悪の考察には、そのように悪の本質を包括的に語る言説だけでなく、悪のより具体的な諸相（個々人が犯したり被ったりした悪であれ、歴史的な出来事であれ）に即して、その社会的・歴史的な背景へと考察を拡げていくようなものもある。こうした種類の考察をも、ナベールは自らの反省から徹底して遠ざけている。

たしかに、先に戦争に関するナベールの短い言及をとり上げた際に示したように、特定の事柄を念頭に置いて書かれていると思われる箇所はいくつもある。だが、それらはあくまで漠然とした仄めかしの状態にとどめられ、何の話かが明示されることは決してないのである。

読者を何よりも戸惑わせるのは、ナベールの思索世界に特有のこうした閉鎖性であろう。ナベールの思索が悪の問いにどれほど真摯に対峙し、比類のない深みに達しえているとしても、それは結局のところ、悪の問いを全て自己の側へと引きずり込み、自己の奥底に極端に張りつめた想念の世界を作り上げる孤独な営みでしかないのではないか。そうした疑問が出てきて当然である。この解説の最初に、本書の考察は悪の問いと哲学の関わりという主題に対する独自な貢献となりうるものだと述べた。だが、このような思索は、哲学の名にふさわしい普遍性を失い空転するしかなくなるのではないか。ナベールの文章の異常な伝わりにくさも、最終的にはそこに起因するのではないか。

しかし、まさしくここで、悪の問いの現代的状況について**2**で述べておいたことを思い起こす必要がある。そこでアーレントのいう「思考欠如」などを手がかりにして示したのは、悪の問いを問いとしてもちこたえること、それを思考すること自体が絶望的に困難になってきたという状況であった。究極的に見れば、もともと悪とはある尺度に照らして思考し判断する営みをはみ出る事象であり、その意味で哲学にとっていつも躓きの石であったのかもしれない。だが、社会、経済、技術といずれの面でもわれわれの世界を織りなすシステムがかつては想像もできなかったほどに高度化、肥大化し、人類が自ら自身と自らの生きる世界を根底から変質し破壊する途方もない力をもってしまった現代においては、いかなる尺度も踏みこえるがゆえに思考されることすら拒むという悪のあり方がより直接的に問題化せざるをえない。ナベールが本書を著した時代にこの問題を最も鋭く突きつけたのは、すでに述べたように「アウシュヴィッツ」であった。たとえばリオタールは、そこで問われる悪の言表不可能性の性質を、「全ての地震計を破壊するほどの強度をもつがゆえに測定不可能な地震」という卓抜な比喩で表現しているのである。[*19]

もちろん、だからといって何も語らないわけにはいかない。日常の生活においても、より抽象度の高い言論においても、依然としてわれわれは、悪について既存のさまざまなアプローチを動員して理解しようとしている。それはどのようにして起こったのか、どのような社会的、歴史的背景をもつのか、誰がどんな理由で、どこまで責任を負うべきことなのか、それは誰にどんな苦しみをもたらし、その苦しみはどんな条件の下で償われるのか。さまざまな問いが交差し、それらに答えるさまざまな言葉が行き来する。だが、悪とはそもそも言葉を奪い、思考を奪うものであり、それらの言葉は悪の事象に忠実であろうとすれば自壊せざるをえない間に合わせのものでしかないとしたらどうであろうか。この局面においてなお残るものがあるとしたら、当の事象を悪と感じさせ、「正当化できない」ものとして受けとらせる抑え難い感じのみであろう。この感じへと立ち戻り、手持ちの言葉とそれが前提する普遍性を当てにすることなくこの感じを掘り下げ、そう感じさせる根拠を掘り起こし、それを表現するにふさわしい言葉を探していかねばならない。ナベールの不器用な歩みは、この極度に困難な課題に正面から応えようとするものであったというのが、本解説での訳者の理解を貫く立場である。

このような作業は、どこまでも孤独な営みであり、伝わりにくい言葉を紡ぎながら道なき道を進む晦渋な歩みにしかなりえない。しかし、それは思考のもつ普遍性を放棄して主観的な感情の内にこもるような姿勢ではない。尺度なき悪を問いうるようにし、それに押しつぶされまいとする願いに道筋をつけうるような、別の思考の可能性を開く試みである。ナベールの場合、反省的意識における自己の無力の徹底した自覚の果てに準備される他の意識との絶対的な交わりに、そのような可能性を垣間見るに至ったのであった。

もちろん、ナベールの思索を無批判に受け入れてよいといいたいのではない。ナベールが描いた反省的深化の道筋には、その必然的な「狭さ」の代償として、一個の反省的意識としてのナベール自身を規定するさまざまな前提が組み込まれている。その点に目を留めれば、ナベールのいうように「正当化できないという感情」を内に掘り下げていくとしても、必ずこの道筋でなければならないかどうかは大いに吟味されるべきであろう。訳者自身としては、まずカントの根元悪論の読み直しを介しての自己の罪意識の尖鋭化から始め、その後に他者を自己から分離していることへの責めの意識に目覚めるという道程に関して、本当にこの順序でなければいけないのか、という疑問をもっている。これは**2**で述べた悪を「犯す者」から悪の「犠牲者」への重心移動という話とも関わることだが、とくにわれわれの時代においては、ただ一つの過ちから自らの原因性自体を問いただすような反省は、ますます起こりにくくなっているのではないか。むしろ、他者や世界の側が被る「正当化できないもの」から照らし返されて初めて、私が自らの原因性自体への不安をかきたてられ、反省が生起するということの方がありうるのではないか。また、ナベールの反省哲学が、それが立ち行かなくなりかねないぎりぎりのところでしばしばキリスト教的な術語を援用するのを見てきたが、この点についてもさらに批判的な吟味が必要だろうと思っている。

しかし、こういった批判点は、本書の幾重にも折れ曲がった思索の仕方がもつ必然性と意義をいささかも損なうものではない。悪に関わるさまざまなレベルの論点を目配りよく整理する網羅的な説明や、今日の悪の特異性を作り出すシステムを、あたかもその外側に立って全てを見渡せるかのように鮮やかに描き出す叙述は、どれほど印象的で効果的にみえても、悪の問いが悪を経験する者にのしかからせるそれを思考すること自体の困難を回避した地点でなされている。悪の問いが思索にもたらす躓きをこそ自らの場所とする「悪の試練に立つ哲学」（J・ポレー）[*20]は、ナベールと同じ道を歩む必要はないとしても、ナベールのように思索することを学ばねばならない。それは、どれほど表現の仕方を工夫しても、本質的には本書と同じように、悪が問題になる現実に対して後ろ向きであるようにしかみえず、不器用に自問を繰り返しながら進む見通しの悪い叙述にならざるをえないだろう。実際的な見地からすれば、無意味な呟きとしか映らないかもしれない。だが、そのような隘路を通ってしか、この問題について肝心なことは思考されえないと思われる。哲学による悪の理論的説明のみならず、あれこれの具体的な悪と戦う実践的努力も、悪からの救いを一心に求める宗教的希求も、一人ひとりが自らの底にうずくまるようにして掘り出してくるそうした別種の思考と言葉なしには、空虚なものとならざるをえないだろう。

5　終わりに

最後に、本書を紡ぐナベールの言語表現の問題にもう一言だけ触れて、この長すぎる解説文の締めくくりとしたい。本書がどれほど晦渋で曲がりくねった文章で書かれているか、それがいかなる必然性から生まれたものであるかは、上で何度も述べてきた通りである。あとはそれを踏まえてあらためて本文に当っていただきたい、といいたいところであるが、本書の訳文は、原文の異様さをそのまま保持することはできていないことを申し述べておかねばならない。

ナベールの原文は、一文が半頁以上の長さに及ぶこともしばしばあり、しかも一つの叙述に何もかも詰め込もうとするようなものである。その語り口は、言葉でもって延々と手探りをしているかのようであり、修辞疑問なのか本当の問いかけなのかが区別をつけがたい疑問形が頻出する。そもそも何かを明確に断言することは少なく、「……と考えることは禁じられているわけではない」という類の曲言法や、「……でないとしたら、……ではなかったであろう」といった否定を重ねる条件法表現を執拗に重ねていく。その様子は、文体上の工夫という範囲を大きく逸脱して、強迫的ですらある。こうした叙述が繰り返し行われる中で、明確な構成も分節もないままに論述が少しずつ動いていき、濃密な想念の印象だけを残していつの間にか一章が終わる。本書の五つの章は、全てそのような調子で書かれている。節などに区分されることもなければ、引用文が差しはさまれることもない。

最初は、こうした文章表現上の特徴も含めて、原文のうねり具合をできる限り忠実に訳文に移そうとした。だが、何度も訳し直した結果、原文の文体や調子をそのまま再現するような訳文では、読者にかける負担があまりにも大きく、多くの読者にとってまともに読み進められない代物になりかねないと考えるに至った。そこで、最低限の伝達可能性を確保するために、文の区切り方を変え、修辞疑問や曲言法を減らしてよりストレートな表現に変えるという調整作業を徹底的に行うことにした。もちろん、こうした作業は通常の翻訳でもある程度は必要なものだが、本書の場合は、そうした明晰化の努力が著者の思想表現の最も肝心な部分を変質させてしまう恐れがある。それを考えるとまさに苦渋の決断であった。ただし、それで全てが解決したわけではない。個々の文章は読めるようになっても、論構成が明示されていないことによる読みづらさはなお残っている。そこで、これもさんざん迷った末のことだが、本文を数頁ごとのまとまりに区切り、内容に合わせて小見出しをつけることで、読者が論展開を辿る際の道標となるようにした。このように訳出上やむを得ず本文にかなりの操作を施したが、ナベールの思考と文章の特性を裏切るほど分かりやすくしてしまわないように、細心の注意を払って訳文を作り上げたつもりである。

予想していたことではあるが、翻訳の作業は文字通り難渋をきわめた。ナベールの思想に強く揺り動かされ、国内外でさまざまな機会にそれを論じてきた者として、このあたりで日本語訳を出すことは自らの使命だと考えて始めた仕事ではあったが、途中で幾度となく挫折しそうになった。本当に本書を「読める」日本語に置き換えることができるのか、それができたとしても、このような思索と言葉を必要とし、多大な労力を費やしてそれを読もうとする人がどのくらいいるのか、全ては自己満足にすぎないのではないか、そうした疑念につきまとわれながらの作業であった。

その中で何とか最後まで仕上げることができたのは、本書の翻訳に費やした一年余りの時期が、東日本大震災・福島の原発事故の一年後から二年後にかけての時期であったことが大きく関係しているように思う。それは、誰もが事の推移を息をのむようにして見つめ続けた段階が過ぎ、全てがうやむやのままに、「未曾有の大災害」からの「復興」という筋書きが日常のルーティーンに組みこまれていった時期であった。事が起こった当座は、まさに自分が悪の問いの今日的様態として考えてきたような事態が進行しているという思いを抱きながらも、自分を安全地帯に置いて分かったような口をきくのは不謹慎で軽薄なことだと考えていた。だが、この頃から、自分はそもそもそれを思考し語る言葉をもちえていないのではないかという疑いがどんどん大きくなり、ある種の失語状態へと追い込まれていった。事の飲み込めなさに躓くことのない滑らかな言葉の氾濫にいらだちながらも、いざ自分で考えようとすると、自らがもっている言葉も所詮それと同類のものでしかないことを強く思い知らされた。これまで自分が悪の問いについて哲学の文脈で構築してきた種々の考察が、その構築性を高めてこの現実に対応させようとすればするほど現実に跳ね返され、上滑りな物言いになっていくように思えて仕方がなくなった。

そうした中で、半ば辟易しながら訳し進めてきたナベールの文章とその思考のスタイルが、何か不思議な説得力を帯び始めてきた。これほどの手探りの状態にまで戻らなければならないのだということ、簡単に見取図を描いてはいけないのだということ、頭では分かっていたつもりであったが、ナベールの繰り出す一語一語と付き合っていると、そのことを自分の空虚に染み込むような生々しさで納得させられたのである。こんな晦渋で伝わりにくいテクストを訳出することに意味があるのかという当初の疑念は、よどみない言葉、性急に人を慰めようとする言葉の手前に引き返し、あえて晦渋な道を行く忍耐をこのテクストから学び直せるはずだという確信へと少しずつ場所を譲っていった。そうして出来上がったのが本訳書である。一人でも多くの読者がこの面倒なテクストに馴染みをもち、その奥でひっそりと進められる思索の歩みに共鳴・共振することを心から願う次第である。

本訳書の刊行にあたって、まずはパリのナベール資料センター（Fonds Jean Nabert）の運営を通してナベール哲学を共に論じてきた海外の先達、同輩の皆さんに感謝の意を表したい。また、二〇〇五年度から三年間ほど、京都大学文学研究科の演習で本書を読んだことがあるが、少人数ながら熱心に参加してくれた学生諸君（山内誠君、辻村暁子さん、長坂真澄さん、末永絵里子さん等々）とのさまざまなやりとりは、今回の翻訳に際して大切な導きとなった。あらためてお礼申し上げたい。法政大学出版局の郷間雅俊氏には、昨今の厳しい出版事情にもかかわらず、多数の読者を当てにできないこのような翻訳書の刊行をお引き受けいただき、また翻訳作業の過程で懇切な助言をいただいた。心より感謝申し上げたい。

二〇一四年一月二〇日

杉村靖彦

注

＊1　ナベールおよびナベール研究の最も網羅的な書誌情報としては、« Bibliographie de Jean Nabert »（Jean Nabert, *L'expérience intérieure de la liberté et d'autres essais de philosophie morale*, Paris, PUF, 1994, p. 431-444. に収録）を参照されたい。

＊2　リクールとナベールの関係については、訳者の『ポール・リクール　意味の探索』（創文社、一九九八年）や「リクール」（『哲学の歴史』第12巻、中央公論新社、二〇〇八年、五一九—五五五頁）で詳論している。

＊3　Emmanuel Lévinas, *Autrement qu'être ou au-delà de l'essence*, La Haye, M. Nijhoff, 1974, p. 147.（合田正人訳『存在の彼方へ』講談社学術文庫、二六八頁）

＊4　Michel Henry, *Généalogie de la psychanalyse. Le commencement perdu*, Paris, PUF, 1985, p. 145.（山形頼洋他訳『精神分析の系譜』法政大学出版局、四八三頁）

＊5　これは、二〇〇〇年に刊行された『哲学・神学雑誌』のナベール特集号の巻頭言で、フィリップ・カペルが紹介している逸話である（Philippe Capelle, « Présentation », in *Revue des Sciences philosophiques et théologiques*, 2000, n. 3 (Jean Nabert. Compréhension de soi et désir de Dieu), Paris, J. Vrin, p. 410）。カペル氏とお会いした際に事実関係を確かめたところ、氏の指導教員であったアンリ・ビロー（Henri Birault）から聞いた話だということであった。ビローはジャン・ヴァールらと共に、フランスのアカデミズムにおけるハイデガー研究の第一世代としてよく知られているが、アンリ四世校でナベールに哲学を教わり、その後も親交を続けてきた。ナベールの死の折には、『形而上学・道徳雑誌（Revue de métaphysique et de morale）』や『哲学研究（Etudes philosophiques）』に追悼文を発表してもいる。

＊6　フランス反省哲学とナベールの関係については、越門勝彦の次の論考が哲学史的にバランスのとれた見取図を提供している。（越門勝彦「反省哲学」、前掲『哲学の歴史』第12巻、一二三—一六九頁）。

＊7　このあたりの事情については、訳者の次の論考を参照されたい。杉村靖彦「「現代の宗教哲学」とフランスの kantisme」（CANONE 編『京都学派の伝統とカント』京都大学大学院文学研究科、21世紀ＣＯＥプログラム「グローバル化時代の多元的人文学の拠点形成」、二〇〇五年、三六—五三頁）。また、高橋克也による以下の事典記事も大変参考になる。「フランス語圏のカント研究」（石川文康他編『カント事典』弘文堂、一九九七年、四六〇—四六三頁）。

*8　Jules Lagneau, « De la métaphysique », in *Célèbres leçons et fragments*, deuxième édition revue et augmentée, Paris, PUF, 1964, p. 96.

*9　Alain, *Souvenirs concernant Jules Lagneau*, Paris, Gallimard, 1925.（Spinoza suivi de souvenirs concernant Jules Lagneau, Paris, Gallimard p. 153-242 に再録。邦訳は中村弘訳『ラニョーの思い出』筑摩書房）

*10　悪の問いと哲学との関係を思想史的に眺望したような研究は想像以上に少ないが、本節の叙述においてとくに参考になったものをいくつか挙げておく。

西谷啓治「悪の問題」、『西谷啓治著作集第六巻　宗教哲学』（創文社、一九八七年）所収。

Susan Neiman, *Evil in Modern Thought. An Alternative History of Philosophy*, Princeton and Oxford, Princeton University Press, 2002.

Jérôme Porée, *Le mal. Homme coupable, homme souffrant*, Paris, Armand Colin, 2000.

Richard J. Bernstein, *Radical Evil : a Philosophical Interrogation*, Polity Press, 2002.（阿部ふく子他訳『根源悪の系譜　カントからアーレントまで』法政大学出版局）

ただし、本節での問題整理は、あくまで本訳書を解説する上で必要な前置きであり、これらの研究を参考にしつつも、あくまで訳者自身の視点から行ったものである。

*11　Emmanuel Lévinas, *De l'existence à l'existant*, Paris, J. Vrin, 1947（西谷修訳『実存から実存者へ』講談社学術文庫）; *Le temps et l'autre*, Paris, PUF, 1948（原田佳彦訳『時間と他者』）; *Totalité et infini. Essai sur l'extériorité*, La Haye, M. Nijhoff, 1961（熊野純彦訳『全体性と無限（上）（下）』岩波文庫）

*12　Hannah Arendt, *Eichmann in Jerusalem. A Report on the Banality of Evil*, New York, Viking Press, 1965.（大久保和郎訳『イェルサレムのアイヒマン　悪の陳腐さについての報告』みすず書房）

*13　本解説中での『悪についての試論』からの引用は、略号 EM（Essai sur le mal）とともに原文の頁数を記し、その横に本訳書の頁数を記している。

＊14　遺稿集『神の欲望』（Jean Nabert, Le désir de Dieu, Paris, Aubier, 1967）からの引用は、略号DDとともに原文の頁数を示す。なお、この書は一九九六年に、ナベールが一九三四年に執筆した重要な草稿「意識は自らを理解できるか」を加えて別の出版社から再版された（Jean Nabert, *Le désir de Dieu. Suivi d'un inédit : La conscience peut-elle se comprendre ?*, Paris, Cerf, 1996）。『神の欲望』部分の頁付けは旧版と変わっていない。

＊15　Michel Henry, *L'essence de la manifestation*, Paris, PUF, 1963.（北村晋他訳『現出の本質』法政大学出版局）

＊16　Paul Ricœur, «Le scandale du mal», in *Les Nouveaux cahiers*, No. 85, 1986, p. 6.

＊17　Immanuel Kant, *Die Religion innerhalb der Grenzen der bloßen Vernunft. Kants Gesammelte Schriften*, BD. VI, 1907, S. 29.（北岡武司訳『カント全集10　たんなる理性の限界内の宗教』岩波書店、三九頁）

＊18　これは、『自由の内的経験』の再版に当たってリクールが付した序文に見られる表現である。Paul Ricoeur «Préface : L'arbre de la philosophie réflexive», in Jean Nabert, *L'expérience intérieure de la liberté et d'autres essais de philosophie morale*, op. cit., p. XXVI.

＊19　Jean-François Lyotard, *Le différend*, Paris, Minuit, 1983, p. 92.（陸井四郎他訳『文の抗争』法政大学出版局）

＊20　Jérome Porée, *La philosophie à l'épreuve du mal. Pour une phénoménologie de la souffrance*, Paris, J. Vrin, 1993.　ポレーはリクールの弟子であるが、「受苦の現象学」という観点の下で、ナベール、レヴィナス、アンリらを読み直す仕事を進めてきた人物である。

《叢書・ウニベルシタス　1007》
悪についての試論

2014年2月25日　初版第1刷発行

ジャン・ナベール
杉村靖彦 訳
発行所　一般財団法人　法政大学出版局
〒102-0071 東京都千代田区富士見 2-17-1
電話 03(5214)5540 振替 00160-6-95814
組版: HUP　印刷: 三和印刷　製本: 積信堂

Printed in Japan

ISBN978-4-588-01007-1

著　者

ジャン・ナベール（Jean Nabert）

1881年にフランスのイゾーで生まれる．1910年に哲学のアグレガシオンを取得し，地方の高校の哲学級で教え始める．1924年に博士論文『自由の内的経験』を刊行．1931年から1941年までアンリ四世高校の高等師範学校の準備級で教える．1943年に『倫理のための要綱』を刊行．1944年に哲学の視学総監となり，その後ヴィクトール・クーザン文庫の長を務めた．1960年に死去．その際に残された最晩年の遺稿がリクールらの手で整理され，1966年に『神の欲望』として刊行された．メーヌ・ド・ビランに淵源し，ラシュリエやラニョーを経由する「フランス反省哲学」の系譜に連なる．反省という経験を悪の問いとの不可分性において根底から思索し直したその歩みは，極度に晦渋な文章表現にもかかわらず，リクールを始めとして現代フランス哲学を代表する思想家たちに少なからぬ衝撃と影響をもたらした．

訳　者

杉村靖彦（すぎむら・やすひこ）

1965年生．京都大学大学院文学研究科准教授．現代フランス哲学・宗教哲学．著書に『ポール・リクールの思想——意味の探索』（創文社．日本宗教学会賞受賞），編著に *Philosophie japonaise: le néant, le monde et le corps*（J. Vrin, 2013），共訳書に J. グレーシュ『『存在と時間』講義——統合的解釈の試み』（法政大学出版局）ほか．